国家民族事务委员会人文社会科学重点研究基地
西南民族大学中国西部民族经济研究中心

郑长德／主编

中国少数民族地区经济发展报告（2017）

——民族地区经济地理重塑

中国经济出版社
CHINA ECONOMIC PUBLISHING HOUSE
北 京

图书在版编目(CIP)数据

中国少数民族地区经济发展报告.2017:民族地区经济地理重塑/郑长德主编.
北京:中国经济出版社,2017.11
ISBN 978-7-5136-4929-2
Ⅰ.①中… Ⅱ.①郑… Ⅲ.①民族地区经济—经济发展—研究报告—中国—2017
Ⅳ.①F127.8

中国版本图书馆 CIP 数据核字(2017)第 260900 号

责任编辑 李煜萍
责任印制 马小宾

出版发行 中国经济出版社
印 刷 者 北京富泰印刷有限责任公司
经 销 者 各地新华书店
开　　本 710mm×100mm 1/16
印　　张 15.5
字　　数 249 千字
版　　次 2017 年 11 月第 1 版
印　　次 2017 年 11 月第 1 次
定　　价 68.00 元
广告经营许可证 京西工商广字第 8179 号

中国经济出版社 **网址** www.economyph.com **社址** 北京市西城区百万庄北街 3 号 **邮编** 100037
本版图书如存在印装质量问题,请与本社发行中心联系调换(联系电话:010-68330607)

中国少数民族地区经济发展报告编委会

中文摘要

《中国少数民族地区经济发展报告(2017)》是国家民族事务委员会人文社会科学重点研究基地(培育)——西南民族大学中国西部民族经济研究中心的年度成果,得到了中宣部“四个一批”人才工程、国家民委领军人才计划项目、四川省教育厅创新团队“民族地区经济发展问题研究”(项目编号:14TD0048)的资助。

成立于2006年的中国西部民族经济研究中心,2014年获批为国家民族事务委员会人文社会科学重点研究基地(培育)。中心自成立以来,充分体现学校“为少数民族服务,为民族地区服务,为国家发展战略服务”的办学宗旨,把民族地区的经济社会发展问题作为核心研究领域,以马克思主义和科学发展观为指导,把一般的发展理论和少数民族地区的特殊区情结合起来,从综合、宏观的角度和战略的高度,综合运用多学科的理论与方法,对民族地区的经济社会发展面临的突出问题、矛盾和热点展开研究,已形成西部民族地区经济发展、民族地区金融发展、民族地区旅游经济与文化发展等稳定的研究方向。

《中国少数民族地区经济发展报告》紧密围绕民族地区经济社会发展重点领域或重大问题开展对策性、前瞻性研究,分主题每年出版一部。《中国少数民族地区经济发展报告(2017)》的主题是“经济活动的空间分布与民族地区经济地理重塑”。本报告的主要结论是:

一、以空间集中促进民族地区产业布局优化

空间集中的实质是经济活动的集中,是产业在空间上的聚集发展,因此,空间集中需要强有力的产业支撑,而非农产业,特别是制造业和服务业的集聚力最强。所以,针对民族地区产业发展的实际,一是要延伸农牧业产业链,大力发展以农业资源为基础的加工工业;二是在资源型工业的发展中,特别注意资源型工业的深加工,加强与高校和科研单位的合作,建立工业园区,加快制造业的发展;三是要特别重视旅游资源开发和旅游业的发展,充分发挥旅游业的产业关联效应和乘数效应,提升产业集聚力。

第一产业依托民族地区资源优势集中布局,发展特色农业,实现传统的农业结构转型及其空间布局优化。一是促进农产品向优势产区集中,尽快形成优势特色农业产业带。二是推进农业产业化经营,以工业化带动农业的产业化发展,形成农户—农业基地—龙头企业的三级利益联结机制。加大农产品深加工力度,形成具有民族地区特色和比较优势的农产品深加工产业链,提高农业竞争力,使农业尽可能多地从农业产业链条和农业功能拓展中获得更多收入。三是促进农业人口向县城、中心镇集中,走工业化、城镇化、产业化并举的路子,实现一、二、三产业互动和城乡经济共融。

第二产业坚持以信息化带动工业化,以工业化促进信息化,走出一条科技含量高、经济效益好、资源消耗低、环境污染少、人力资源优势得到充分发挥的新型工业化道路。实施集群化战略和产业升级战略,大力发展特色优势产业和产业集群,建设产业基地。例如,呼包鄂地区建设能源、煤化工基地、农畜产品加工基地、稀土新材料产业基地及北方地区重要的冶金和装备制造业基地;宁夏沿黄经济区建设能源化工、新材料基地,清真食品及穆斯林用品和特色农产品加工基地;黔中地区建设能源原材料基地、以航天航空为重点的装备制造基地、烟草工业基地、绿色食品基地。

第三产业中劳动密集型产业还将长期存在,大力发展具有资源优势和市场需求潜力大的服务业,运用现代经营方式和信息技术改造提高传统服务业,加快发展现代服务业。旅游业发展充分发挥民族地区旅游资源优势,坚持实施旅游精品战略。利用人力资源优势,着力培育对劳动力具有极大吸纳能力、提供较多就业岗位、产业链比较长、附加价值较高的现代服务业。积极打造休闲产业集群,大力发展为生产环节服务的现代金融业、信息服务业、商务服务业、现代物流业,充实房地产、餐饮业、社区服务业及其他生活服务业,使经济区现代服务业落后的状况有明显的改善。例如,广西北部湾地区建设面向东盟国家的国际性物流基地和商贸基地。

二、促进民族地区产业集聚,发展特色产业集群和重点产业区

民族地区各省区应积极促进产业集聚,规划产业集聚与配套发展集聚区或集聚基地,明确集聚区或基地的主导产业及产业链,引导产业链条上的企业之间在技术、产品等方面配套,吸引新的同类或相关企业进入。发展产业园区、集聚区、基地和产业化发展项目,统筹引导,用产业集聚与配套发展规划引导企业向集聚化方向发展,增加产业集聚效应,形成区域分工有序、相互协作、前后配套、联结紧密、各具特色的产业集聚与配套发展格局。

到2020年,民族地区产业集聚将形成几个重点开发区:川滇黔接壤区能源资源重点开发区、青新盆地油气资源重点开发区、呼包鄂能源矿产重点开发区、广西北部湾国际物流与外贸重点开发区。到2020年,民族地区主要形成三个方面的特色产业集聚:特色农业资源集群、资源型矿产集群、制造业集群。特色农业资源集群主要指新疆、内蒙古、西藏等地的西部畜牧业集群,广西、云南等地的华南热带作物产业集群。资源型矿产集群主要包括新疆塔里木、青海柴达木的油气产业集群,呼包鄂地区的能源、煤化工集群,云贵地区的矿产集群。制造业集群主要分布在南贵昆地区。

三、进行民族地区资源型产业的转型和升级,形成新型工业化布局

民族地区资源型产业的发展要考虑民族地区环境承载能力。促进资源开发由粗放型向集约型转变,生产方式由高能耗、高消耗、高污染向低能耗、低消耗、低排放转变。围绕优势资源开发,利用资源优势和已有的产业基础,积极培育资源循环产业链,通过对资源的深加工、延长产业链,完善产业配套体系,着力培育发展接替产业和新兴战略产业,促进产业适度多元化,将资源优势转变为产业优势,尽快改变单纯向外输出资源的状况。用高新技术改造传统产业,发展新能源、开发新材料,利用新材料开发生产新产品,实现资源型产业结构优化升级。大力培育战略型新兴产业、高附加值产业,培育新的经济增长点,把提升传统资源型产业与大力培育战略型新兴产业相结合,如利用民族地区发展风能、太阳能等新能源产业的资源优势和产业基础,使传统优势产业、战略性新兴产业和现代服务业协调发展。

四、承接产业转移,优化民族地区经济空间结构

承接产业转移是民族地区新时期调整产业结构,促进区域经济发展的重要途径。随着全球经济的发展,我国积极参与国际分工与合作,逐步发展成为国际产业转移的主要承接地。民族地区有条件的大中城市和一些边境地区应加强与周边国家的次区域合作,积极承接国际产业转移,大力发展外包服务业,建设服务外包产业基地。在国内结构调整中,促进东部发达地区产业按照市场经济规律,跨区域转移到民族地区,实现资源的最佳配置,促进分工结构的优化,同时也便于民族地区发挥后发优势,赶超发达地区。新一轮西部大开发时期,民族地区正面临着产业转移的大好时机,能否抓住这次机遇是民族地区缩小发展差距、振兴经济的关键。

培育好民族地区的产业承接能力。在民族地区选择依托重要交通干线布局条件较好的区域,与东部发达地区合作建立产业园区、产业化基地以及承接产业转移的示范区,促进产业集聚,建立产业转移平台,并给予投资、信贷、土地等方面的政策支持。加强东中西产业互动,通过承接产业和技术转移推动民族地区产业结构优化升级,在民族地区发展新兴产业,构筑民族地区产业优势,增强民族地区的产业支撑。在产业转移中有几点值得注意,一是民族地区并非所有地区都适宜大规模发展产业,所以承接产业转移的对象应有所选择;二是民族地区承接的产业并非一定是发达地区相对落后产业,可以转移优质产业甚至是国际先进产业;三是不能盲目承接产业转移,防止被东部淘汰的具有污染性的产业向民族地区转移,不能盲目承接破坏环境的产业;四是选择承接的产业要对民族地区内生增长起作用。

五、重点开发区以产业集群促进区域创新体系建设

区域创新体系主要是在地理上相互分工与关联的生产企业、高校、科研机构、中介服务机构等构成的区域性组织系统,该系统支持并促进区域内的制度创新、技术创新、管理创新和服务创新,培育新的系统功能,实现更有效的资源配置方式,形成区域竞争优势。产业集群是区域创新体系的重要载体,产业集群内的企业及其他机构聚集在一定地理区域内,存在创新的条件和环境,集群有利于促进知识和技术的转移扩散,有利于降低创新成本。民族地区政府可以选择一些重点开发区,例如呼包鄂经济区,通过实施积极的集群创导,制定促进产业集群与区域创新体系相融合的发展政策,不断优化区域创新环境,提升区域创新能力。

六、深度融入“一带一路”建设，整体构建新的对外开放格局

“一带一路”建设为民族地区全方位对外开放、提升对外开放水平、深度融入世界经济体系提供了史所未见的历史机遇。民族地区是建设丝绸之路经济带和21世纪海上丝绸之路的核心地区和重要依托。内蒙古联通俄蒙，是建设中蒙俄经济走廊的核心区域；广西与东盟国家有陆海相邻的独特优势，是西南、中南地区开放发展新的战略支点，21世纪海上丝绸之路与丝绸之路经济带有机衔接的重要门户；贵州处于西南南下出海大通道的交通枢纽位置；地处古代南方丝绸之路要道的云南，拥有面向“三亚”（东南亚、南亚、西亚）和肩挑“两洋”（太平洋、印度洋）的独特区位优势，是“一带一路”建设中的重要省份；西藏位于祖国的西南部，是面向南亚开放的大通道，对接“一带一路”和孟中印缅经济走廊，推动环喜马拉雅经济合作带建设；青海是贯穿南北丝绸之路的桥梁和纽带，是中国联通南亚国家的重要走廊和通道；宁夏建设内陆开放型经济试验区；新疆是丝绸之路经济带核心区①。“十三五”及其以后一段时期，民族地区坚持开放引领发展的原则，以推进“一带一路”建设为统领，实施更加积极主动的开放战略，整体提高开放的总体水平，构建陆海内外联动、东西南北四向开放的全方位开放新格局，把民族地区建设成为我国向西、向北、向南开放的重要基地和充满活力的沿边开发开放经济带。

首先要推进基础设施互联互通。优先推进一批连接中国与中亚、东南亚、蒙古国和俄罗斯等国的重点矿区、产业园区、主要城市和毗邻城市的重大铁路、公路和机场项建设。推动邻边的民族地区的部分机场升级为国际机场，加快建设邻边民族地区国际航空港物流园区，构建联通内外、安全通畅的国际大通道。积极推进邻边民族地区部分铁路枢纽建设，建设中欧班列编组枢纽和物流集散转运中心，支持“苏满欧”“郑连欧”“蓉连欧”“中俄”等国际货运班列常态化运行，推动开通从民族地区主要城市经重点口岸到欧洲的国际货运班列。加强口岸基础设施建设，优化口岸布局，实施口岸升级改造工程，完善贸易通道和人员交往通关能力，促进口岸提质增效。

其次，深化与沿线国家经贸合作。积极实施“走出去”战略，按照企业主

---

① 新华网．推动共建丝绸之路经济带和21世纪海上丝绸之路的愿景与行动[N]．2015－06－08．

导、政府推动、公平交易、互利共赢、统筹规划、稳步推进的原则,深化对外贸易,适应国际需求结构的新变化和国内经济发展的新要求,优化贸易方式,扩大优势产品出口,提高出口产品的科技含量和附加值,推进对外贸易向优质优价、优进优出转变。加大对“走出去”企业的扶持力度,支持有条件的企业在境外建立资源利用、加工制造、商贸物流、农业产业、科技研发基地和园区,积极对接沿线国家工业园区,不断深化扩大经贸合作。支持企业扩大先进技术设备进口,鼓励建设进口商品城、进口商品直销中心。

第三,加强人文交流。深化与沿线国家和地区在教育、文化、科技、医药卫生、环保等领域的合作。充分发挥青年在对外人文交流中的作用。鼓励高等院校与沿线国家扩大合作。着力创作生产具有民族特色和地区特点的对外文化精品,培育一批核心竞争力强的外向型文化企业,利用重大外事活动和展会平台,开展系列交流活动。

第四,完善对外开放区域布局。充分发挥民族地区区位、资源和产业基础以及政策等优势,深化与港澳地区合作,扩大同沿线国家及大洋洲和北美洲发达国家的合作交流,不断开创互利共赢的开放合作新格局。

七、发展边疆经济,促进民族地区边境口岸经济合理布局

民族地区陆地国境线占我国陆路边境线的90%以上,与15个国家毗邻。55个少数民族中,30多个民族聚居于陆地边疆,30多个民族跨界而居。陆地边境具有重要的政治、军事功能和经济、文化交流功能。[①] 此外,广西北部湾系民族地区唯一的沿海边境地区。民族地区应积极参与国际区域合作,重点发展边境贸易、进口原料加工、出口加工、国际物流与边境旅游等,建设向西开放的出口商品基地,主动融入中国—东盟自由贸易区、上海合作组织、南亚地区等,打开向西开放之路,形成全方位开放合作新格局。向西南方向拓展,走向东南亚、南亚、非洲;向西方向拓展,走向南亚、西亚;向西北方向拓展,走向中亚、西亚、伊朗、土耳其。

民族八省区加强同毗邻国家的贸易往来。如内蒙古同俄罗斯、蒙古,新疆同哈萨克斯坦、吉尔吉斯斯坦、巴基斯坦、蒙古,西藏同尼泊尔、印度,广西

① 郑长德,罗布江村.中国少数民族地区经济发展方式转变方式[M].民族出版社,2010:68.

同越南，云南同越南、老挝、缅甸。边境中心城市是我国内陆地区对外开放的桥头堡，是内陆省区加快发展的重要增长极，边境地区的交通枢纽城市。加强昆明、南宁对东南亚，拉萨对南亚边贸的枢纽地位作用。乌鲁木齐是面向中亚的重要交通枢纽和门户城市，应发挥其作为沟通中亚和南亚陆路口岸、欧亚大陆桥重要交通节点的作用。重要的边境口岸城镇如满洲里、二连浩特、瑞丽、景洪、河口、凭祥、东兴、亚东、樟木、伊宁、喀什、阿图什、塔城、博乐等，是国际能源物资通道上重要节点，国际经贸合作区建设的重要载体，应突出口岸地区的综合交通体系建设。①

此外，应注意广西北部湾岸线资源开发与布局。加强规划引导，北海、钦州、防城港整合成北部湾港后，要根据港口所在城市的性质、功能和港口在区域经济发展中的地位和作用，进行岸线资源开发与布局，通过行政管理、产权纽带、联盟经营等措施，整合北部湾港口资源，实现岸线资源有效配置，构建国际航运中心港口，形成分工合理的港口群，打通面向东盟国家的重要出海口，建立与海外的广泛经济联系。

① 住房和城乡建设部城乡规划司，中国城市规划设计研究院. 全国城镇体系规划（2006—2020）［M］. 北京：商务印书馆，2010：41－48.

目 录

CONTENTS

1. 集聚与发展:民族地区经济活动的空间分布①

单德朋　郑长德

1.1　问题的提出

“十三五”时期,民族地区面临脱贫攻坚和实现全面小康双重任务。同时,由于历史、自然和地理等因素,也面临着城乡区域发展不平衡,与全国发展差距依然较大的突出问题。为了补齐民族地区发展短板、确保如期实现全面建成小康社会目标,《国务院关于印发“十三五”促进民族地区和人口较少民族发展规划的通知》(国发〔2016〕79 号)指出,“十三五”时期要把加快民族地区发展摆到更加突出的战略位置。在经济发展新常态背景下,加快民族地区经济发展,需要破解产业发展层次偏低,新旧动能转换难度较大的特殊困难。为了引导要素空间流动,实现产业结构升级,转变经济发展方式,理论层面需要厘清民族地区经济活动空间分布的现状。一方面,通过刻画民族地区经济活动空间分布的现状,有助于明确民族地区经济发展的难点区域和薄弱环节;另一方面,通过对民族地区经济活动空间分布演化的动态分析,有助于识别民族地区经济活动空间分布的影响因素,从而为加快民族地区经济发展提供精准施策的依据。本文的主要目的是识别民族地区经济活动空间分布和变动的典型事实,从而为预测和指导民族地区经济活动空间分布提供依据。

---

① 国家社科基金青年项目“民族地区实现 2020 年减贫目标的距离估算与精准扶贫政策研究”(批准号:15CMZ029);国家民委人文社会科学重点研究基地(培育)“中国西部民族经济研究中心”研究项目“区域经济差异深度、广度与民族地区经济地理重塑”(批准号:CWEER201702)。

作者简介:单德朋(1985—　),男,山东济南人,博士,西南民族大学副教授,硕士生导师,主要研究方向:区域经济、旅游经济、中国少数民族经济。四川成都 610041,E－mail:Jnsdp@ qq. com.

郑长德(1962—　),男,四川省广元市人,经济学博士,西南民族大学经济学院教授、博士生导师,主要研究方向:中国少数民族经济、区域经济、金融理论。

既往理论和实证研究针对经济活动的空间分布给出了不同的理论解释,包括运输成本、禀赋优势、知识溢出等①。此外,演化经济地理学还认为历史因素和路径依赖也影响了经济活动的空间分布②。然而,无论是距离、自然资源等第一天性因素,还是规模报酬递增等第二天性因素,在不同的空间单元中存在异质表现。因此,为了对民族地区经济活动的空间分布进行全方位分析,本文将在不同的空间单元下,研究民族地区经济活动空间分布的现状和动态演化情况。本文选择的空间单元包括三个维度,分别是城乡空间分布、总体空间分布和城市空间分布。此外,在相同空间单元下,不同行业部门的集聚力和分散力也存在差异。因此,本文还细分行业部门,展示了不同行业部门的空间分布现状和动态演化情况。

1.2 城乡视域下民族地区经济活动的空间分布

1.2.1 民族地区城乡收入差距

基于城乡维度的细分是研究经济活动空间分布的传统划分方式。表1.1给出了2000—2015年民族地区的城乡收入差距,该差距是经济活动城乡分布差异的结果,体现了城乡要素集聚带来的生产效率差异。为了进一步观测要素集聚与城乡收入差距的关系,图1.1给出了2015年民族八省区47个有市辖区的地级市人口密度与城乡收入差距的散点图。结合表1.1和图1.1的结果,民族地区城乡收入差距体现出几个事实。

(1)2000年以来,民族地区城乡收入差距体现出先增后降的特征。2000—2005年,民族地区总体城乡收入差距从3.63上升至3.80,之后持续下降到2014年的2.98。城乡收入差距初始扩大的主要原因在于工业化进程推进带来的城乡生产效率差异,而之后差异缩小则主要源于劳动力流动带来的边际产出变动,以及劳动力乡城流动之后的收入反哺。

(2)民族地区城乡收入差距显著高于同期全国平均水平。2015年,民族八省区城乡收入差距均大于全国平均水平。具体来看,民族八省区城镇居民

① Henderson J V, Squires T L, Storeygard A, et al. The Global Spatial Distribution of Economic Activity: Nature, History, and the Role of Trade[R]. National Bureau of Economic Research, 2016:1-63.

② Boschma R, Frenken K. The Emerging Empirics of Evolutionary Economic Geography [J]. *Journal of Economic Geography*, 2011,11(2): 295-307.

人均可支配收入和农村居民人均纯收入均低于全国平均水平,但相对而言,民族地区农村居民收入和全国平均水平的差距更大,其原因在于农业生产效率的差异,以及第一产业内部产业结构的差异。民族地区农村非农活动更少,并且受限于自然、地理、农业技术等因素,民族地区农业生产效率更低。

(3)民族地区城乡收入差距与城市经济密度有关。收入差距整体随着城市经济密度增大而扩大,具体来看,城市经济密度对城镇居民收入的正向影响大于农村居民收入。并且,市辖区经济密度对城镇居民收入的正向影响更为显著。其原因在于城市部门人力资源外部性更强。

民族地区城乡收入差距的上述事实,反映了城乡生产方式的静态差异,也反映了城乡劳动力流动的动态变化。虽然该差异无关规范分析框架下的优劣评价,但基于民族地区脱贫攻坚和全面小康的双重任务,民族地区应进一步强化城乡关联,并通过农业特色化和规模化发展思路促进农业生产效率提升。

表 1.1　民族八省区城乡收入差距(2000—2015 年)

	2000	2005	2010	2011	2012	2013	2014	2015
全国	2.79	3.22	3.23	3.13	3.10	2.81	2.75	2.73
内蒙古	2.52	3.06	3.20	3.07	3.04	2.89	2.84	2.84
广西	3.13	3.72	3.76	3.60	3.54	2.91	2.84	2.79
贵州	3.73	4.34	4.07	3.98	3.93	3.49	3.38	3.33
云南	4.28	4.54	4.06	3.93	3.89	3.34	3.26	3.20
西藏	5.58	4.54	3.62	3.30	3.15	3.11	2.99	3.09
青海	3.47	3.75	3.59	3.39	3.27	3.15	3.06	3.09
宁夏	2.85	3.23	3.28	3.25	3.21	2.83	2.77	2.76
新疆	3.49	3.22	2.94	2.85	2.80	2.69	2.66	2.79
民族地区	3.63	3.80	3.57	3.42	3.36	3.05	2.98	2.99

数据来源:作者根据历年《中国统计年鉴》计算得到,其中民族地区城乡收入差距为民族八省区算数平均值。

1.2.2　民族地区城乡空间分布的主因:工业化与城市化

传统经济向现代经济转型的过程,主要体现为农业经济向以工业为基础的城市经济转型。在农产品需求收入弹性小于 1 的假定下,随着收入水平的持续提升,城市非农产品的支出份额将会增加,并且农业生产率的提高将会

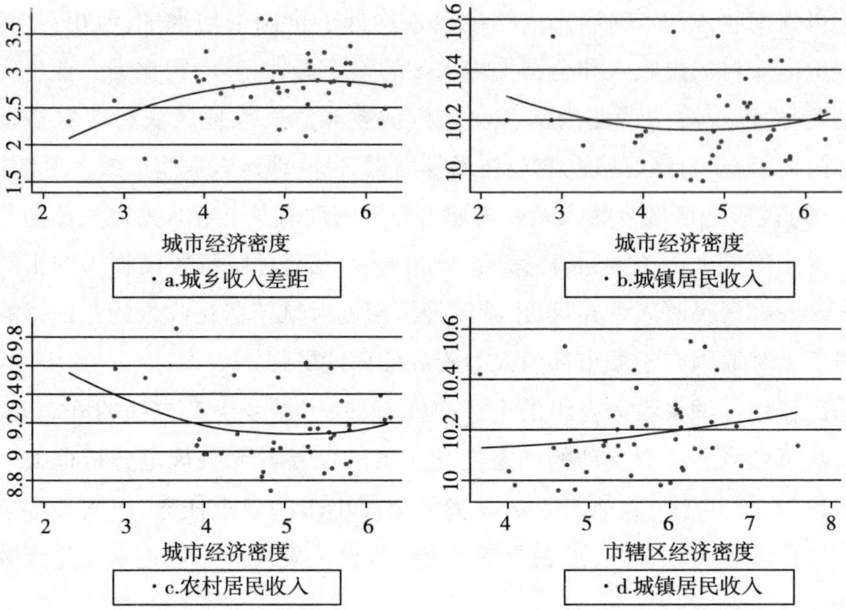

图 1.1　2015 年民族地区地级市经济密度与城乡收入差距

数据来源:作者绘制。其中,横轴为城市经济密度的自然对数值。

产生剩余劳动力并加入工业部门,从而导致劳动力的乡城转移和现代经济转型①,该过程也是城乡收入差距和经济活动城乡空间分布演化的主要原因。

表 1.2 给出了 2000—2015 年民族八省区城市化和工业化的演化历程。2000 年以来,随着经济增长,劳动力逐渐从农村部门转向城市部门,民族八省区城市化率普遍提升。与城市化率的变动不同,民族地区工业化水平并没有体现出持续提升的态势。根据发达国家和地区的发展历程,在传统经济向现代经济转型过程中,城市化和工业化往往伴生出现。但我国的民族地区却体现出没有工业化的劳动力乡城转移,工业化显著滞后于城市化进程。以西藏和宁夏为例,2015 年西藏和宁夏工业化率为 7% 和 34%,同期城市化率分别为 28% 和 55%。

可以利用自然资源禀赋和贸易来解释民族地区无工业化的城市化,在开

① Caselli F, Ⅱ W J C. The U. S. Structural Transformation and Regional Convergence: A Reinterpretation[J]. *Journal of Political Economy*, 2001, 109(3): 584 - 616.

放经济设定下,比较优势和贸易可以改变某一地区的常规发展路径。由于贸易的存在,并非所有国家和地区都要经历农业向工业的转变过程。自然资源的贸易会导致本地非贸易品的需求增加,从而导致非贸易产品部门的扩展,以及农业生产部门和可贸易工业产品部门的萎缩,如果非贸易部门的扩张超过可贸易生产部门的收缩,那么城市化的扩张将不会伴生工业化的推进①。民族地区城市化和工业化的不同路径也意味着,我们应该谨慎利用发达国家和地区的历史经验来预测民族地区的发展路径。在特定的资源禀赋和开放背景下,民族地区工业化和城市化的关系有所不同。

表 1.2 民族八省区工业化率与城市化率(2000—2015 年,%)

工业化率	2000	2005	2010	2011	2012	2013	2014	2015
内蒙古	0.31	0.38	0.48	0.49	0.49	0.47	0.44	0.43
广西	0.29	0.31	0.40	0.41	0.41	0.40	0.39	0.38
贵州	0.32	0.36	0.33	0.32	0.32	0.34	0.34	0.32
云南	0.35	0.34	0.36	0.34	0.33	0.32	0.30	0.28
西藏	0.09	0.07	0.08	0.08	0.08	0.08	0.07	0.07
青海	0.30	0.38	0.45	0.49	0.47	0.46	0.41	0.37
宁夏	0.33	0.38	0.38	0.39	0.38	0.37	0.35	0.34
新疆	0.31	0.37	0.40	0.41	0.38	0.36	0.34	0.29
城市化率	2000	2005	2010	2011	2012	2013	2014	2015
内蒙古	0.42	0.47	0.56	0.57	0.58	0.59	0.60	0.60
广西	0.75	0.36	0.40	0.42	0.44	0.45	0.46	0.47
贵州	0.24	0.27	0.34	0.35	0.36	0.38	0.40	0.42
云南	0.23	0.30	0.35	0.37	0.39	0.40	0.42	0.43
西藏	0.31	0.36	0.23	0.23	0.23	0.24	0.26	0.28
青海	0.35	0.39	0.45	0.46	0.47	0.49	0.50	0.50
宁夏	0.33	0.42	0.48	0.50	0.51	0.52	0.54	0.55
新疆	0.34	0.37	0.43	0.44	0.44	0.44	0.46	0.47

数据来源:作者根据各省区历年统计年鉴计算得到。

① Henderson J V, Storeygard A, Roberts M. Is Urbanization in Sub - Saharan Africa Different? [R]. Policy Research Working Paper, 2013:1 -48.

1.3 总体视域下民族地区经济活动的空间分布

虽然城市化的持续推进是民族地区经济发展的一个基本事实,但如果把关注点限定在城乡差距上,可能会忽略城市之间和农村之间的内部差异。因此,在该部分中,我们将关注民族地区经济活动在总体区位的空间分布。

1.3.1 民族地区的区域规模与增长率

关于总体经济分布的演变特征有两个经验法则:Gibrat's Law 和 Zifp's Law。Gibrat's Law 一开始用于反映企业增长率与绝对规模的关系,认为企业增长率独立于初始规模。Gibrat's Law 也被应用于区域规模,正交(随机)增长将会导致区域规模呈现对数自然分布。而根据 Zifp's Law,城市规模服从帕累托分布。图 1.2 给出了民族地区有市辖区的地级市区域规模与增长率的关系,其中图 1.2a 是 1994 年民族地区各地级市人口密度自然对数值与 1994—2015 年城市规模年均增长率的关系。为了检验初始规模与增长率关系的动态差异,图 1.2b 和图 1.2c 分别展示了 1994—2005 年以及 2005—2015 年细分情况。同时为了验证 Zifp's Law 法则,图 1.2d 还给出了民族地区市辖区规模与增长率的关系。

1994—2015 年民族地区总体人口增长率与区域规模负相关,民族地区区域规模体现出空间收敛的特征,没有发现区域规模和增长率服从 Gibrat's Law 的证据。该结论与 Michaels 等(2012)①的研究结果相一致,他们利用美国分县数据分析了 1880—2000 年美国人口密度和人口增长率的关系,发现基期人口密度与平均增长率呈"U"形关系。对于初始人口密度较小的地区,平均增长率与基期密度负相关,对于高密度地区,初始密度与人口增长率的关系较为平坦,对于中等密度地区,平均增长率与基期密度正相关。我国民族八省区经济密度相对较低,符合低密度地区的特征,即增长率与初始密度负相关。民族地区各区域之间体现出趋同的增长态势,其原因在于 1994 年以来,随着中国总体市场化进程的开启和加速,民族地区也先后进入农业经济向现代经济转换的进程中。初始经济密度更小的地区后进入该进程,但该

① Michaels, G., Rauch, F. and Redding, S. Urbanization and Structural Transformation[J]. *Quarterly Journal of Economics*, 2012(127): 535-586.

进程一旦开启,这些地区将会获得二元结构转换的最大初始红利,从而呈现出更高的增长速度。

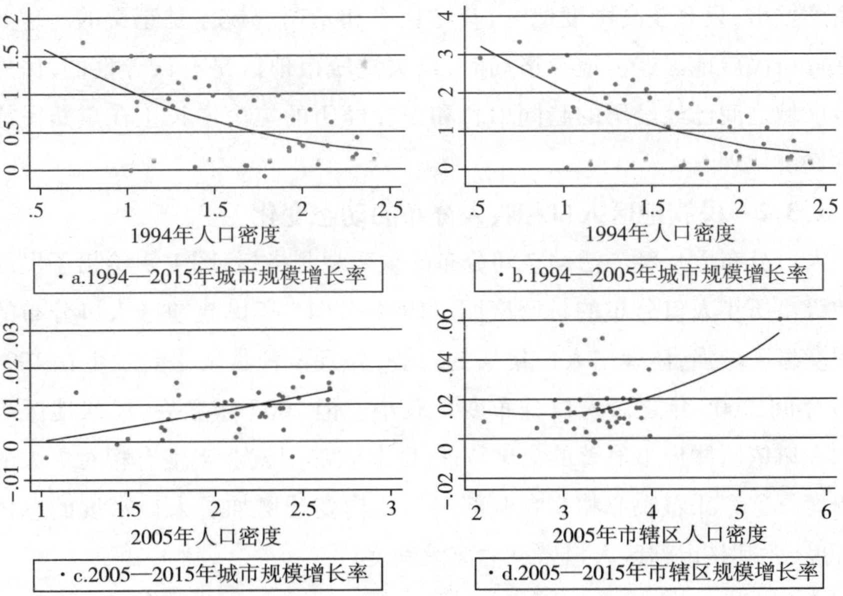

图 1.2　民族地区城市规模与增长率的关系

数据来源:作者绘制。其中,横轴各年份人口密度为自然对数值。

值得注意的是,民族地区在 1994—2015 年体现出的总体趋同发展态势,并不意味着区域之间的协调发展,该趋同仅仅是发展的结果和发展过程的一个短暂阶段。细分时间段来看,1994—2005 年民族地区初始规模和增长率的负向相关更为显著,趋同态势也更为明显,拟合曲线的斜率更大。但 2005—2015 年民族地区区域规模和增长率已经开始体现为正向相关的关系,即民族地区各区域之间开始体现出集聚发展的态势,并且具体到市辖区的维度,市辖区集聚发展的态势显著更强。总体来看,随着总体经济规模的扩大,民族地区已经进入中等规模区域普遍体现出来的集聚发展阶段,区域差异程度将会进一步扩大。关于中等规模地区的集聚发展态势,可能的原因包括:随着产业结构进一步升级,土地资源在生产函数中所占份额持续下降,从而弱化了经济密度较小地区在土地资源上的优势。另外,新技术的引入更有助于经济密度相对更大的地区体现集聚经济优势:摊销新技术必要的不可分要素、分散新技术失败风险、降低知识溢出的交易成本等。

图 1.2 的经验证据也表明 Gibrat's Law 不适用于民族地区,而更适用于高密度城市,只有在高密度地区,其增长率和基期规模才是正交的。这意味着在分析民族地区经济地理格局时,仅关注城市地区是有误导性的,民族地区各区域之间已经经历的趋同增长和正在经历的集聚增长正在重塑民族地区的经济地理。

1.3.2 民族地区人口和收入分布的动态变化

人口分布也是经济活动空间分布的重要观测指标,图 1.3 给出了民族地区地级市历年人口分布的核密度图。1994—2015 年民族地区人口分布的离散程度显著增强,体现出人口集聚的态势,并且该种集聚主要发生在 1994—2005 年间,2005 年之后人口分布变动较小。但 2005 年之后,民族地区市辖区的人口依然体现出显著的集聚特征,即非农部门就业密度有相对更大的离散程度。这意味着农业和非农业部门的结构变迁增加了人口密度的总体离散程度,尤其是市辖区人口密度的离散程度。

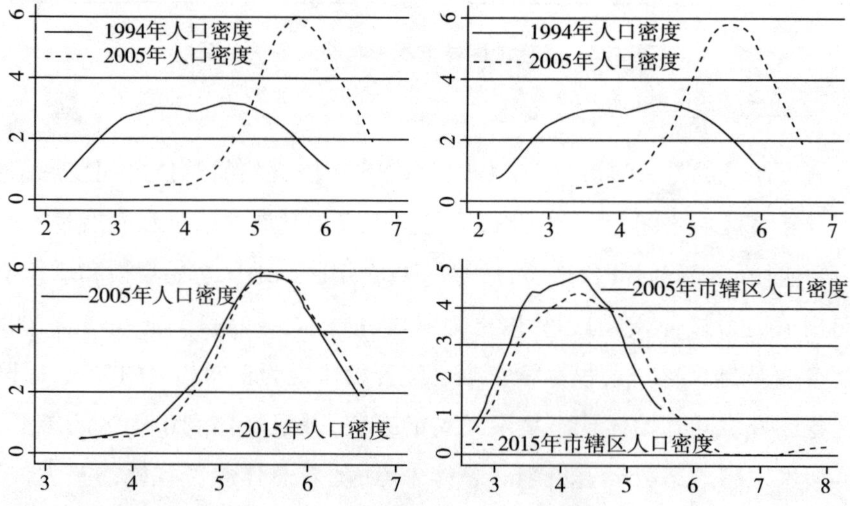

图 1.3 民族地区人口分布核密度图

数据来源:作者绘制。其中,各年人口为自然对数值。

经济活动的空间分布如何影响收入水平是政策层面更为关注的问题,也是各级政府实施空间协调战略的重要理论基础。因此,我们有必要分析民族地区收入水平的空间分布,并判断收入水平分布与经济活动分布的关系。我们计算了民族地区各地级市历年平均工资的标准差和变异系数,结果见表1.3所示。另外,为了判断工资分布与经济活动空间分布的关系,图1.4给出了民族地区在岗职工平均工资的分布情况,其中图1.4a是2005—2015年民族地区平均工资年均增长率与初始工资水平的散点图,图1.4b是民族地区市辖区在岗职工平均工资增长率与初始工资水平的散点图。

表1.3　民族地区收入分布(2000—2015年)

		2005	2010	2013	2014	2015
职工平均工资	标准差	2905	5552	9367	9152	11619
	变异系数	0.19	0.19	0.20	0.18	0.20
市辖区职工平均工资	标准差	4265	5579	12577	13216	13028
	变异系数	0.25	0.18	0.25	0.25	0.22

数据来源:作者根据历年《中国城市统计年鉴》计算得到。

从民族地区收入分布的动态变化来看,2000—2015年,民族地区在职职工平均工资的变异系数地区相对稳定,但市辖区职工平均工资变异系数体现出先降后升的态势,区际差异先缩小后扩大。2005年之前,各地区工资水平差距区域扩大,其原因在于:随着市场化进程的启动和西部大开发战略的推进,民族地区工业化进程加速,但受各地区禀赋差异的影响,各地区工业进程的启动时间存在差异,这导致了各地区工业专业化的差异,并扩大了人均收入差异。而2005—2010年,民族地区收入分布体现趋同的一个可能解释与初始农业份额有关,该阶段各地区人均收入增速与初始农业份额显著负相关。初始农业就业比重较大的地区,农业就业份额显著下降,人均收入的增长也最为快速。但随着后发展地区的工业化进程加速,民族地区区际专业化程度开始下降,从而导致了区际人均收入又开始体现出趋同态势。2010年以来民族地区工资收入差距扩大的原因在于民族地区经济发展方式从工业化向后工业化阶段的转换。经济新常态背景下,既往已经成熟的工业体系已不能满足多样化的市场需求,产品结构向新型工业和服务业转换。该转型过程的先行地区将会凭借新产业的生产优势得到更高的劳动报酬,并且该差异将会随着要素集聚外部性的增强而扩大。因此,预期民族地区市辖区工资水平的区际差异将会进一步扩大。阻断该过程需要有两个条件:一是新产业部门的生产技术标准化,使得新产品生产扩散至其他地区;二是相对弱后地区跳过产业演化路径,直接切入下一代产品的生产技术。

总体来看,民族地区收入分布呈现空间库兹涅茨曲线特征,在传统农业经济中,收入的区际差异有限。但在工业化初期,部分地区凭借“第一天性”因素成为工业发展的先行地区,工业活动在这些地区的专业化发展导致了收入的区际差异扩大。随着工业化的扩张和标准化生产技术的扩散,民族地区普遍进入工业化转型阶段,各区域农业份额降低,收入差距缩小。但在经济新常态背景下,民族地区又面临着后工业化发展转型的格局,收入区际差异有进一步扩大的态势。如何凭借“一带一路”国家倡议和向西向南开放契机,实现民族地区普遍的发展动能切换,是缩小民族地区区际收入差距的关键。

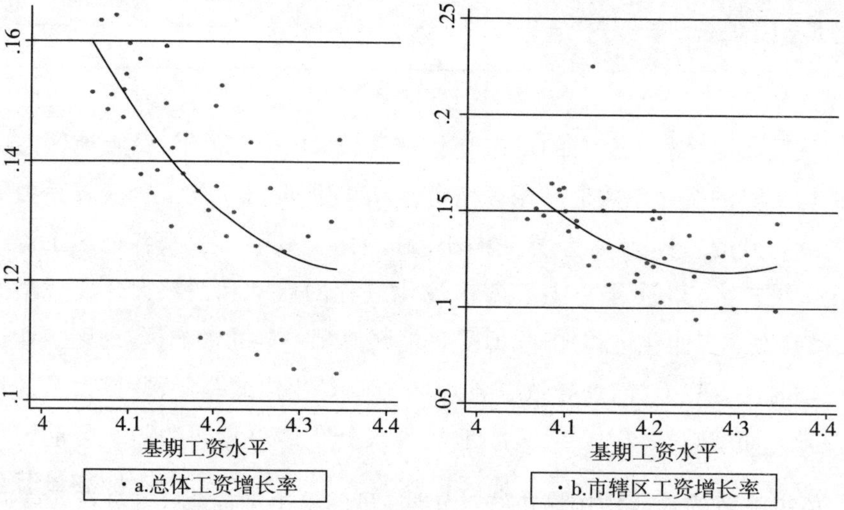

图 1.4 民族地区收入分布

资料来源:作者绘制,其中基期工资水平为自然对数值。

1.4 产业视域下民族地区经济活动的空间分布

经济活动空间分布是由集聚力和分散力合力引致,但不同行业部门知识溢出的程度以及土地在生产中的份额都不同,因此不同行业部门的空间增长特征有所差异,区域总体经济活动的空间组织也会因各行业部门的相对构成差异而不同。此外,对于一个给定行业部门而言,随着该行业产品生命周期的变化,集聚力和分散力的相对力量也会发生变化,因此各地区经济活动的空间分布不仅会因行业部门结构差异而不同,也会随现有行业部门生命周期的演化而动态变动。在该部分中,我们将细分产业,研究民族地区不同行业部门集聚或分散的格局和驱动力,并重点关注民族地区制造业和服务业在空间分布上的差异。

1.4.1 细分行业部门经济活动空间分布的测度方法

基于数据可得的考虑,本文使用EG指数测度各行业部门经济活动的空间分布。该方法能够有效规避异常值对测度结果的影响,相对于空间基尼系数、赫芬达尔指数等测度方法而言更为稳健。EG指数只能体现经济活动在不同行政区划上的分布差异,但无法有效体现在连续地理距离上的空间分布问题。相比较而言DO指数是更为合意的测度方法,但DO指数需要有企业的地理信息数据①。某特定行业 i 的EG指数计算公式为:

$$EG_i = \frac{G_i - (1 - \sum_{\iota=1}^{m} x_\iota^2)H}{(1 - \sum_{\iota=1}^{m} x_\iota^2)(1 - H)}$$

其中,ι 表示地区,$H = \sum_{j}^{J} z_j^2$ 是该行业企业 j 就业规模 z 的赫芬达尔指数;$G = \sum_{\iota=1}^{m} (x_\iota - s_{\iota j})^2$ 表示空间基尼系数,即地区 ι 总体就业份额与该地区 j 产业就业份额 $s_{\iota j}$ 的方差。EG 为正表示存在过度集聚,且 EG 越大表示集聚程度越强,EG 为负值表示该行业经济活动过度分散。

值得注意的是,《中国城市统计年鉴》虽然给出了各地区细分行业就业数据,但并没有相应的企业数量,因此无法利用上述公式计算赫芬达尔指数②。为此,我们假定各地区企业数量和企业规模相同,将赫芬达尔指数简化为:$H = \sum_{j}^{J} \mathrm{s}_{ij}^2/n$。其中,$n$ 为地级市数量。该种简单处理方式的计算结果与EG指数存在一定偏差,但可以用于比较行业间要素空间分布的差异,也可以反

① 陈建军,陈怀锦. 集聚的测度方法评述:基于前沿文献的研究[J]. 西南民族大学学报:人文社会科学版,2017(4):134-142.

② 王晶晶,张昌兵. 新经济地理学视角下服务业FDI对服务业集聚的影响——基于面板分位数回归方法分析[J]. 国际贸易问题,2015(11):109-120.

映同一行业部门经济活动空间分布的动态变化。

1.4.2 民族地区第二产业经济活动空间分布

表1.4和表1.5分别给出了2005年、2010年和2015年民族地区总体和民族地区市辖区第二产业要素集聚的测度结果。从中可以看出,民族地区第二产业经济活动的空间分布并未体现出显著的空间集聚特征。细分行业来看,民族地区第二产业的4个行业部门中,采矿业要素集聚程度相对较高,而制造业则体现出过度分散的空间分布格局,2015年民族地区采矿业和制造业的EG指数分别为0.0594和-0.0286。

表1.4 民族地区第二产业要素集聚测度结果

	空间基尼系数			EG 指数		
	2015	2010	2005	2015	2010	2005
采矿业	0.0636	0.0070	0.0594	0.0594	0.0410	0.0483
制造业	0.0048	0.0327	-0.0286	-0.0286	-0.0236	-0.0334
电力、燃气及水的生产和供应业	0.0094	0.0015	0.0083	0.0083	0.0123	0.0050
建筑业	0.0165	0.0159	0.0013	0.0013	0.0139	0.0138

数据来源:作者计算得到。

表1.5 民族地区市辖区第二产业要素集聚测度结果

	空间基尼系数			EG 指数		
	2015	2010	2005	2015	2010	2005
采矿业	0.1300	0.0066	0.1313	0.1313	0.1489	0.1283
制造业	0.0148	0.0356	-0.0208	-0.0208	-0.0387	-0.0467
电力、燃气及水的生产和供应业	0.0217	0.0017	0.0212	0.0212	0.0305	0.0188
建筑业	0.0142	0.0241	-0.0094	-0.0094	0.0088	0.0059

数据来源:作者计算得到。

采矿业经济活动相对集聚的原因与自然资源禀赋有关,制造业经济活动相对分散的测度结果则表明民族地区已经经历了从传统经济向工业经济转型的初始阶段,随着现有制造业技术的标准化和投资门槛的降低,制造业在民族地区逐渐形成空间分散分布的格局。该种分散格局并非空间协调[①],而

① 罗胤晨,谷人旭. 1980—2011年中国制造业空间集聚格局及其演变趋势[J]. 经济地理,2014,34(7):82-89.

是体现了制造业技术扩散的结果,将会导致传统制造业区际同质化竞争程度的加剧。在经济新常态消费结构升级的现实下,民族地区制造业已经开始面临动能切换的压力。

1.4.3 民族地区第三产业经济活动空间分布

表1.6和表1.7分别给出了2005年、2010年和2015年民族地区总体和民族地区市辖区第三产业要素集聚的测度结果。通过行业部门间的比较和同部门空间分布的动态分析,民族地区第三产业经济活动的空间分布体现出下列特征:

第一,民族地区服务业各行业部门的要素集聚程度普遍高于制造业。服务业空间集聚程度更高的原因与服务业的特征有关:首先,服务业对自然资源等"第一天性"因素倚重较小;其次,服务业投入结构中,土地投入份额相对更低,从而弱化了要素集聚为土地竞争性使用带来的分散力;第三,服务业对人力资本和特定劳动力技能的要求更高,从而强化了劳动力市场窖藏和知识溢出带来的集聚力。

第二,民族地区服务业各行业部门的要素集聚程度存在显著差异。批发和零售业,住宿和餐饮业,信息传输和计算机服务、软件业,居民服务、修理和其他服务业均属于高度集聚行业,2015年上述4个行业部门的EG指数分别为0.0504,0.0792,0.0401和0.1623。同期,教育,卫生、社会保障和社会福利业则体现出显著分散的空间分布格局,2015年这两个行业部门的EG指数分别为-0.0220和-0.0014。这两个行业部门呈分散分布的原因与政府政策有关,由于这两个部门的产品与公共服务均等化相关,政府参与程度都较高,从而产生了空间分散的格局①。但该种分散也并非意味着空间不协调,而是体现了公共服务的空间公平。

① 孔令池,李致平,徐璇莹.中国服务业空间集聚:市场决定还是政府主导?[J].上海经济研究,2016(09):73-81.

表 1.6　民族地区第三产业要素集聚测度结果

	空间基尼系数			EG 指数		
	2015	2010	2005	2015	2010	2005
批发和零售业	0.0521	0.0224	0.0051	0.0504	0.0222	0.0035
交通运输、仓储和邮政业	0.0187	0.0259	0.0163	0.0176	0.0247	0.0143
住宿和餐饮业	0.0780	0.0299	0.0137	0.0792	0.0310	0.0140
信息传输和计算机服务、软件业	0.0400	0.0137	0.0055	0.0410	0.0141	0.0056
金融业	0.0030	0.0118	0.0025	0.0020	0.0110	0.0016
房地产业	0.0104	0.0396	0.0313	0.0104	0.0413	0.0323
租赁和商业服务业	0.0111	0.0329	0.0128	0.0109	0.0340	0.0130
科学研究、技术服务和地质勘查业	0.0076	0.0234	0.0147	0.0074	0.0240	0.0149
水利、环境和公共设施管理业	0.0089	0.0132	0.0066	0.0086	0.0131	0.0063
居民服务、修理和其他服务业	0.1564	0.0612	0.0294	0.1623	0.0640	0.0305
教育	0.0075	0.0121	0.0059	-0.0220	-0.0224	-0.0336
卫生、社会保障和社会福利业	0.0033	0.0108	0.0022	-0.0014	0.0077	-0.0005
文化、体育、娱乐用房屋	0.0074	0.0171	0.0083	0.0076	0.0177	0.0085
公共管理和社会服务	0.0060	0.0116	0.0030	-0.0203	-0.0125	-0.0188

数据来源:作者计算得到。

第三,民族地区服务业各行业部门的要素集聚程度存在不同的动态演化态势。EG 指数持续增加的行业部门包括:住宿和餐饮业,居民服务、修理和其他服务业,信息传输和计算机服务、软件业,其空间集聚程度持续增强。另外,教育行业的 EG 指数持续增加,反映了空间分散程度趋于弱化。其余绝大多数行业部门 EG 指数都体现出先升后降的情况。民族地区服务业在 2005—2010 年间集聚程度上升的原因在于,该阶段是民族地区产业结构向后工业化阶段转型的初始阶段,要素集聚更有助于知识溢出、降低交易成本并规避新产业可能的风险,从而产生更强的集聚动力。2010—2015 年大多数服务业部门集聚程度有所下降的原因则在于服务业对劳动力技能需求的标准化导致的空间扩散。

表 1.7　民族地区市辖区第三产业要素集聚测度结果

	空间基尼系数			EG 指数		
	2015	2010	2005	2015	2010	2005
批发和零售业	0.0726	0.0113	0.0084	0.0708	0.0092	0.0061
交通运输、仓储和邮政业	0.0571	0.0140	0.0220	0.0583	0.0105	0.0187
住宿和餐饮业	0.0471	0.0132	0.0085	0.0492	0.0128	0.0085
信息传输和计算机服务、软件业	0.0254	0.0077	0.0096	0.0264	0.0074	0.0097
金融业	0.0037	0.0108	0.0047	0.0015	0.0095	0.0036
房地产业	0.0041	0.0286	0.0266	0.0037	0.0300	0.0278
租赁和商业服务业	0.0116	0.0160	0.0152	0.0112	0.0162	0.0157
科学研究、技术服务和地质勘查业	0.0115	0.0115	0.0115	0.0114	0.0115	0.0115
水利、环境和公共设施管理业	0.0096	0.0114	0.0100	0.0093	0.0112	0.0100
居民服务、修理和其他服务业	0.3669	0.0636	0.0351	0.3822	0.0672	0.0371
教育	0.0037	0.0033	0.0048	-0.0139	-0.0172	-0.0182
卫生、社会保障和社会福利业	0.0019	0.0028	0.0030	-0.0025	-0.0006	0.0005
文化、体育、娱乐用房屋	0.0124	0.0089	0.0101	0.0129	0.0092	0.0104
公共管理和社会服务	0.0114	0.0028	0.0031	-0.0142	-0.0165	-0.0144

数据来源:作者计算得到。

通过经济活动空间分布的细分行业分析,民族地区制造业的空间分布开始变得更加分散,而服务业则体现出空间集聚的特征,服务业的空间集聚在市辖区层面的测度中更为显著①。民族地区制造业趋于分散,而服务业集聚上升的一个可能解释是:服务业单位土地的产值密度更大,从而使得服务业在现有区位的土地竞争中处于优势地位,制造业逐渐在竞争中被挤出城市。另一个可能的解释则与行业部门的生命周期有关,较为年轻的行业部门从要素集聚和知识溢出中获益更多,因此年轻行业部门的要素集聚动机更强。如表 1.6 和表 1.7 所示,住宿和餐饮业,居民服务、修理和其他服务业等要素集聚程度较高的行业部门,均处于产品生命周期的发展期,随着居民收入提升,依然具有较大的发展潜力。另外,信息传输和计算机服务、软件业等技术密度较大的行业部门,由于能够从知识溢出中获益更多,从而也体现为显著的

① Faber B. Trade Integration, Market Size, and Industrialization: Evidence from China's National Trunk Highway System[J]. *Review of Economic Studies*, 2014,81(3): 1046 - 1070.

要素集聚格局。但是随着服务业各行业部门产品生命周期趋于成熟,在经济活动集聚之后也将会体现为分散特征。因此,为了理解民族地区经济活动的空间分布,不仅要细分不同的行业部门,还要分析这些行业部门生命周期演化带来的动态变化。

1.5 结论与评论

本文从城乡和总体维度分析了民族地区经济活动的空间分布和区际差异,并细分行业部门,分析了不同行业部门经济活动空间分布的不同表现。通过刻画民族地区经济活动空间分布的现状,有助于明确民族地区经济发展的难点区域和薄弱环节。并且,通过对民族地区经济活动空间分布演化的动态分析,有助于识别民族地区经济活动空间分布的影响因素,从而为加快民族地区经济发展提供精准施策的依据。本文的主要结论如下:

第一,民族地区城乡收入差异虽然开始体现出缩减态势,但依然显著高于同期全国平均水平。民族地区城乡收入差距的主要原因不在于城镇居民收入高,而在于民族地区农牧民人均纯收入显著低于全国平均水平。该事实既反映了城乡生产方式的静态差异,也反映了城乡关联的动态变化。虽然城乡差异无关规范分析框架下的优劣评价,但基于民族地区脱贫攻坚和全面小康的双重任务,民族地区应进一步强化城乡关联,并通过农业特色化和规模化发展思路促进农业生产效率提升。

第二,民族地区的城市化和工业化进程与古典模型对于传统经济转型的刻画不同,民族地区工业化显著滞后于城市化进程。自然资源禀赋和贸易是民族地区工业化滞后于城市化的主要原因。在开放经济设定下,比较优势和贸易可以改变某一地区的常规发展路径。由于贸易的存在,并非所有国家和地区都要经历农业向工业的转变过程。自然资源的贸易会导致本地非贸易品的需求增加,从而导致非贸易产品部门的扩展,以及农业生产部门和可贸易工业产品部门的萎缩,如果非贸易部门的扩张超过可贸易生产部门的收缩,那么城市化的扩张将不会伴生工业化的推进。民族地区城市化和工业化的不同路径也意味着,我们应该谨慎利用发达国家和地区的历史经验来预测民族地区的发展路径。在特定的资源禀赋和开放背景下,民族地区工业化和城市化的关系有所不同。

第三,1994—2015 年民族地区总体人口增长率与区域规模负相关,民族地区区域规模体现出空间收敛的特征。其原因在于 1994 年以来,随着中国总体市场化进程的开启和加速,民族地区也先后进入农业经济向现代经济转换的进程中。初始经济密度更小的地区后进入该进程,但该进程一旦开启,这些地区将会获得二元结构转换的最大初始红利,从而体现出更高的增长速度。但这并不意味着区域之间的协调发展,该趋同仅仅是发展的结果和发展过程的一个短暂阶段。随着总体经济规模的扩大,民族地区进入中等规模区,该阶段将会体现出更强的集聚动力,民族地区区域差异程度将会进一步扩大。

第四,民族地区收入分布呈现空间库兹涅茨曲线特征,在传统农业经济中,收入的区际差异有限。但在工业化初期,部分地区凭借“第一天性”因素成为工业发展的先行地区,工业活动在这些地区的专业化发展导致了收入的区际差异扩大。但随着工业化的扩张和标准化生产技术的扩散,民族地区普遍进入工业化转型阶段,各区域农业份额降低,收入差距缩小。但在经济新常态背景下,民族地区又面临着后工业化发展转型的格局,收入区际差异有进一步扩大的态势。如何凭借“一带一路”国家倡议和向西向南开放契机,实现民族地区普遍的发展动能切换,是缩小民族地区区际收入差距的关键。

第五,民族地区制造业经济活动空间分布相对分散。民族地区已经经历了从传统经济向工业经济转型的初始阶段,随着现有制造业技术的标准化和投资门槛的降低,制造业在民族地区逐渐形成空间分散分布的格局。该种分散格局并非空间协调,而是体现了制造业技术扩散的结果,将会导致传统制造业区际同质化竞争程度的加剧。在经济新常态消费结构升级的现实下,民族地区制造业已经开始面临动能切换的压力。

第六,民族地区服务业体现出空间集聚的特征,并且服务业的空间集聚在市辖区层面的测度中更为显著。单位土地的产值密度更大,技术密集型以及处于产品生命周期发展阶段的年轻服务业行业部门体现出更为显著的空间集聚特征。为了理解民族地区经济活动的空间分布,不仅要细分不同的行业部门,还要分析这些行业部门生命周期演化带来的动态变化。

2. 中国区域发展总体战略与民族地区空间结构重塑[①]

郑长德　钟海燕

2.1　中国区域经济发展新棋局的要义

《中华人民共和国国民经济和社会发展第十三个五年规划纲要》提出，推动区域协调发展，要统筹实施“四大板块”和“三个支撑带”的战略组合。“以区域发展总体战略为基础，以‘一带一路’建设、京津冀协同发展、长江经济带发展为引领，形成沿海沿江沿线经济带为主的纵向横向经济轴带，塑造要素有序自由流动、主体功能约束有效、基本公共服务均等、资源环境可承载的区域协调发展新格局”。

四大板块：坚持把西部大开发放在区域发展的优先位置，深入实施振兴东北地区等老工业基地战略，加大实施中部地区崛起战略力度，支持东部地区率先发展，创新区域发展政策，完善区域发展机制，促进区域协调、协同、共同发展，努力缩小区域发展差距。

三大地带引领：推动京津冀协同发展。坚持优势互补、互利共赢、区域一体，调整优化经济结构和空间结构，探索人口经济密集地区优化开发新模式，建设以首都为核心的世界级城市群，辐射带动环渤海地区和北方腹地发展。推进长江经济带发展。坚持生态优先、绿色发展的战略定位，把修复长江生态环境放在首要位置，推动长江上中下游协同发展、东中西部互动合作，使其建设成为我国生态文明建设的先行示范带、创新驱动带、协调发展带。推进“一带一路”建设，秉持亲诚惠容，坚持共商共建共享原则，开展与有关国家和

---

① 基金项目：四川省高等学校创新团队项目“民族地区经济发展问题研究”。
郑长德，经济学博士，西南民族大学经济学院教授、博士生导师。
钟海燕，经济学博士，西南民族大学经济学院教授。

地区多领域互利共赢的务实合作，打造陆海内外联动、东西双向开放的全面开放新格局。

扶持特殊类型地区发展。加大对革命老区、民族地区、边疆地区和困难地区（包括资源枯竭地区、产业衰退地区、生态严重退化地区等）的支持力度，实施边远贫困地区、边疆民族地区和革命老区人才支持计划，推动经济加快发展、人民生活明显改善。

拓展蓝色经济空间。坚持陆海统筹，发展海洋经济，科学开发海洋资源，保护海洋生态环境，维护海洋权益，建设海洋强国。

推动主体功能区布局基本形成。强化主体功能区作为国土空间开发保护基础制度的作用，加快完善主体功能区政策体系，推动各地区依据主体功能定位发展。有度有序利用自然，调整优化空间结构，推动形成以“两横三纵”为主体的城市化战略格局、以“七区二十三带”为主体的农业战略格局、以“两屏三带”为主体的生态安全战略格局，以及可持续的海洋空间开发格局。

推进新型城镇化，优化城镇化布局和形态。坚持以人的城镇化为核心、以城市群为主体形态、以城市综合承载能力为支撑、以体制机制创新为保障，加快新型城镇化步伐，提高社会主义新农村建设水平，努力缩小城乡发展差距，推进城乡发展一体化。加快构建以陆桥通道、沿长江通道为横轴，以沿海、京哈京广、包昆通道为纵轴，大中小城市和小城镇合理分布、协调发展的“两横三纵”城市化战略格局。

2.2　中国区域经济发展新棋局的主要特征

2.2.1　经济带：区域协调发展的战略支撑

经济带是由若干个城市群通过交通干线连接形成的带状经济区域。作为区域经济发展的骨架和支撑，经济带在“十八大”以来，受到中央层面的高度重视。2014 年李克强总理在“两会”政府工作报告中提出：把培育新的区域经济带作为推动发展的战略支撑。“十三五”规划纲要提出，要“形成沿海沿江沿线经济带为主的纵向横向经济轴带”，要着力重点打造的国家级经济带。

沿海经济带：包括东南沿海经济带和环渤海经济带。随着沪深高铁的全线贯通，上海自贸区、天津滨海新区、粤港澳合作区等助其提速，一个连接长三角城市群、海峡西岸城市群、珠三角城市群和北部湾城市群的沿海经济带已经呈现。环渤海经济带处于东部地区,贯通南北、连接陆海,总人口2.5亿人,GDP以及投资、消费、进出口等主要指标都约占全国的1/4,作用独特、区位优越、基础雄厚,正处于转型发展的关键阶段,是中国经济最有潜力的新增长极之一。随着江苏沿海地区的开发开放和山东蓝色经济区的建设,今后与环渤海经济带、东南沿海经济带连接,将形成中国最大、有重大世界影响的沿海经济带。

沿江经济带:包括长江经济带、黄河经济带、珠江—西江经济带。长江经济带是继中国沿海经济带之后最有活力的经济带,依托长三角城市群、长江中游城市群、成渝城市群,做大做强上海、武汉、重庆三大中心城市三大航运中心,推进长江中上游开发,拓展我国经济发展空间。山东、河南、陕西、甘肃、青海等组成的黄河经济带,东到黄海,西接新丝绸之路经济带,是中国的经济脊梁。与长江经济带平行、支撑我国南方发展的珠江—西江经济带,包括广东、广西、贵州、云南,是一个以珠三角为龙头,涵盖整个西江流域的经济整体,将进一步拓展中国的区域经济空间。

沿线经济带:主要是沿交通骨干线路展开。丝绸之路经济带东边牵着亚太经济圈,西边系着发达的欧洲经济圈,被认为是"世界上最长、最具有发展潜力的经济大走廊",是打造西部大开发的"升级版"。哈—大经济带从黑龙江北部一直到辽东半岛,形成一个纵贯东北平原腹地的经济带。这里有中国最大的平原,有丰富的煤炭、石油、粮食等资源产品。东北中部经济带的建设将有利于本区的东北亚区域中心作用的发挥。

中国经济带的建设是为了构建中国区域空间的战略格局,形成我们全部国土的科学开发的框架体系。因此,目前还是处在"织网"的阶段。待经济带全部形成之时,中国区域空间的新格局就将最后形成。

2.2.2 城市群:城镇化的基本载体和战略模式

进入21世纪以来,我国的城镇化快速推进。2016年,我国的城镇人口占总人口比重(城镇化率)达到57.35%。在城镇化过程中,城市群已成为我国城镇化的基本载体和战略模式。《国家新型城镇化规划(2014—2020年)》提出,"构建以陆桥通道、沿长江通道为两条横轴,以沿海、京哈京广、包昆通道为三条纵轴,以轴线上城市群和节点城市为依托、其他城镇化地区为重要组成部分,大中小城市和小城镇协调发展的‘两横三纵’城镇化战略格局。”并提出优化提升东部地区城市群,培育发展中西部地区城市群,建立城市群发展协调机制的战略设想。《中华人民共和国国民经济和社会发展第十三个五年规划纲要》提出,“加快城市群建设发展”。根据“十三五”规划,国家将优化提升东部地区城市群,建设京津冀、长三角、珠三角世界级城市群。同时,培育中西部地区城市群,发展壮大东北地区、中原地区、长江中游、成渝地区、关中平原城市群,规划引导北部湾、山西中部等城市群发展,形成更多支撑区域发展的增长极。

目前我国已经形成或正在形成的城市群多达 20 多个,不过从总体上来看,真正对中国区域经济格局起到支撑作用的,仍然是 10 大城市群:长三角城市群、成渝城市群、珠三角城市群、京津冀城市群、山东半岛城市群、辽中南城市群、武汉城市群、长株潭城市群、关中城市群和江淮城市群,它们以不到 10% 的国土面积,承载中国 44% 以上的非农人口以及 1/3 以上的总人口,创造了 60% 的 GDP 总量,这说明 10 大城市群在聚集人口、产业等经济要素方面发挥了巨大的作用,是我国城镇化战略中不可忽视的重要因素,将成为我国区域发展战略的基本空间骨架。

2.2.3 多点多极:区域共同发展的新动力

近年来,我国区域经济发展出现可喜现象,中西部地区经济发展全面提速,区域发展差距扩大的趋势得到遏制。一些中西部省份的经济增速上来了,超过了东部地区,甚至出现了投资和出口的大幅增长。这是一个重大的历史性变化。区域经济实力明显增强,正在形成一些新的经济增长极,产业转移由东部向中西部不断推进。东部地区呈现出率先发展的新气象。天津、北京、上海、江苏、浙江、辽宁、内蒙古、福建、广东 9 个省区市人均 GDP 超过 1 万美元大关,达到中等发达国家水平,这些地区总人口超过 4 亿人。中国区域经济从聚集到扩散,在区域空间上逐步均衡,多点多极的格局正在形成。相对均衡的区域空间结构需要多个战略支点的支撑。改革开放以来形成的战略支点主要有:长三角地区、珠三角地区和环渤海地区;中部崛起促成了新的战略支点的形成,包括长江中游地区和中原经济区;西部大开发也促成了若干新的战略支点,主要有成渝经济区和关中—天水经济区。随着中国区域经济的进一步均衡和城镇化进程加快而形成大面积的城市地区,更多的战略支点可能会出现。包括北部湾经济区、天山北坡地区,东北中部地区、海峡西岸地区等,都可以形成新的战略支点。

2.2.4 主体功能区与国土空间开发

《全国国土规划纲要(2016—2030年)》是我国首个全国性国土开发与保护的战略性、综合性、基础性规划,确立了国土集聚开发、分类保护与综合整治“三位一体”总体格局。一是以“四大板块”为基础,即东部率先、中部崛起、西部开发、东北振兴。还有“三大战略”为引领,即京津冀协同发展、长江经济带和“一带一路”经济带的发展。以国家重点开发区域和优化开发区域为重点,打造若干国土开发重要轴带和重点集聚区,构建“多中心网络型”的集聚开发格局。二是基于资源环境承载力评价结果,针对五大类资源环境保护主题,区分3个不同保护级别,形成覆盖全域“五类三级”的国土保护格局。三是以主要城市化地区、农村地区、重点生态功能区和矿产资源开发集中区及海岸带和海岛地区为重点,开展国土综合整治,形成“四区一带”的国土综合整治格局。

2.2.5 “一带一路”:打造全面开放新格局

深入推进“一带一路”建设,是中央适应全球发展格局的深刻变化,统筹国内国际两个大局做出的重大战略决策,对于全面发展与沿线国家共建共享的互利合作关系,加快我国中西部地区发展,推动东部沿海地区开放型经济率先转型升级,进而形成海陆统筹、东西互济、面向全球的对外开放格局,具有十分重大的意义。“一带一路”建设,将形成东西双向互动、沿海一线与亚欧大陆桥“大T字形”发展格局,构建一条中国经济发展的重要支撑带。我国沿海地区要加快对接21世纪海上丝绸之路,以港口、码头建设为龙头,建设以远洋运输为主、内联外接、贯通内陆、通江达海的综合物流运输体系,推动国内发展与对外开放融合互动。以“一带一路”为东西重要两翼,让中国经济发展插上飞翔的翅膀,实现中国经济更大发展。“一带一路”致力于构筑新一轮对外开放的“一体两翼”,为我国区域经济格局调整特别是中西部地区发展提供了十分难得的重大机遇。

2.3 区域发展总体战略中的民族地区

民族地区经济发展历来是全国区域经济的重要组成部分，事关全国经济繁荣、社会稳定、可持续发展和全面建设小康社会，事关“两个一百年”奋斗目标的顺利实现。在全国区域发展的新格局中，民族地区既是西部地区，又是特殊类型地区和边疆地区。2014 年中央民族工作会议提出，民族地区的发展，“要与我国经济支撑带、重要交通干线规划建设紧密结合”。

2.3.1 “一带一路”建设与民族地区发展

民族地区是“一带一路”建设的重要依托和核心地区。在“一带一路”建设中具有十分重要的地位，发展潜力巨大。尽管民族地区目前的经济发展水平不是很高，总量不是很大，但面对世界经济深度调整和区域经济依存度不断加深的新形势，与中亚、北非及东欧各国处于同一共振经济带上的民族地区，经过多年的开发开放积累，已经初步具备了吸引周边发展要素、影响周边发展环境，与区域乃至世界共创新繁荣，实现共享性、包容性增长的能力，成为拓展开放型经济广度和深度的主攻方向。

在“一带一路”建设中，内蒙古建成我国向北开放的重要桥头堡和充满活力的沿边开发开放经济带；广西要建设“一带一路”有机衔接的重要门户，打造“一廊两港两会四基地”，构建衔接“一带一路”的重要枢纽、产业合作基地、开放合作平台、人文交流纽带和区域金融中心；贵州依托贵州位于西南连接华南、华中和地处“一带一路”结合部的区位优势，积极参与中国—中南半岛经济走廊和孟中印缅经济走廊建设，积极融入“一带一路”发展；云南面向“三亚”（东南亚、南亚、西亚）和肩挑“两洋”，主动服务和融入国家“一带一路”建设，积极推动铁路、公路、航空等互联互通基础设施建设，加快推进与南亚、东南亚国家的国际产能和装备制造合作，发挥好在“孟中印缅”和“中国—中南半岛”经济走廊建设中的主体省份作用；西藏发挥连接祖国内地与南亚的区位优势和纽带作用，建设面向南亚开放的重要通道；青海立足比较优势，加强与丝绸之路经济带沿线国家及地区的交流合作，努力建成丝绸之路经济带上重要的战略通道、商贸物流枢纽、产业基地、人文交流基地；宁夏实施开放引领战略，加快建设开放宁夏，主动融入国家“一带一路”建设，努力建成辐射西部、面向全国、融入全球的内陆开放示范区、中阿合作先行区和丝绸之路经济带战略支点;新疆是我国西北的战略屏障、实施西部大开发战略的重点地区、我国向西开放的重要门户、全国重要的能源基地和运输通道、丝绸之路经济带核心区,在“一带一路”建设中,充分发挥地缘、人文等独特优势,加快互联互通,更好地利用两个市场、两种资源,推动与周边和丝绸之路经济带沿线各国的全方位务实合作,大力推进“五大中心”建设,提高对外开放的质量和水平,着力打造新疆丝绸之路经济带核心区。

表 2.1　民族地区在“一带一路”建设中的地位

“一带一路”		相关民族地区	规划中的经济走廊
丝绸之路经济带	北方草原丝绸之路经济带	内蒙古、东北少数民族地区	中蒙俄经济走廊
	中部陆上丝绸之路经济带	宁夏、青海、新疆及甘肃	新亚欧大陆桥经济走廊;中国—中亚—西亚经济走廊;中巴经济走廊
	南方陆上丝绸之路经济带	贵州、云南、西藏及四川少数民族地区	孟中印缅经济走廊;中国—中南半岛经济走廊
21 世纪海上丝绸之路		广西	中国—中南半岛经济走廊

资料来源:作者整理。

2.3.2　京津冀协同发展与民族地区

内蒙古及河北省的民族自治地方(孟村回族自治县、大厂回族自治县、青龙满族自治县、丰宁满族自治县、围场满族蒙古族自治县、宽城满族自治县)是京津冀地区重要的生态屏障,可靠的能源保障基地,最便捷的国际合作陆路通道和北方腹地。

这些地区积极融入京津冀协同发展。完善区域基础设施体系建设。加强与京津冀地区在口岸、公路、铁路、航空、管道等基础设施建设方面的合作,形成联通沿海港口、沿边口岸与内陆腹地高效对接的综合立体交通网络。推进重点地区生态综合治理方面的合作。探索建立流域生态保护区与受益区横向生态补偿试点机制,强化区域大气污染联防联控,合力整治环境。继续深化京蒙对口帮扶和区域合作。积极融入非首都功能疏解,重点支持乌兰察布、赤峰、锡林郭勒等地区主动承接北京一般制造业、商贸物流、云计算后台服务和科技、教育、文化、医疗卫生等社会公共服务产业转移。积极吸引各类北京市企业在这些地区设立区域总部、生产基地、研发中心和营销中心。创新京蒙产业合作模式。支持通过委托管理、投资合作等方式,创新产业跨区域转移利益共享机制，推动京蒙两地有条件的园区开展共建合作。推进赤峰、乌兰察布、锡林郭勒建设京津冀地区清洁能源输出基地。创新与天津自贸试验区合作模式。共同在内蒙古建设海关特殊监管区域和保税监管场所，构建天津港经内蒙古至俄蒙、中亚和欧洲的经贸通道。

2.3.3 长江经济带与民族地区

长江经济带是横跨东中西、连接南北方的重要轴带，有望成为“中国经济脊梁”，其将于沿海、沿江先行开发，再向内陆地区梯度推进，如充分发挥，将形成我国东中西开发的主轴带。推进长江经济带发展，要坚持生态优先、绿色发展的战略定位，把修复长江生态环境放在首要位置，推动长江上中下游协同发展、东中西部互动合作，使其建设成为我国生态文明建设的先行示范带、创新驱动带、协调发展带。

长江经济带的建设为西南贵州和云南的发展带来重大的发展机遇。贵州将深度融入长江经济带建设。紧紧抓住国家依托黄金水道推动长江经济带发展的战略机遇，着力加强以连接长江中上游中心城市和主要港口、连接东西两头开放、连接长江经济带南北交通通道为重点的综合交通基础设施建设，实现与长江经济带各省（市）互联互通；进一步加强与成渝、长株潭、长三角等经济区在文化旅游、现代农业、资源深加工产业、战略性新兴产业、能源、现代服务业、科技教育等领域的合作，扩大合作发展空间，推动区域产业优势互补、分工协作，促进产业转型升级；深化贵州省生态建设、环境保护与沿江各省（市）合作，推动形成流域生态环境污染联防联控、协同保护的治理格局，共同打造长江绿色生态走廊和生态安全屏障。

云南省以融入长江经济带为主线，以加强与周边省（区、市）和长江中下游地区合作为重点，努力把金沙江对内开放合作经济带建设成为长江上游重要的生态安全屏障和长江上游的重要经济增长极。坚持生态优先、绿色发展，实施重大生态修复工程，加强沿江开发规划和空间管制，统筹推进岸线开发利用、水污染防治和生态廊道建设，推进区域生态共同建设、共同保护、共同监管，确保一江清水流出云南。联合四川、贵州和重庆周边省（市），推动建设昭攀大（丽）铁路和高速公路、渝昆高铁、沿江高速公路等跨省大通道，打造丽江区域性旅游枢纽机场，建设一批通用机场，加强水富等港口建设和金沙江航道整治,实施农村公路通畅工程,构筑沿江综合交通网。坚持承接产业转移与优化升级相结合,强化与周边省(区、市)合作,主动与沿江下游省(市)对接,探索联合共建产业园区和承接产业整体转移,推动产业错位发展,打造清洁能源及载能、生态旅游、生物等产业集群和临水产业基地,加强金沙江中下游农业综合开发,提高农产品加工转化率。按照沿江集聚、组团发展、互动协作、因地制宜的思路,增强楚雄、昭通、丽江、香格里拉等城市辐射带动力,合理发展县城和小城镇,构建"层级合理、多点支撑、良性互动"的城镇发展新格局。以昭通镇彝威革命老区、迪庆藏区和丽江小凉山等为重点,加大脱贫攻坚力度,提高贫困地区人民群众的文化素质和就业能力。

2.4 民族地区经济空间结构重塑的基本思路

2.4.1 以空间集中促进民族地区产业布局优化

空间集中的实质是经济活动的集中,是产业在空间上的聚集发展,因此,空间集中需要强有力的产业支撑。而非农产业,特别是制造业和服务业的集聚力最强。所以,针对民族地区产业发展的实际,一是要延伸农牧业产业链,大力发展以农业资源为基础的加工工业;二是在资源型工业的发展中,特别注意资源型工业的深加工,加强与高校和科研单位的合作,建立工业园区,加快制造业的发展;三是要特别重视旅游资源开发和旅游业的发展,充分发挥旅游业的产业关联效应和乘数效应,提升产业集聚力。

第一产业依托民族地区资源优势集中布局,发展特色农业,实现传统的农业结构转型及其空间布局优化。一是促进农产品向优势产区集中,尽快形成优势特色农业产业带。二是推进农业产业化经营,以工业化带动农业的产业化发展,形成农户—农业基地—龙头企业的三级利益联结机制。加大农产品深加工力度,形成具有民族地区特色和比较优势的农产品深加工产业链,提高农业竞争力,使农业尽可能多地从农业产业链条和农业功能拓展中获得更多收入。三是促进农业人口向县城、中心镇集中,走工业化、城镇化、产业化并举的路子,实现一、二、三产业互动和城乡经济共融。

第二产业坚持以信息化带动工业化,以工业化促进信息化,走出一条科技含量高、经济效益好、资源消耗低、环境污染少、人力资源优势得到充分发挥的新型工业化道路。实施集群化战略和产业升级战略,大力发展特色优势产业和产业集群,建设产业基地。例如,呼包鄂地区建设能源、煤化工基地、农畜产品加工基地和稀土新材料产业基地,北方地区重要的冶金和装备制造业基地;宁夏沿黄经济区建设能源化工、新材料基地,清真食品及穆斯林用品和特色农产品加工基地;黔中地区建设能源原材料基地、以航天航空为重点的装备制造基地、烟草工业基地、绿色食品基地。

第三产业中劳动密集型产业还将长期存在,人力发展具有资源优势和市场需求潜力大的服务业,运用现代经营方式和信息技术改造提高传统服务业,加快发展现代服务业。旅游业发展充分发挥民族地区旅游资源优势,坚持实施旅游精品战略。利用人力资源优势,着力培育对劳动力具有极大吸纳能力、提供较多就业岗位、产业链比较长、附加价值较高的现代服务业。积极打造休闲产业集群,大力发展为生产环节服务的现代金融业、信息服务业、商务服务业、现代物流业,充实房地产、餐饮业、社区服务业及其他生活服务业,使经济区现代服务业落后的状况有明显的改善。例如,广西北部湾地区建设面向东盟国家的国际性物流基地和商贸基地。

2.4.2 促进民族地区产业集聚,发展特色产业集群和重点产业区

民族地区各省区应积极促进产业集聚,规划产业集聚与配套发展集聚区或集聚基地,明确集聚区或基地的主导产业及产业链,引导产业链条上的企业在技术、产品等方面配套,吸引新的同类或相关企业进入。发展产业园区、集聚区、基地和产业化发展项目,统筹引导,用产业集聚与配套发展规划引导企业向集聚化方向发展,增加产业集聚效应,形成区域分工有序、相互协作、前后配套、联结紧密、各具特色的产业集聚与配套发展格局。

到2020年,民族地区产业集聚将形成几个重点开发区:川滇黔接壤区能源资源重点开发区、青新盆地油气资源重点开发区、呼包鄂能源矿产重点开发区、广西北部湾国际物流与外贸重点开发区。到2020年,民族地区主要形成三个方面的特色产业集聚:特色农业资源集群、资源型矿产集群、制造业集群。特色农业资源集群主要指新疆、内蒙古、西藏等地的西部畜牧业集群,广西、云南等地的华南热带作物产业集群。资源型矿产集群主要包括新疆塔里木、青海柴达木的油气产业集群,呼包鄂地区的能源、煤化工集群,云贵地区的矿产集群。制造业集群主要分布在南贵昆地区。

2.4.3 进行民族地区资源型产业的转型和升级,形成新型工业化布局

民族地区资源型产业的发展要考虑民族地区环境承载能力。促进资源开发由粗放型向集约型转变,生产方式由高能耗、高消耗、高污染向低能耗、低消耗、低排放转变。围绕优势资源开发,利用资源优势和已有的产业基础,积极培育资源循环产业链,通过对资源的深加工、延长产业链,完善产业配套体系,着力培育发展接替产业和新兴战略产业,促进产业适度多元化,将资源优势转变为产业优势,尽快改变单纯向外输出资源的状况。用高新技术改造传统产业,发展新能源、开发新材料,利用新材料开发生产新产品,实现资源型产业结构优化升级。大力培育战略型新兴产业,高附加值产业,培育新的经济增长点,把提升传统资源型产业与大力培育战略型新兴产业相结合,如利用民族地区发展风能、太阳能等新能源产业的资源优势和产业基础,使传统优势产业、战略性新兴产业和现代服务业协调发展。

2.4.4 承接产业转移,优化民族地区经济空间结构

承接产业转移是民族地区新时期调整产业结构,促进区域经济发展的重要途径。随着全球经济的发展,我国积极参与国际分工与合作,逐步发展成为国际产业转移的主要承接地。民族地区有条件的大中城市和一些边境地区应加强与周边国家的次区域合作,积极承接国际产业转移,大力发展外包服务业,建设服务外包产业基地。在国内结构调整中,促进东部发达地区产业按照市场经济规律,跨区域转移到民族地区,实现资源的最佳配置,促进分工结构的优化,同时也便于民族地区发挥后发优势,赶超发达地区。新一轮西部大开发时期,民族地区正面临着产业转移的大好时机,能否抓住这次机遇是民族地区缩小发展差距、振兴经济的关键。

培育好民族地区的产业承接能力。在民族地区选择依托重要交通干线布局条件较好的区域,与东部发达地区合作建立产业园区、产业化基地以及承接产业转移的示范区,促进产业集聚,建立产业转移平台,并给予投资、信贷、土地等方面的政策支持。加强东中西产业互动,通过承接产业和技术转移推动民族地区产业结构优化升级,在民族地区发展新兴产业,构筑民族地区产业优势,增强民族地区的产业支撑。在产业转移中有几点值得注意,一是民族地区并非所有地区都适宜大规模发展产业,所以承接产业转移的对象

应有所选择;二是民族地区承接的产业并非一定是发达地区相对落后产业,可以转移优质产业甚至是国际先进产业;三是不能盲目承接产业转移,防止被东部淘汰的具有污染性的产业向民族地区转移,不能盲目承接破坏环境的产业;四是选择承接的产业要对民族地区内生增长起作用。

2.4.5 重点开发区以产业集群促进区域创新体系建设

区域创新体系主要是在地理上相互分工与关联的生产企业、高校、科研机构、中介服务机构等构成的区域性组织系统,该系统支持并促进区域内的制度创新、技术创新、管理创新和服务创新,培育新的系统功能,实现更有效的资源配置方式,形成区域竞争优势。产业集群是区域创新体系的重要载体,产业集群内的企业及其他机构聚集在一定地理区域内,存在创新的条件和环境,集群有利于促进知识和技术的转移扩散,有利于降低创新成本。民族地区政府可以选择一些重点开发区,例如呼包鄂经济区,通过实施积极的集群创导,制定促进产业集群与区域创新体系相融合的发展政策,不断优化区域创新环境,提升区域创新能力。

2.4.6 深度融入"一带一路"建设,整体构建新的对外开放格局

"一带一路"建设为民族地区的全方位对外开放,提升对外开放水平,深度融入世界经济体系提供了史所未见的历史机遇。民族地区是建设丝绸之路经济带和21世纪海上丝绸之路的核心地区和重要依托。内蒙古联通俄蒙,是建设中蒙俄经济走廊的核心区域;广西与东盟国家有陆海相邻的独特优势,是西南、中南地区开放发展新的战略支点,是21世纪海上丝绸之路与丝绸之路经济带有机衔接的重要门户;贵州处于西南南下出海大通道的交通枢纽位置;地处古代南方丝绸之路要道的云南,拥有面向"三亚"(东南亚、南亚、西亚)和肩挑"两洋"(太平洋、印度洋)的独特区位优势,是"一带一路"建设中的重要省份;西藏位于祖国的西南部,是面向南亚开放的大通道,对接"一带一路"和孟中印缅经济走廊,推动环喜马拉雅经济合作带建设;青海是贯穿南北丝绸之路的桥梁和纽带,是中国联通南亚国家的重要走廊和通道;宁夏建设内陆开放型经济试验区;新疆是丝绸之路经济带核心区①。"十三

① 推动共建丝绸之路经济带和21世纪海上丝绸之路的愿景与行动[N].新华网,2015-06-08.

五”及其以后一段时期,民族地区坚持开放引领发展的原则,以推进“一带一路”建设为统领,实施更加积极主动的开放战略,提高开放的总体水平,构建陆海内外联动、东西南北四向开放的全方位开放新格局,把民族地区建设成为我国向西、向北、向南开放的重要基地和充满活力的沿边开发开放经济带。

首先要推进基础设施互联互通。优先推进一批连接中国与中亚、东南亚、蒙古国和俄罗斯等国的重点矿区、产业园区、主要城市和毗邻城市的重大铁路、公路和机场项建设。推动邻边的民族地区的部分机场升级为国际机场,加快建设邻边民族地区国际航空港物流园区,构建联通内外、安全通畅的国际大通道。积极推进邻边民族地区部分铁路枢纽建设,建设中欧班列编组枢纽和物流集散转运中心,支持“苏满欧”“郑连欧”“蓉连欧”“中俄”等国际货运班列常态化运行,推动开通从民族地区主要城市经重点口岸到欧洲的国际货运班列。加强口岸基础设施建设,优化口岸布局,实施口岸升级改造工程,完善贸易通道和人员交往通关能力,促进口岸提质增效。

其次,深化与沿线国家经贸合作。积极实施“走出去”战略,按照企业主导、政府推动、公平交易、互利共赢、统筹规划、稳步推进的原则,深化对外贸易,适应国际需求结构的新变化和国内经济发展的新要求,优化贸易方式,扩大优势产品出口,提高出口产品的科技含量和附加值,推进对外贸易向优质优价、优进优出转变。加大对“走出去”企业的扶持力度,支持有条件的企业在境外建立资源利用、加工制造、商贸物流、农业产业、科技研发基地和园区,积极对接沿线国家工业园区,不断深化扩大经贸合作。支持企业扩大先进技术设备进口,鼓励建设进口商品城、进口商品直销中心。

第三,加强人文交流。深化与沿线国家和地区在教育、文化、科技、医药卫生、环保等领域合作。充分发挥青年在对外人文交流中的作用。鼓励高等院校与沿线国家扩大合作。着力创作生产具有民族特色和地区特点的对外文化精品,培育一批核心竞争力强的外向型文化企业,利用重大外事活动和展会平台,开展系列交流活动。

第四,完善对外开放区域布局。充分发挥民族地区区位、资源和产业基础以及政策等优势,深化与港澳地区合作,扩大同沿线国家及大洋洲和北美洲发达国家的合作交流,不断开创互利共赢的开放合作新格局。

2.4.7 发展边疆经济,促进民族地区边境口岸经济合理布局

民族地区陆地国境线占我国陆路边境线的90%以上,与15个国家毗邻。55个少数民族中,30多个民族聚居于陆地边疆,30多个民族跨界而居。陆地边境具有重要的政治、军事功能和经济、文化交流功能。[①] 此外,广西北部湾系民族地区唯一的沿海边境地区。民族地区应积极参与国际区域合作,重点发展边境贸易、进口原料加工、出口加工、国际物流与边境旅游等,建设向西开放的出口商品基地,主动融入中国—东盟自由贸易区、上海合作组织、南亚地区等,打开向西开放之路,形成全方位开放合作新格局。向西南方向拓展,走向东南亚、南亚、非洲;向西方向拓展,走向南亚、西亚;向西北方向拓展,走向中亚、西亚、伊朗、土耳其。

民族八省区加强同毗邻国家的贸易往来。如内蒙古同俄罗斯、蒙古,新疆同哈萨克斯坦、吉尔吉斯斯坦、巴基斯坦、蒙古,西藏同尼泊尔、印度,广西同越南,云南同越南、老挝、缅甸。边境中心城市是我国内陆地区对外开放的桥头堡,是内陆省区加快发展的重要增长极,边境地区的交通枢纽城市。加强昆明、南宁对东南亚,拉萨对南亚边贸的枢纽地位作用。乌鲁木齐是面向中亚的重要交通枢纽和门户城市,应发挥其作为沟通中亚和南亚陆路口岸,欧亚大陆桥重要交通节点的作用。重要的边境口岸城镇如满洲里、二连浩特、瑞丽、景洪、河口、凭祥、东兴、亚东、樟木、伊宁、喀什、阿图什、塔城、博乐等,是国际能源物资通道上重要节点及国际经贸合作区建设的重要载体,突出口岸地区的综合交通体系建设。[②]

此外,应注意广西北部湾岸线资源开发与布局。加强规划引导,北海、钦州、防城港整合成北部湾港后,要根据港口所在城市的性质、功能和港口在区域经济发展中的地位和作用,进行岸线资源开发与布局,通过行政管理、产权纽带、联盟经营等措施,整合北部湾港口资源,实现岸线资源有效配置,构建国际航运中心港口,形成分工合理的港口群,打通面向东盟国家的重要出海口,建立与海外的广泛经济联系。

---

① 郑长德,罗布江村.中国少数民族地区经济发展方式转变方式[M].北京:民族出版社,2010:68.

② 住房和城乡建设部城乡规划司,中国城市规划设计研究院.全国城镇体系规划(2006—2020)[M].北京:商务印书馆,2010:41-48.

2.5 民族地区“十三五”规划中的区域协调发展与经济空间布局

2.5.1 民族地区“十三五”规划的区域协调发展

《内蒙古自治区国民经济和社会发展第十三个五年规划纲要》在“推动区域协调发展”中提出,发挥各地比较优势,从更高层次更广空间促进资源优化配置,塑造要素有序自由流动、主体功能约束有效、基本公共服务均等、资源环境可承载的区域协调发展新格局。具体包括:推进呼包鄂协同发展,推动乌海及周边地区一体化发展,促进东部地区加快发展,推动县域经济发展,支持少数民族聚居地区加快发展。

《广西壮族自治区国民经济和社会发展第十三个五年规划纲要》提出,深入实施双核驱动战略,促进北部湾经济区、西江经济带、左右江革命老区加快发展,推进桂林国际旅游胜地建设,构建沿海沿江沿边三区统筹发展新格局。沿海地区以北部湾经济区为重点,沿江地区以珠江—西江经济带和桂林国际旅游胜地为重点,沿边地区以左右江革命老区和沿边经济带为重点,统筹推进江海边特色发展、差异化发展、协调发展。

《贵州省国民经济和社会发展第十三个五年规划纲要》在“优化区域空间布局,构建区域协调发展新格局”篇中提出,实施区域发展总体战略,大力培育增长极,构建要素有序流动、主体功能约束有效、基本公共服务均等、资源环境可承载的区域协调发展新格局。具体而言:一是要促进区域协调发展。加强黔中经济区、黔北经济协作区、毕水兴经济带建设,支持三州等民族地区跨越发展,推动黔中、黔北率先崛起,促进各区域协同发展。二是要大力培育区域经济增长极。按照“点—轴”与“增长极”相结合的区域经济发展模式,依托高速铁路、高速公路和水运通道,以大中城市为支撑,加快形成“一圈、八极、四带、两廊”的区域经济增长极发展格局。三是要大力发展县域经济。根据县域主体功能定位、资源禀赋和发展基础,创新各具特色的发展路径,增强自我发展能力,推动县域经济大发展、大跨越。

《云南省国民经济和社会发展第十三个五年规划纲要》提出:优化空间布局。遵循自然规律、经济规律和社会规律,按照“做强滇中、搞活沿边、联动廊带、多点支撑、双向开放”的发展思路,以昆明中心城区和滇中新区为核心,以滇中城市经济圈、沿边开放经济带以及参与国家“孟中印缅”和“中国—中南半岛”经济走廊建设为重点，以澜沧江开发开放和金沙江对内开放合作经济带为重要组成部分，以六个城镇群为主体形态，加快构建“一核一圈两廊三带六群”全省经济社会发展空间格局。

《西藏自治区“十三五”时期国民经济和社会发展规划纲要》提出，坚持统筹区域基本公共服务均衡发展、支持优势区域经济率先发展，增强藏中南引领带动作用，促进藏东、藏北、藏西协调发展，强化主体功能约束力，促进基础设施互联互通，加快培育经济增长极、增长点、增长带，构建核心引领、区域联动、极点支撑的区域经济发展格局。

《青海省国民经济和社会发展第十三个五年规划纲要》提出，坚持空间优化、区域协同、城乡统筹，从更高层次、更宽视野推进“四区两带一线”区域发展战略，重点解决区域城乡发展差距大、新型城镇化水平较低、区域互动发展程度不高等问题，塑造要素有序自由流动、主体功能约束有效、基本公共服务均等、资源环境可承载的区域协调发展新格局。

《宁夏回族自治区国民经济和社会发展第十三个五年规划纲要》提出，坚持把宁夏作为一个城市规划建设的理念，推动国土空间高效协调可持续开发，塑造要素自由流动、功能定位明确、基本公共服务均等、资源环境可承载的区域协调发展新格局。以《宁夏空间发展战略规划》为引领，着力构建“一主三副、两带两轴”的总体空间战略格局。统筹推进大银川都市区和石嘴山、固原、中卫副中心城市建设，形成区域空间组织核心；依托黄河和清水河，以沿线城市和产业园区为支撑，加快产城融合，推进形成沿黄城市带、清水河城镇产业带；依托太中银铁路正线和银川联络线，以城镇为支撑，以资源开发和生态保护为重点，推进形成太中银发展轴、银宁盐发展轴。

《新疆维吾尔自治区国民经济和社会发展第十三个五年规划纲要》提出，按照区域发展战略布局，率先发展天山北坡经济带，加快发展天山南坡产业带，大力发展沿边经济带，促进区域协调发展。天山北坡经济带要以率先跨越发展为主要目标，加快推进现代化建设，大力实施创新发展战略，努力打造我国区域经济协调发展的战略支撑点。天山南坡产业带要以巴州、阿克苏地区为重点，以能源矿产资源和特色农业资源为依托，以加快推进新型工业化，形成特色产业集群为主要目标，着力建设我国重要的石油天然气化工基地、农产品精深加工基地、纺织服装工业基地。沿边经济带要以促进“一带一路”国家倡议实施为目标,加快新疆沿边经济带发展,着力打造霍阿(霍尔果斯—阿拉山口)、喀阿(喀什—阿图什)、阿北(阿勒泰—北屯)、中哈国际经济合作示范区等区域经济增长极,构建沿边地区全方位开发开放新格局。

2.5.2 民族地区城镇体系与空间结构规划

内蒙古:构建“一核多中心,一带多轴线”城镇空间布局结构。按照“一核引领、中心带动,节点支撑、轴带推进,分区引导、集聚发展”的思路,形成集中与均衡发展相结合、全方位开放带动的城镇空间布局结构。

广西:坚持以城镇群为主体形态优化城镇化布局。按照统筹规划、合理布局、以大带小、分工协作的要求,以沿海、沿江、沿交通主要干线为依托,以核心城市为支撑,以周边中小城市和小城镇为组成部分,发展集聚效率高、辐射作用大、城镇体系优、功能互补强的城镇群,形成北部湾城市群和桂中、桂北、桂东南城镇群,承载全区80%左右的城镇人口。

贵州:根据贵州地形及资源条件,立足城镇及产业空间的现状分布基础,结合城镇与产业发展的未来趋势,确定“双核引领、集聚两圈、中心带动、节点支撑、集群发展”的城镇整体空间布局策略。规划形成“两圈、九群为城镇主体、五区为城乡统筹发展单元”的省域城乡空间格局,即,位于中部地区的贵阳—安顺与遵义两个都市圈和位于东西两翼的九个特色城镇组群形成的省域城镇发展主体;其中两个都市圈及毕节(含大方县)、都匀市、凯里市(含麻江县)等重要中心城市构成远期培育的黔中城市群。将全省划分为五个以城带乡、城乡一体化发展的次区域,是构筑新型城乡关系,实施城乡统筹发展政策的载体。

云南:按照“强区、富带、兴群、促廊”空间开发思路,重点建设滇中城市集聚区、沿边开放城镇带、区域城镇群和沿对内对外开放经济走廊的城镇带,重点依托沿对内对外经济走廊的城镇带,串联、整合区域增长极和重要功能开发区域,遵循自然地理多元多样性、城镇发展差异性的特征,形成重点突破、极点开发、带状推移、轴辐扩散的全省空间开发格局。

西藏:协调发展,构建“一圈两翼三点两线”的城镇化空间格局。“一圈”:以拉萨市为中心、乃东县泽当镇为重要支撑、其他小城镇为组成部分,以拉萨至墨竹工卡、拉萨至泽当为两轴线的拉萨—泽当城镇圈。“两翼”:西翼以日喀则市桑珠孜区为区域中心、拉孜县曲下镇和江孜县江孜镇为重要节点、其他小城镇为组成部分,拉日铁路、国道318和国道562为轴线的雅鲁藏布江中上游城镇;东翼以林芝县八一镇为区域中心、波密县扎木镇为重要节点、其他小城镇为组成部分,国道318为轴线的尼洋河中下游城镇。“三点”:即藏东强化昌都市卡若区区域中心地位,发挥藏东门户、连接西南、融入成渝的纽带作用;藏北强化那曲县那曲镇区域中心地位,发挥交通便利、服务牧业、连接西北的作用;藏西强化噶尔县狮泉河镇区域中心地位,发挥守土固边战略作用。“两线”:边境沿线重点乡镇和交通沿线重要小城镇。

青海:因地制宜,突出特色,优化布局,与丝绸之路经济带、国家三江源生态保护综合试验区、柴达木循环经济试验区、西宁—兰州城市群建设紧密结合,优化城镇化总体布局,加快建设东部城市群,壮大区域性中心城市,培育新兴城市,打造重点城镇,推进城乡发展一体化。

宁夏:按照宁夏空间规划确定的“一带三区、一主两副”总体空间格局,以沿黄城市带为主体,以银川都市圈为核心,以各级中心城市为基础,优化城镇布局,提升发展水平,建设1个区域中心城市,4个地区中心城市,10个县域中心城市,127个镇,形成“区域中心城市—地区中心城市—县域中心城市—镇”四级级配合理的城镇体系。

新疆:逐步形成“一圈、三带”的空间组合模式,即乌鲁木齐都市圈,北疆、南疆铁路沿线和沿边境城镇发展带。在目前沿塔里木和准噶尔两大盆地环状城镇体系空间格局的基础上,最终实现网络化城镇体系空间格局。

3. 内蒙古自治区空间经济发展研究报告[①]

何雄浪　陈　锁

3.1　问题的提出

内蒙古自治区包括9个市(呼和浩特、乌兰察布、巴彦淖尔、呼伦贝尔、鄂尔多斯、通辽、包头、乌海、赤峰)和阿拉善、兴安、锡林郭勒3个盟,52个旗,总面积118.3万平方公里,占全国面积12.3%,全自治区共有49个民族,是一个多民族聚居的省份。改革开放以来,特别是国家实施西部大开发发展战略以来,内蒙古自治区各盟市经济社会快速发展,社会事业全面推进,各族人民的生活水平显著提高。就整体而言,内蒙古经济发展仍然落后,社会事业发展水平低,经济发展不全面、不均衡,促进内蒙古自治区经济社会事业全面发展不但任务紧迫,而且对维护民族地区社会稳定,实现全面建设小康社会具有重大意义。

改革开放以来,我国GDP持续保持两位数的增速,而伴随2008年金融危机以来全球经济的持续低迷,中国经济的增速开始回落,进入新的常态化的阶段。经济进入新常态呈现出五大特征:一是经济增速放缓;二是结构转变;三是动力转变;四是质量效益提升;五是改革深化,红利释放。新常态化对于以重化工业为主的内蒙古来说,既是挑战,也是机遇,挑战大于机遇。新常态化要求内蒙古全区传统产业的结构升级,但是内蒙古产业结构单一,第三产业发展落后;要求全区以传统投资拉动经济增长的模式转为以消费、创新驱动经济增长的模式。因此,在新常态下,内蒙古经济的发展必须转型以适应新的经济发展形势,促进全区经济的可持续发展[②]。

---

① 何雄浪(1972—　),男,四川南充人,西南民族大学经济学院国际贸易系主任,教授,经济学博士。主要研究方向:区域经济。

② 李鹏. 以供给侧结构性改革引领内蒙古经济发展新常态[J]. 改革与开放,2016(10):27-28.

建设“一带一路”，是以习近平同志为总书记的党中央主动应对全球形势深刻变化、统筹国内国际两个大局做出的重大战略决策。丝绸之路横贯亚欧中心地带，联结东西文明，多民族文化交流传统历史悠久，丝路文明也因此而传承。“一带一路”是多民族交流与合作、共同发展的开放之路。丝绸之路经济带是为我国边疆少数民族地区经济发展带来的又一次机遇。丝绸之路经济带的建设将彻底改变我国对外开放的格局，由原来的东部沿海地区主导，逐步过渡成向东西展开，边疆民族地区将因此而成为对外开放的前沿地带。“一带一路”发展战略是内蒙古自治区面临的重大发展机遇，为内蒙古自治区这样的欠发达地区全面深化改革、扩大对外开放、加快发展步伐指明了方向。

3.2 内蒙古经济发展现状分析

从2000—2016年，内蒙古自治区经济的增长速度趋于放缓。图3.1显示，内蒙古自治区GDP的增速从2006年的18%逐年下降至2015年的7.2%，经济增长速度放缓明显，经济从高速增长向中高速增长转档，经济发展进入新常态模式。

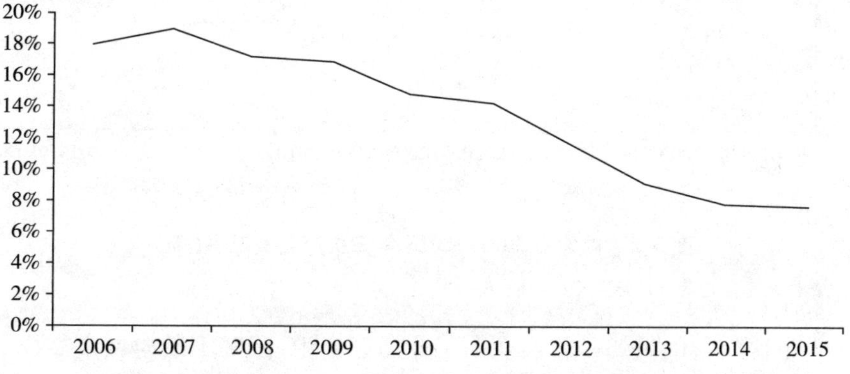

图3.1 2006—2015年内蒙古自治区国内生产总值增速(%)

资料来源:《内蒙古统计年鉴(2016)》。

3.2.1 内蒙古第一产业发展现状分析

总体看来，内蒙古农业发展的优势主要在于土地资源优势。内蒙古地广人稀，人均耕地面积是全国的3.28倍，人均劳动生产率是全国的1.45倍。区域内农业初步形成以乳业、肉制品、绒、马铃薯、甜菜、草场饲料、沙产业和粮油果蔬多元化发展格局，其中牛奶、肉类、玉米、马铃薯产量均位于全国前列。此外,自治区还拥有一批先进的农业加工企业,其中,国家级和省级龙头企业分别有38家和403家,农畜产品驰名商标45件,农产品加工输出能力稳步提升,已初步形成农业发展的产业集群优势①。

3.2.2 内蒙古第二产业发展现状分析

图3.2反映,2015年农业增加值相比2001年的20.9%,下降了11.1%,占比9%,出现逐年下降的趋势;第二产业增加值相比2001年的38.3%,上升了12.7%,占比51%,工业的上升呈现出波动状态;2015年服务业增加值相比2001年的40.8%变化不大,占比40%,基本呈现出较为稳定状态。三次产业结构从2001年20.9:38.3:40.8,调整到2015年的9:51:40,完成了从第一产业主导经济发展转变到第二产业支撑经济发展的模式,进入了工业支撑经济快速发展的阶段。

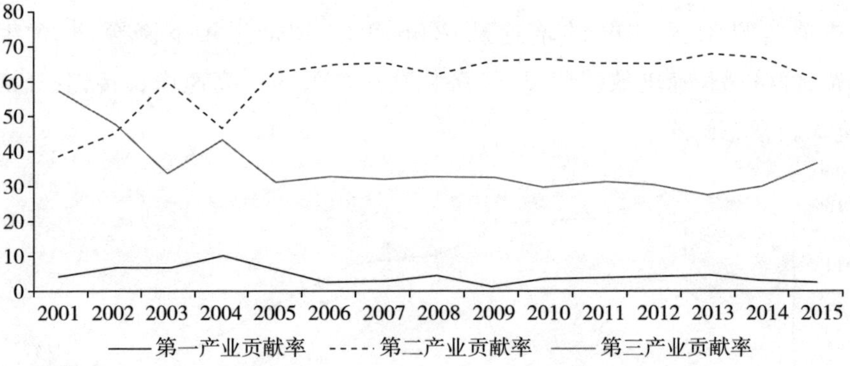

图3.2 内蒙古2001—2015年三次产业贡献率(%)

资料来源:《内蒙古统计年鉴(2016)》。

自治区实行的策略是将产业向工业园区集中、园区不断向城市靠拢的方式,通过多年的发展基本已经形成了以国家级开发区为引擎点(9个)、省级工业开发区为主体(55个)、盟市级和旗县级开发区(31个)为补充的园区发展格局,集聚效应和示范作用已经开始逐渐显现出来。

内蒙古战略新兴产业的工业生产总值已经达到682.63亿元,占全区工业生产总值的11.8%。2015年,高新技术产业增长14.2%。其中,呼和浩特

① 马强,王道龙.内蒙古现代农业发展水平分析[J].中国农业资源与区划,2012(2):68-72+96.

经济开发区重点发展的通信、电子信息产业已初具规模，武川、裕隆、鄂托克蒙西工业区的新型建材产业成为全省建材生产示范基地，乌兰察布的风电产业已经成为全国清洁能源生产示范基地，呼和浩特和赤峰的医药和生物技术产业链正在形成。图 3.3 反映，内蒙古工业增加值从 2001 年的 541 亿元增长至 2015 年的 7939 亿元，增长速度较快，2015 年全区第二产业总产值在全国排名第 13 位。

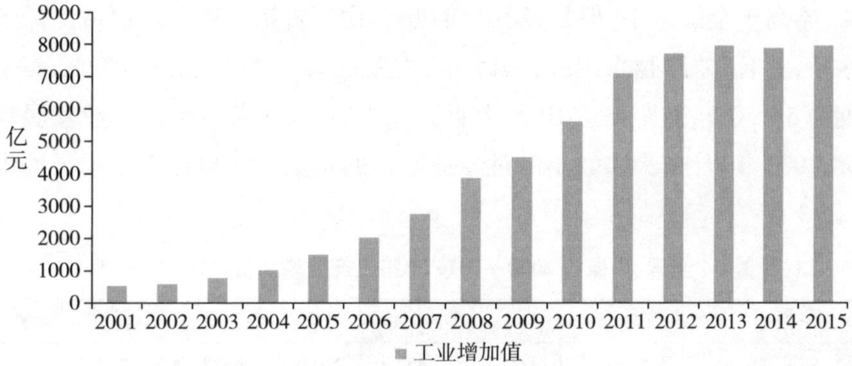

图 3.3 内蒙古 2001—2015 年工业增加值（亿元）

资料来源：《内蒙古统计年鉴(2016)》。

内蒙古自治区经济经过多年的高速发展，已逐渐打破以能源型、资源型为主的单一工业结构，重化工业和高新技术工业共同发展局面逐渐形成。第二产业发展呈现出传统产业、能源产业与战略性技术产业多元化、多层次、多方面的发展格局①。

内蒙古地理环境具有东西狭长的特点，在此基础上逐步形成西部、东部两个较为成熟和发达的工业经济区单元。其中西部经济工业区以包头市、呼和浩特市、赤峰市、鄂尔多斯市为核心，逐渐带动阿拉善、己彦法尔、兴安、通辽等相邻几个盟市的工业发展，大部分煤化工业与农畜产品在此加工生产，这一地区也是国家经济发展的重点地带与重要组成部分。依托资源优势、政策优势、资金优势和地理优势，目前，"呼包鄂"一体化进程正在加速推进。依

① 韩彦婷．"一带一路"战略中内蒙古的发展定位与对策研究[J]．现代经济信息，2016(17)：488.

托区域地缘优势,“东部经济发达区”不断加强与东北亚经济圈的合作,在环渤海经济圈、东北经济圈的辐射下,不断增强自身实力。目前,东部工业经济区正在持续强化基础设施建设,提升工业园区整体承载能力,加快产业结构调整,促进能源结构升级,推动传统优势特色产业迅速发展。

3.2.3　内蒙古第三产业发展现状分析

表3.1 反映,内蒙古 2000 年第三产业占比为 39.3%,而全国同期为 39%,略高于全国水平,但是,2010 年以来,内蒙古第三产业产值占比低于全国水平,并且,差距越来越大,2015 年,内蒙古第三产业占比为 40%,而全国同期为 50.50%,差距高达 10.5 个百分点。因此,内蒙古第三产业发展规模不大,2000 年以来,大多数年份对经济增长的贡献率明显低于全国平均水平(见图 3.4)。

表 3.1　全国、内蒙古 2000—2015 年第三产业增加值对比(亿元,%)

指标		2000	2010	2011	2012	2013	2014	2015
内蒙古	GDP	1539.12	11672	14359.9	15880.6	16832.38	17769.5	18000
	第三产业产值	605.74	4209.02	5015.89	5630.5	6148.78	6922.6	7939.2
	占比	39.30	36.10	34.90	35.50	36.50	39.00	40.00
全国	GDP	99214.6	401512	473104	519470.1	568845.2	644000	689100
	第三产业产值	38714	173596	205205	231934.5	262203.8	306739	341567
	占比	39.00	43.20	43.40	44.60	46.10	48.29	50.50

资料来源:《内蒙古统计年鉴(2016)》。

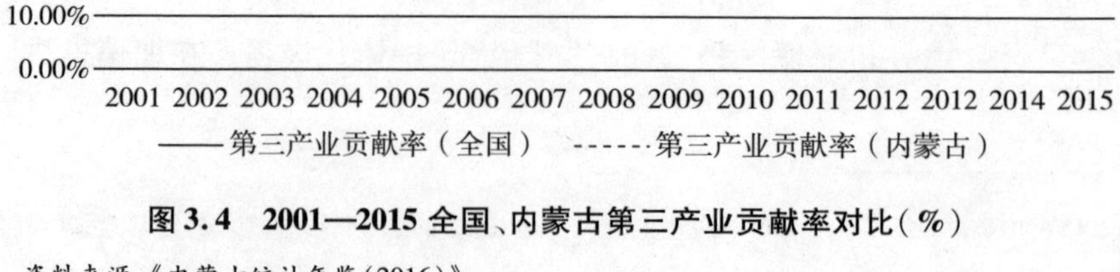

图 3.4　2001—2015 全国、内蒙古第三产业贡献率对比(%)

资料来源:《内蒙古统计年鉴(2016)》。

内蒙古第三产业的优势部门在商业贸易、旅游业和服务业方面,金融业发展缓慢,缺乏支柱型的第三产业。旅游业是最具有风俗特点的服务业,但缺乏深度开发,且位置分散,整体规划性较差。

3.2.4 内蒙古对外贸易发展现状分析

内蒙古与蒙古国和俄罗斯接壤,其对外贸易地区主要集中在边境口岸地区和自治区的主要城市。随着我国北疆开放战略的逐步推进,内蒙古处于我国北疆的地理优势逐渐显现出来,外贸总额虽然受国内外经济形势的影响有所波动,但基本上呈逐年增长的趋势(见图3.5)。2005年内蒙古外贸进出口总值为51.62亿美元,2015年为127.84亿美元,增长速度较快。作为向北开放的桥头堡,内蒙古被纳入"丝绸之路经济带"的建设范围,在新的形势下,内蒙古对外贸易仍有巨大的发展空间。

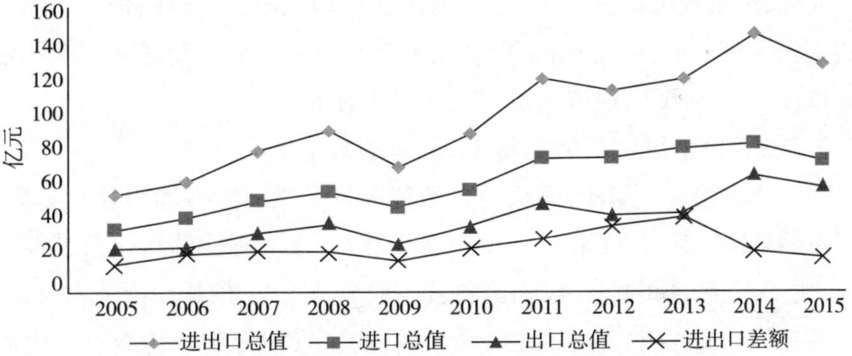

图3.5 2005—2015年内蒙古进出口贸易对比(亿美元)

资料来源:《内蒙古统计年鉴(2016)》。

3.3 内蒙古经济发展面临的困境分析

内蒙古地区既拥有丰富的自然资源,也是全国贫困地区之一。虽然经济在最近十几年得到了快速发展,但是在中国经济进入新常态的形势下,内蒙古地区经济发展和产业转型面临巨大的下行压力,主要表现为:

3.3.1 宏观经济增速放缓,产业结构性矛盾突出

内蒙古自治区轻工业过轻、重工业过重;大型上市企业配套项目太多,小型企业配套支撑太少;能源、冶金、化工、煤炭业占工业总产值比重过大,高附加值、低污染工业占工业总产值比重过小;面向终端的服务产业延伸不足、生

产性服务业发展落后、科研经费投入不足、消费对经济贡献较小、出口乏力等问题突出。在经济进入新常态的形势下,重化工业产出过剩、需求不足和结构体系不合理的问题更加突出,内蒙古自治区进行产业结构转型升级所面临的难度更大。

现阶段,推动内蒙古工业发展的引擎是煤炭产业,占第二产业生产总值近一半左右,由此产生了产业布局的单一问题,且在短时间内无法从根本上改变这一产业格局。资源密集型工业占比过大会对非资源型的工业产生挤出效应,从而导致生产性服务业和高端工业发展落后的局面,多为通过资源开采得到廉价的原材料产品、通过初步加工得到廉价的初级工业品,长时间会形成资源依赖型发展模式,而这种模式会造成工业布局单一、生态环境成本高、经济不可持续发展等问题。

此外,虽然政府积极主动推进产业转型,支持发展服务业,但给予新产业的资金投入量不足,对服务业的重视程度不够。资金在传统优势工业的影响下难以流向第三产业,使资金得不到高效的利用。

3.3.2 自治区创新能力低下,创新动力不足

与全国平均水平相比,内蒙古自治区的技术创新发展能力处于劣势,产品研发制造能力较差,工业主要集中在天然气、煤炭等能源产业及其他矿产工业、化工工业、乳制品产业,而高科技产业产量少,产值低。内蒙古仅比新、藏、宁、青、甘、贵六省(自治区)的科研投入高,发明专利申请数量仅仅高于宁、藏、青三个边疆省(自治区),高新技术产业产值仅高于青、新、藏三个省(自治区)。

3.3.3 重要产业与行业的企业发展能力不足

区域内缺乏具有国际竞争优势的产业集聚群,小企业多且分散分布在自治区各盟市,产业聚集程度过低。政府倾向于对大企业的支持,而对中小企业的支撑不足,导致工业发展的链条缺失,市场活力较低,企业发展后劲不足。但是推动经济高速健康发展的主体是中小企业,特别是高科技行业以小型开放型企业居多,而内蒙古的高科技企业在数量和质量上都落后于全国平均水平,导致行业创新水平低下。

3.3.4 经济发展方式粗放,产业结构单一,产业布局不均衡

内蒙古产业重化工业化、资源化、产品初级化的问题非常突出。作为国

家重要的能源基地,内蒙古全区的主导经济是煤炭经济,地方中小型煤炭企业生产装备落后,技术水平低下,生产能力和回采率低下,造成煤炭资源的利用率低下和消耗大。内蒙古第二产业的发展引擎是重化工业,2016 年重化工业占工业总产值比重 70% 以上,全区重化工业产品加工和发展层次低,精细化加工的产品少,对原材料的依赖强,最终工业产品以原材料和初级品为主。经济粗放式发展、产业结构单一化问题十分明显。随着内蒙古工业化的不断推进,工业化率不断提升,服务业占 GDP 的比重呈现出快速下降的趋势,远低于全国平均水平,服务业发展滞后已经成为内蒙古产业结构不合理的突出表现之一。

截至 2015 年,呼和浩特市产值占全区 GDP 总量比重远高于自治区内其他地区,呼包鄂占全区 GDP 的比重为 56.76%,发展最慢的阿拉善盟占全区 GDP 比重仅为 2.5%,产业布局严重不均衡。

3.3.5 基础设施落后,生态环境发展不可持续

虽然最近十几年内蒙古经济发展不断加快,但是在基础设施建设方面欠缺很多。例如供水、污水、排水和防洪设施建设,城市道路交通网,生活垃圾的处理,城市电网等一系列基础设施明显跟不上经济发展的需要。

内蒙古地处我国北部干旱、半干旱地区,从东到西植被景观依次为森林、草原、草原荒漠、沙漠,生态环境脆弱;工业化进程中,大量开采资源对环境破坏极大,特别是重化工业的发展和煤炭资源的开采,内蒙古露天煤矿集中在鄂尔多斯、呼伦贝尔等地,开采过程中易造成地表塌陷,不仅造成土壤流失,而且对周边生活的居民水资源造成污染。自治区政府尝试通过绿化的方法促进生态的恢复,但是收效甚微,当前要控制露天煤矿的开采和粉尘颗粒物的排放,实现生态环境的可持续发展①。

3.3.6 外贸依存度低,出口进一步增加受到的约束较多

图 3.6 反映,内蒙古外贸对经济增长的贡献率一直以来都比较低,外贸依存度最高在 2005 年为 10.7%,2013 年最低,仅有 4.4%。

内蒙古地理位置属于我国北部少数民族地区,地区内虽然土地面积大,

① 任军,王晓慧. 内蒙古经济发展方式转变的路径选择[J]. 税务与经济,2016(1):22-28.

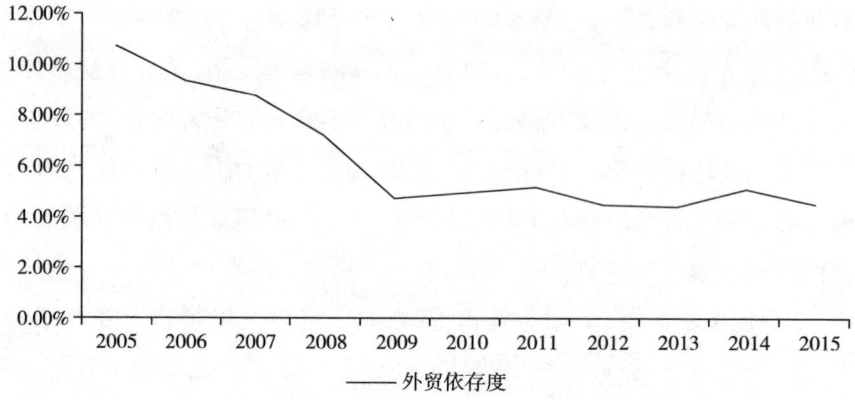

图 3.6 2005—2015 年内蒙古外贸依存度(%)

资料来源:《内蒙古统计年鉴(2016)》。

但是种植业和畜牧业发展都落后,出口受到很大限制,仅仅能出口资源类产品。另一方面,内蒙古能源、冶金、装备制造等重工业处于主导地位,但没有形成竞争优势,对出口的贡献有限。

3.4 内蒙古经济发展的优势分析

特殊的地理位置决定了内蒙古作为连接中国与众多邻国的门户和纽带,在"一带一路"建设中享有独特的地位,并将在"一带一路"倡议实施中发挥重要作用。内蒙古地区无论"走出去""引进来"都具有巨大潜力,随着"一带一路"倡议的实施,必将成为投资兴业的新热土。在新的环境下,内蒙古地区经济发展的优势主要有:

3.4.1 丰富的自然资源优势

内蒙古自治区面积占全国陆地面积 1/8,资源非常丰富。一是内蒙古的草场是中国最大的天然牧场草场(8666.7 万公顷),是我国重要的畜牧业基地,农畜产品在内蒙古的对外贸易中占有重要的地位。二是内蒙古森林资源非常丰富,林木储藏量为 12.9 亿立方米,面积达到 2080 万公顷,是我国重要的林区之一。三是内蒙古自然资源中煤炭资源储量最为丰富,目前内蒙古已探明煤炭储量占中国查明煤炭储量的 24.94%,主要集中在呼伦贝尔、锡林郭勒、和东胜等地。四是稀土资源非常丰富,是重要的战略资源,主要集中在包头的白云鄂博，稀土资源储量占全国的97%[1]。

3.4.2 地理位置优越

内蒙古位于中国北疆，东部与吉林、黑龙江、辽宁等我国最大的重工业基地和产量区毗邻；东北部与经济发展不完善，面积大的俄罗斯交界；北部与自然资源丰富，人口稀少的蒙古国接壤。4000多公里的边境线和特殊的地理位置使得内蒙古在“一带一路”倡议中处于重要的地位，无论向东西部发展，还是向北部延伸，都是“一带一路”倡议中重要的枢纽[2]。

3.4.3 文化优势

内蒙古与蒙古国的历史、文化以及风俗习惯有着多元的联系，并且多年来与蒙古国保持良好的沟通，内蒙古的草原旅游业在全国具有独特的优势，近年来经济社会的发展也为文化旅游业的发展提供坚实的基础。目前形成九大旅游特色产品、七大旅游开发区、四条旅游线路、二十多个节庆活动，文化旅游业发展保持快速增长态势。2014年文化旅游业收入占GDP的比重首次突破10%，给内蒙古带来巨大的经济效益[3]。

3.5 促进内蒙古经济发展的路径分析

内蒙古地处中国北疆，平均海拔在1000多米，是连接中蒙俄的节点省份和黄金地段。丝绸之路源于中国，是一条连接亚洲、非洲、欧洲的商业贸易路线；“一带一路”是一条贯穿中亚、东南亚、西亚和欧洲部分地区的经济带，其东临亚太经济圈，西接欧洲经济圈，具有发展经济、改善民生和产业转型等作用，而内蒙古是丝绸之路经济带的主要省份。内蒙古要实现全面小康，不仅要靠国家支持，更要紧紧抓住“一带一路”发展战略，积极融入其中，增强发展的驱动力，不断改善民生。

3.5.1 发展绿色农业，促进第一产业转型升级

内蒙古自治区要发展绿色畜牧业、农业；调整种植业结构，培育优良品

① 崔雪妍，董佳宇. “一带一路”背景下内蒙古经济发展策略[J]. 合作经济与科技，2016(15)：48-49.

② 朱晓萍. “一带一路”战略下内蒙古地区经济发展新优势[J]. 内蒙古科技与经济，2016(17)：14-16.

③ 李文龙. “一带一路”背景下内蒙古文化产业全球化发展策略研究[J]. 财经理论研究，2017(4)：9-16.

种,提供高质量农畜产品;着重促进农业规模、结构进一步优化升级,通过金融投资和相关政策的制定来提升第一产业的水平。

发挥龙头企业的农业、畜牧业、乳业的品牌作用,带动其相关产业链上游服务业发展和下游装备制造业发展;以基地建设来加强农产品的加工制造输出,从草原文化角度加强企业品牌宣传力度,将绿色农业打造成第一优势产业。

对具有国际竞争力的农畜产品改变补贴方式和环节,加大财政支持力度,采取设立专项资金、增加农业科技攻关经费等措施。除对农牧民实行普惠政策外,以建立产业化基金的方式整合补贴资金,采用股权投资的方式,鼓励农产品进行深加工,在土地流转后,农牧民既有租金收益,又转变为产业工人,享受相关的待遇,保障农牧民合法利益,通过第二产业带动第一产业的发展,实现共同富裕的目标。

3.5.2 推进新型工业化,实现区域内"锈带复兴"

根据内蒙古现阶段工业产业的特征 ,建立煤—电—用一体化产业发展模式,整合传统的能源、冶金、化工、化学等优势产业,提高能源的转化率和使用率,降低工业成本,提高产业效益。区域内能源产业占比大,产能过剩严重,要加快推进四条特高压输电工程的建设,早日实现产能和效益的最大化;要加快大规模风能、太阳能接入电网的规划研究和优先发展清洁能源;本地区率先积极使用风能和太阳能等新能源,落实新能源基地消纳市场和配套电网工程,让新能源的使用效率得到最大化,污染排放量最小化。

要加快承接产业转移来扩大传统特色产业的优势。支持赤峰农机制造园区、霍林郭勒汽车零部件园区、阿拉善巴彦浩特飞艇制造园、呼和浩特经济技术开发区太阳能电池组件园、乌兰察布电子信息设备制造园区的发展,使之成为内蒙古自治区产业的聚集区和吸引外商投资的主平台。积极探索建立大型国有企业和中小企业的合作机制,扩大产业的产值、规模,逐步发展成为工业生产总值超百亿元的特色园区。制定相关管理措施来提高质量和效率,在企业的生产流程中广泛应用高新信息技术,在产品的设计开发以及生产环节中应用高新技术,发挥信息技术的渗透性和创造性优势,以提高设计研发能力和降低生产成本来加强产业核心竞争力。

在营造公平良好的创新创业环境的基础上,首先可以通过财税优惠政策激励企业持续的提升自主创新能力,促进产业技术升级,研发出绿色、节能、高效的高科技产品,提升产品在国内和国际市场的竞争力,切实增强产业的核心竞争力。再次,完善产业政策和行业规划,坚决淘汰掉一些低效落后产能。基于地方的资源特色和工业基础,积极推进产业结构调整和升级,借助当前互联网 + 等技术革新和中央创新驱动的发展战略,积极发展电子、生物医药、金融、旅游等高科技产业和新型服务业,逐步转变以往产业单一的状况,开创出多元化产业发展布局,从而提升经济活力。最后,在"一带一路"背景下,内蒙古有了更为便利的对外开放条件,内蒙古要加快完善基础设施建设以保障和"一带一路"沿线国家的互联互通,这也是提升我国产业链地位的时机。以前由于经济发展差距,我们在国际贸易中一直处在产业链的低端位置,而"一带一路"的战略布局,将使我们与沿线国家有更为密切的经济贸易互动,这为内蒙古提升产业链位次提供了难得的机会。"一带一路"建设不是另起炉灶、推倒重来,而是实现战略对接、优势互补。内蒙古要与沿线国家深入开展产业合作,推动各国产业发展规划相互兼容、相互促进,抓好大项目建设,这为内蒙古自治区去产能、调结构、实现"锈带复兴"提供了天然的良机。

3.5.3 根据市场需求,大力发展第三产业

内蒙古自治区生产性服务业处于较为明显的劣势地位,生活性服务业整体发展较为稳定,总的来说第三产业对国民经济发展水平的贡献率有限。要通过顶层设计和政策引导重点发展生产性服务业的规模、提升生活性服务业的质量竞争能力。完善相关配套性产业,提升整体服务的质量和效率,提高创新能力,重视基础投入。在金融服务业方面,完善相关制度体系建设,逐步巩固对战略新兴性产业与高科技产业的金融融资,开发期货交易,规避市场风险,保证外部环境的稳定。

第三产业需要满足人民群众不同的服务需求。旅游业是区域内的特色服务产业,要提高外资投资力度,融合当地的少数民族民俗文化,积极深入挖掘开发旅游资源,建立跨境旅游。通过挖掘具有区域民族特色的旅游资源来繁荣社会主义文化市场,培育一批满足人民群众不同需求的生活性服务业[①]。

① 徐杰."一带一路"背景下内蒙古经济发展面临的契机[J].财经理论与研究,2015(6):12-19.

3.5.4 积极构建动态优势,促进对外贸易可持续发展

一是要以创新为指导构建产业关联,内蒙古要及时了解国际经济和产业变化,正确把握产业的发展趋势,基于传统比较优势,构建新旧产业关联,让新理念和新技术带动传统优势产业形成新的增长点,并且形成新的产业链竞争优势。二是要协调发展现代化第三产业体系,在构建产业关联优势中发挥现代第三产业的协调功能,通过协调效应,增强创新能力,不断推动产品结构的优化,质量的改善,最终逐步提升出口能力。

对于加工贸易的优势构建分为两个方向,一方面要以绿色发展为指导,将粗放加工贸易转化为高效节能的贸易方式,另一方面要坚持特色思维,在特色优势产业链的基础上,将低端的贸易加工延伸至中高端,提高其附加值。在资源优势和产业优势相结合的加工贸易产业引入新技术以及新的生产工艺,提升传统优势能源产业,对第一产业进行精细加工,从而提升对外贸易的整体竞争能力。

4. 广西经济活动空间分布[①]

涂裕春

广西[②]具有“一湾相挽十一国，良性互动东中西”的区位优势，国家赋予广西在“一带一路”规划中具有国际通道、战略支点、重要门户的“三大定位”[③]。广西东连广东省，南临北部湾并与海南省隔海相望，西与云南省毗邻，东北接湖南省，西北靠贵州省，西南与越南接壤，有 8 个边境县(市、区)[④]与越南的广宁、谅山、高平 3 个边境省接壤，8 个边境县(市、区)拥有 7 个国家一类口岸、5 个二类口岸和 26 个边民互市点。陆地边界线长 637 千米，大陆海岸线长约 1595 千米，北海的合浦曾是古代海上丝路最早的始发港之一。

4.1 广西经济活动特征

4.1.1 广西的区位优势

广西拥有最大的优势就是得天独厚的区位优势，是西部唯一有沿海大港口的省份，是沿海、沿边、沿江、沿国际大通道，在中国发展布局中处于华南经济圈、西南经济圈与东盟经济圈的结合部，是“一带一路”有机衔接的重要门户，发挥广西与东盟国家陆海相邻的独特优势，有利于加快北部湾经济区和珠江—西江经济带开放发展，构建面向东盟区域的国际通道，打造西南、中南地区开放发展新的战略支点。作为中国—东盟博览会的永久举办地，区位优

---

① 基金项目：2013 年度国家社科基金项目“沿边开放背景下西部边境民族地区小城镇集群建设问题研究”(项目编号 13BMZ013)。作者简介：涂裕春，女，经济学博士，西南民族大学经济学院教授，主要研究领域：对外开放研究，城镇化研究、国际发展融资研究。

② 行政区域土地面积 23.76 万平方千米，管辖北部湾海域面积约 4 万平方千米。

③ 国家发展改革委，外交部，商务部. 推动共建丝绸之路经济带和 21 世纪海上丝绸之路的愿景与行动[Z]. 2015 - 03 - 28.

④ 东兴、防城区、宁明、凭祥、龙州、大新、靖西、那坡。

势、联通优势、平台优势、人文优势日益凸显,成为中国面向东盟开放的前沿窗口。作为泛珠三角区域中唯一与东盟国家海陆相接的省区,区位优势独特,出海出边大通道已经基本建成,但是国际大通道的功能还不够完善,效率有待进一步提高。

4.1.2 广西2016年经济活动区域分布统计

2016年广西GDP18245.07亿元,按可比价格计算,比上年增长7.3%。其中,第一产业增加值2798.61亿元,比上年增长3.4%;第二产业增加值8219.86亿元,增长7.4%;第三产业增加值7226.60亿元,增长8.6%。三次产业增加值占全区生产总值的比重分别为15.3%、45.1%和39.6%,三次产业对经济增长的贡献分别为7.2%、47.0%和45.8%①。

表4.1 2016年广西各个经济区域数据

地区	GDP		财政收入	
	全年累计总量(亿元)	全年累计同比增长(%)	1—12月累计总量(亿元)	1—12月累计同比增长(%)
北部湾经济区(南宁、北海、钦州、防城港四市合计)	6488.83	7.8	1009.87	6.5
桂西资源富集区(百色、崇左、河池三市合计)	2537.69	7.6	243.66	-0.9
西江经济带(柳州、桂林、梧州、贵港、玉林、贺州、来宾七市合计)	9348.47	7.3	1049.91	6.5

数据来源:2016年广西壮族自治区国民经济和社会发展统计公报。

北部湾经济区已成为中国与东盟交流合作最活跃、平台机制最完善、发展潜力最大的先行区之一。北部湾经济区以不到广西1/5的土地,创造了广西超过1/3的经济总量、2/5的财政收入、近50%的外贸总量。对外开放合作有待进一步加强。国家"一带一路"建设是广西对外开放的黄金契机,然而除了东盟国家,与"一带一路"其他沿线国家双边贸易稍显冷淡。2016年,与广西有贸易往来的"一带一路"沿线国家共66个,其中与东盟国家双边贸易额为1835.38亿元,占广西与"一带一路"沿线国家双边贸易总额的91.4%,

① 2016年广西壮族自治区国民经济和社会发展统计公报。

与其余国家双边贸易额占比不到10%①。

4.1.3 区域发展不均衡,县域经济是"短板"

广西经济下行压力增大,与县域经济整体竞争力不强、增长速度偏慢相关。广西县域行政区划面积占全区总面积的78.7%,常住人口占全区总人口的64.5%,县域地区生产总值占全区比例超过60%,广西60%以上固定资产投资来自县域。2011—2016年,广西县域经济增速均低于广西整体水平。目前,县域经济对广西经济增长贡献率仅为41.3%。当前,广西县域平均生产总值仅相当于全国县域平均水平的60%左右,人均生产总值不到全国平均水平的50%。特别是在广西111个县(市、区)中,目前仍有国定贫困县28个、自治区定贫困县22个,农村贫困人口达341万人。2016年广西90个县域地区生产总值达1.13万亿元,是2010年的1.8倍。从发展质量看,县域工业产业链有待不断延伸,农业规模化、集约化、产业化有待不断增强,虽然蔗糖、桑蚕、商品林等"拳头"产业位居全国第一,但是内生动力仍然需要不断增强。

4.1.4 口岸经济发展迅速,口岸经济带崛起成为新引擎

广西与越南山水相连,是我国面向东盟开放的重要门户,在我国沿边开发开放以及推进"一带一路"建设中具有独特的战略地位。空间布局方面,以防城港市防城区、东兴市等沿边重点地区为开放枢纽,依托南宁、钦州、北海、百色和越南同登、芒街、下龙等城市,积极建设面向东盟国家的南宁—防城—东兴—芒街边海联动经济合作带,正在逐步形成海陆联动、优势互补、共同发展的边境地区开发开放空间布局②。

(1)边境小额贸易进出口额、边民互市贸易进出口额均排全国第一。广西陆海空和内河口岸形态齐全,紧密分布,拥有国家级一类口岸19个、二类口岸6个,中越边民互市点26个,口岸开放数量仅次于广东、黑龙江两省,资源条件得天独厚。口岸经济促进广西发展,每年有超过900万客商、40多万辆交通运输工具从广西口岸通道出入境,近250亿美元、100多种商品进出口至越南等东盟国家。2016年广西对外贸易回稳向好,年外贸进出口额达3202

---

① 广西壮族自治区统计局,国家统计局广西调查总队.2016年广西壮族自治区国民经济和社会发展统计公报[Z].2017-04-17.

② 广西壮族自治区人民政府.广西沿边地区开发开放"十三五"规划[Z].2017-01-17.

亿元,其中边民互市贸易额660亿元,同比增长86%,约占全国70%。边境小额贸易进出口额、边民互市贸易进出口额两项指标在全国各沿边省区均排第1位。

(2)以口岸为依托的沿边开放经济带产业链条,带动资源开发和经济发展,有利于实现双方的合作共赢,提高产品的国际竞争力。次区域经济合作已经成为推动整个中越边境地区经济合作的桥头堡。中越沿边经济开发开放合作带等次区域已经在积极构建,通过自身经济发展、产业结构特点及地缘人文条件,为搭建中越边境合作多种层次、多种方式的次区域合作平台积累了丰富经验。比如,依托跨境和边境经济合作区平台,规划中越边境工业加工重点合作区,在此地区集中与越南等东盟国家合作,深度开发生产各种工业类型的产品,包括工业机械、电子零件、日用家电、红木家具等。

对外口岸是广西对外交往和对外贸易的重要通道。根据中央对广西“三大定位”的要求,广西各口岸建设迅速推进,中越北仑河二桥中方一侧通过交工验收;友谊关口岸货运专用通道建成并试运行;凭祥边境贸易货物监管中心投入运营;贵港电子口岸与南宁空港物流服务平台启动建设;龙邦、东兴、水口、钦州保税港区等获批进境水果指定口岸;中国—东盟(凭祥)边境贸易国检试验区建成运行[①]。

4.1.5 “四维支撑、四沿联动”开放格局的形成

广西的差距在开放,发展的潜力也在开放。“一带一路”倡议的实施为推动广西腾飞崛起注入了强大动力源。广西处在西南经济圈、华南经济圈和东盟经济圈的结合部,连接着中国与东盟两个广阔市场,既是我国西南地区最便捷的出海大通道,也是东盟国家进入中国市场的重要海陆通道。

广西沿海、沿边、沿江、沿国际大通道,形成东畅粤港澳台、西联孟印缅、南达东盟各国、北通黔川湘鄂渝陕的交通网络。

广西沿边开放开发的“一圈三带”空间布局正在形成,面向东盟的南宁—防城—东兴—芒街边海联动经济合作带、南宁—崇左—凭祥—同登沿边经济合作带、百色—靖西(那坡)—茶岭(朔江)沿边经济合作带以及广西边境口

① 刘秀玲. FDI与沿边民族省区特色外向型产业集群发展研究[M]. 北京:民族出版社,2016:6.

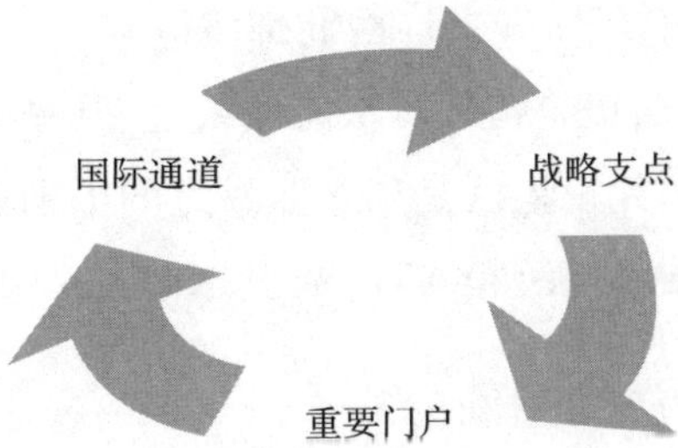

图 4.1　三大定位

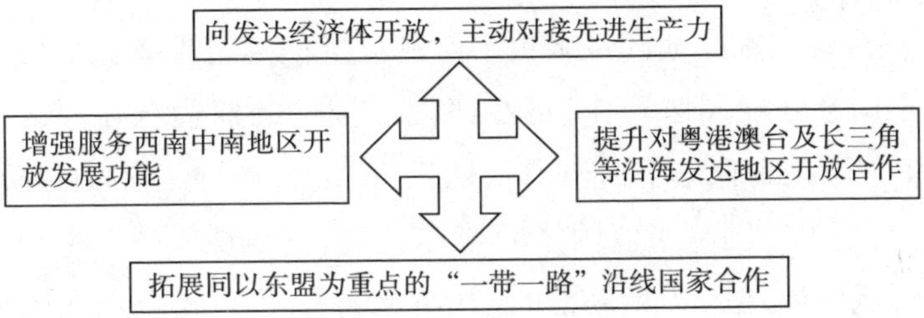

图 4.2　四维支撑

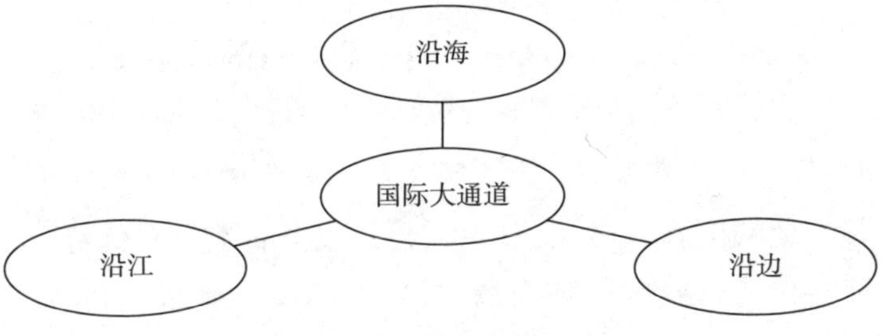

图 4.3　四沿联动

岸经济合作圈。

出海出边出省通道建设加快。为更好发挥有机衔接“一带一路”的重要门户作用，广西坚持“两条腿”走路：一条是海路，着力建设北部湾区域性国际航运中心、区域性国际商贸物流金融合作中心、港口城市合作网络，畅通与海上丝绸之路沿线国家贸易往来；一条是陆路，力争向北打通经贵阳至重庆、成都、西安、兰州、乌鲁木齐的高速铁路，向南建设联通中南半岛的陆路大通道，为构建中国—中南半岛经济合作走廊提供交通支撑。

广西毗邻东盟的主要边境城市均已通高速公路，南宁、桂林机场已开通与东盟9个国家的23条航班航线。广西北部湾港与7个东盟国家的47个港口建立海上运输往来,定期集装箱外贸班轮航线达29条,年货物吞吐能力超过2亿吨,其中,广西钦州保税港区是离东盟最近的中国保税港区,已建成11个码头泊位,开通15条国际集装箱航线,吸引300多家中外企业落户。

4.2 产业开发开放的空间分布

随着"一带一路"建设的不断推进及中国—东盟合作的不断深化,产业园区及开发开放试验区的合理布局有利于促进合作共赢及发展机遇的共享,为"一带一路"沿线国家和地区带来更多红利。广西通过发挥区域优势先后与东盟的8个国家开展园区合作,正在建设和推进的双边合作园区近20个。例如,中国—马来西亚钦州产业园区,依托"两国双园"探索,园区不仅服务中马两国企业,还为中国与东盟国家间合作交流、贸易往来提供平台。合作园区不仅为区域发展注入了新动能,也让越来越多的中国企业在国外觅得商机,有利于推动企业"抱团出海"。在广西农垦承建的中国·印尼经贸合作区,截至2016年年底,已吸引20多家企业投产。

4.2.1 广西北部湾经济区——向东盟开放的战略支点

广西正在全力打造"向海经济",包括走向海洋,也包括海陆联动,对接内陆腹地,争取资源的优化配置。北部湾港是西南中南内陆腹地进入中南半岛东盟国家最便捷的出海门户,在服务区域开放发展中具有优势①。广西开创了全国沿海港口跨行政区域整合的先河,三港统一规划、打包建管、一致对外,现有广西北部湾国际港务集团、广西北部湾投资集团开发平台,立足北部湾、服务西南、华南和中南、沟通东中西、面向东南亚,充分发挥连接多区域的重要通道、交流桥梁和合作平台作用。2016年,在航运业持续低迷、全国规模以上港口增速趋缓的背景下,北部湾港吞吐量稳步增长,累计完成吞吐量1.396亿吨,同比增长9.02%。

临港产业的发展正在成为中国与沿线国家开展经济合作共筑"蓝色引擎"的新方向。一方面它将带动中国临港工业、海洋装备制造业、远洋捕捞业等走向包括东盟在内的"一带一路"沿线地区,惠及多国民众。另一方面,东

① 2007年2月广西北部湾港成立,包括钦州港、北海港和防城港。

南、南亚等国正处在工业飞速发展期，与中国加强临港产业合作，将极大促进沿线国家工业化水平的提高。

⑴北海市开放历史悠久，文化底蕴深厚，是古代“海上丝绸之路”的重要始发港，是国家历史文化名城、广西北部湾经济区重要组成城市。北海区位优势突出，地处华南经济圈、西南经济圈和东盟经济圈的结合部，处于泛北部湾经济合作区域结合部的中心位置，是中国西部地区唯一列入全国首批14个进一步对外开放的沿海城市，也是中国西部唯一同时拥有深水海港、全天候机场、高速铁路和高速公路的城市。2016年，全市GDP冲破千亿大关，达1007.3亿元、增长8.6%，增幅排全区第4位，延续了近年来良好的增长势头。其中，第一产业完成增加值175.09亿元，增长4.1%；第二产业完成增加值516.14亿元，增长9.65%；第三产业完成增加值316.05亿元，增长9.72%。三次产业占GDP比重为17.4∶51.2∶31.4，对GDP增长的贡献率分别为8.5%、56%、35.5%。

⑵防城港市地处中国东部沿海南端和西南沿边起点的交汇处、广西北部湾之滨，是中国仅有的两个沿边与沿海交汇的城市之一。防城港市作为21世纪“海上丝绸之路”的重要始发港、中国—东盟自贸区的主门户、广西北部湾经济区的核心城市，在国家建设“一带一路”重大战略中居于特殊重要的地位。

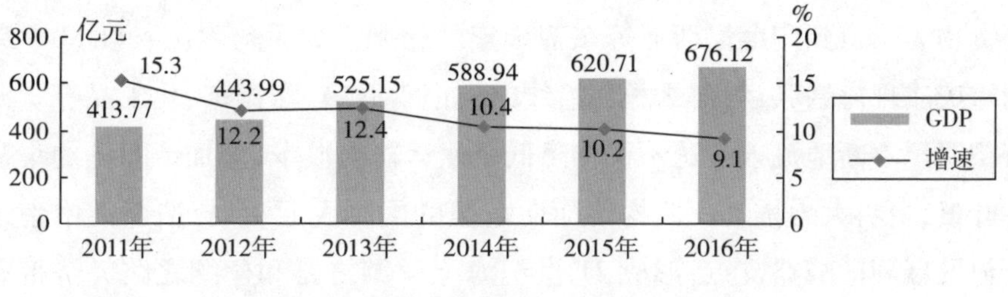

图4.4　2011—2016年防城港市生产总值及其增长速度（亿元，%）

数据来源：2016年防城港市国民经济和社会发展统计公报。

2016年5月防城港市获批全国6个“构建开放型经济新体制综合试点试验城市”之一。防城港市以点带面，从线到片，既抓沿海地区，又抓沿边地区；既抓大港口、大工业、大交通建设，又抓边境贸易、跨境旅游、生态建设。以企沙半岛为大工业主阵地，边山海联动，港口、工业、城市和产业集群互动，文化与旅游融合,重点发展港口经济、海洋经济和生态经济,打造充满生机与活力的边海经济带。

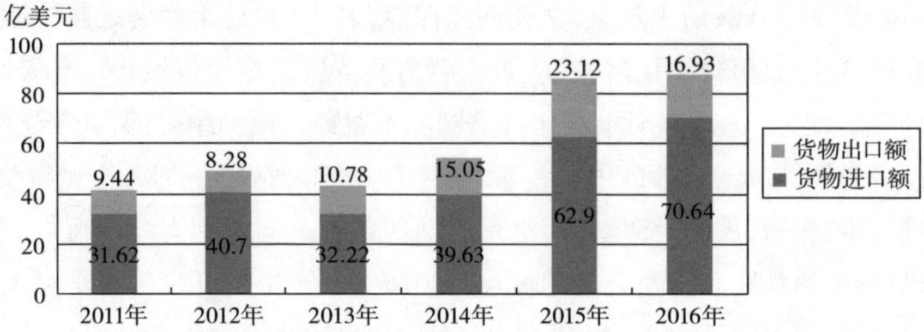

图4.5 2010—2016年防城港市货物进出口总额(亿美元)

数据来源:2016年防城港市国民经济和社会发展统计公报。

边海经济带建设成为推动该市后来居上的强大引擎,结合当前供给侧结构性改革,做强做优一批"十百千"亿级的企业群体,形成钢铁、有色金属、能源、粮油食品等支柱产业。以钢铁、核电、镍铜三大项目为引领,依托港口和园区,加快推动产业结构优化升级,建成以临港工业为龙头、产业园区为载体、比较优势突出、竞争力强的现代工业体系,加快推进港口区改造提升和码头泊位、航道的建设,综合提升货物、物流集疏运能力,提高口岸核心竞争力。

(3)钦州港作为北部湾港集装箱业务的核心,货运多数来自云南昆明,主要货物为出口到印度尼西亚等东盟国家的化肥。如果与占据长江80%运力的重庆实现海铁联运,那么长江沿线的笔记本电脑、摩托车、化工品等货源就有望源源不断地流入。这不仅将降低企业运输的成本,增加钦州港的集装箱吞吐量,更将大力推动广西构建面向东盟的国际大通道、打造西南中南地区开放发展新的战略支点,形成21世纪海上丝绸之路和丝绸之路经济带有机衔接的重要门户。广西钦州保税港区规划总面积10平方公里,由码头作业区、保税物流区、出口加工区和综合服务区组成,目前已建成11个码头泊位,开通15条国际集装箱航线,吸引了300多家中外企业落户,形成航运物流、大宗商品贸易、整车进口、酒类进口、国际商品直销、冷链物流、加工贸易等特色产业,初步建成广西面向东盟的重要窗口和平台,已经从10年前基本没有重大项目的"产业荒漠"成长为该地区重要的产业基地,逐步形成以石化、电子信息、冶金新材料、粮油食品、造纸、海洋等为主导的特色现代产业体系。

(4)南宁市作为内陆开放型经济高地，是珠江—西江通道西段节点城市之一，政策优势叠加，享有民族区域自治、西部大开发、沿海沿边沿江开放、珠江—西江经济带、革命老区振兴、北部湾经济区、北部湾城市群以及“一带一路”建设、打造中国—东盟自贸区“升级版”等多重政策。2016年全市实现地区生产总值3703.39亿元，按可比价格计算，比上年增长7%。其中，第一产业增加值400.67亿元，增长3.9%；第二产业增加值1427.16亿元，增长5.8%，其中，工业增加值1063.14亿元，增长5.6%；第三产业增加值1875.57亿元，增长8.5%。全市经济结构不断优化。三次产业比重为10.82∶38.54∶50.64，第一产业比重比上年回落0.04个百分点，第二产业比重比上年回落0.92个百分点，第三产业比重提高0.96个百分点。全市2016年末有开发区、工业集中区15个。其中，南宁高新技术产业开发区、南宁经济技术开发区和广西—东盟经济技术开发区年末累计入园企业15824家，比上年增加2502家；财政收入82.52亿元，比上年增长4.85%；实现规模以上工业总产值1913.76亿元，增长17.24%；完成固定资产投资789.22亿元，增长13%①。

(5)园区经济与开发开放试验区的集聚效应明显，形成南宁国家高新技术产业开发区、南宁国家经济技术开发区、广西—东盟经济开发区、南宁六景工业园、北海电子产业园、北海铁山港工业区、防城港大西南临港工业园、防城港企沙工业区、钦州石化产业园、龙港新区、广西钦州保税港区、玉林龙潭产业园、东兴国家重点开发开放试验区、凭祥重点开发开放试验区等。例如，北部湾经济区先后引进了全球500强富士康、三诺，全国百强中国电子等一批重点龙头企业，积聚了530多家电子信息产业企业，带动广西北部湾电子信息产业驶上快车道，2016年创下了产值近2000亿元的好业绩，北部湾经济区一批电子产品填补了广西乃至全国空白。

4.2.2 珠江—西江经济带产业协同发展

珠江—西江流域上接云贵、纵贯两广、下通港澳，历来是连接西南和华南的黄金水道，一头是经济发达的珠江三角洲，一头是资源丰富的西南腹地。

① 2016年南宁市国民经济和社会发展统计公报。

广西依托这一黄金水道,构建优势互补、协同配套、联动发展的现代产业集聚带,优势得天独厚,发展机遇前所未有。

2014年以来,广西通过提升发展特色优势产业、培育发展战略性新兴产业、加快产业承接转移等方式,调整经济结构和生产力布局,为珠江—西江经济带发展提供产业支撑。三年来,广西—珠西经济带工业园区投资不断增长,完成项目实际投资总额达6946亿元;园区新引进项目数量达2058个,合同总投资额3633亿元,其中引进亿元以上工业项目468个,合同投资额2011亿元,占经济带工业园区工业项目合同投资额的85.79%;工业园区工业总产值从2014年的13919亿元增加到2016年的17397亿元,园区经济快速增长。广西珠江—西江经济带先进制造业、战略性新兴产业和先导产业进一步发展,传统产业转型升级加速,高耗能产业占比逐年下降,钢铁、煤炭等过剩产能加快淘汰,产业结构渐趋优化。广西的珠西地区累计完成工业投资1.53万亿元,年均增长9.6%,单年度投资由2013年的4012亿元增加到2016年的5283亿元,占全区工业固定资产投资比重达82.5%;累计完成技术改造投资1.4万亿元,年均增长9.2%。据统计,2016年,经济带规模以上工业总产值完成1.93万亿元,较2014年的1.64万亿元增长17.68%,千亿元企业实现了零的突破。广西—珠西经济带经济运行已呈现出"增速稳、投资实、产业转型快、经济带核心驱动作用逐步增强"的特点。

(1)广西桂东地区承接珠三角地区产业转移①。2010年10月国家正式批复设立广西桂东承接产业转移示范区(梧州、玉林、贵港、贺州四市),既是西部地区第一个国家级承接产业转移示范区,也是民族地区唯一的承接产业转移示范区。珠江—西江经济区的成立,将加深珠江—西江流域的经济合作,为广西桂东地区承接珠三角地区的产业转移带来了机遇,为民族地区经济注入了新的活力。依托桂东承接产业转移示范区,广西正加快推进产业转移合作,做实做强南宁、梧州等国家级加工贸易梯度转移重点承接地。目前,已吸引了微软、阿里巴巴、万达、中兴、国光电子、比亚迪等一批世界500强和中国

① 2014年,国家发改委正式印发《珠江—西江经济带发展规划》,明确提出把珠江—西江经济带打造成"东西部合作发展示范区",在国家战略层面上提出了珠江—西江区域一体化发展,推动相关地区产业的转移及承接。

500强企业的重大项目落户经济带。

粤桂合作特别试验区位于肇庆和梧州交界，是我国目前唯一横跨东西部的省际合作试验区，2014年以来，试验区强大的"磁场效应"逐渐凸显，基本形成电子信息、节能环保、新能源、高端装备制造业、食品医药、林产林化等产业集群，微软、中兴、大华等国内外知名企业纷纷入驻。2016年试验区完成工业总产值180亿元，同比增长18%。

(2)精准开展产业对接，要共同培育先进产业集群，促进产业融合。技术、人才、资本等生产要素与经济活动主体企业在空间聚集是区域经济发展的主要动力。泛珠三角区域产业发展不平衡，产业全面对接机遇和挑战并存，因此，广西与区域内其他省区的产业对接要由"点"到"面"逐步铺开，打破区域内的产业壁垒，追求更高的整体效率，进行产业精准对接。广西正在加快构建西江水系"一干七支"沿岸生态农业产业带和生态农业体系，通过做大做强特色农业，建设面向珠三角和港澳地区的优质农副产品供应基地；通过加强与东盟国家的农业国际合作，建设面向东盟的农业技术推广中心，加快推进中国—东盟（南宁）现代农业科技合作园区建设。

4.3 城镇空间分布

广西常住人口平稳增长，城镇化稳步推进，2016年末，广西常住人口为4838万人，比上年增加42万人，增长0.9%，增速比全国同期快0.3个百分点。常住人口占全国人口总量的3.5%，位居全国11位。与人口总量变化相伴随的，人口密度由2010年每平方公里195人，增加到2016年每平方公里204人，比全国平均水平多60人/平方公里，是全国人口稠密地区之一。2016年广西户籍人口为5579.12万人，比上年增加60.89万人，增长1.1%，户籍人口占全国人口总量的4.0%。

4.3.1 广西地区间人口规模和增速差异大

南宁市无论是常住人口或者是户籍人口规模均超过700万人，是广西人口最多的市，2014—2016年南宁市城镇化率平均每年提高0.85个百分点，低于全区0.24个百分点，低于全国0.36个百分点；桂林市和玉林市人口也超过500万人；北部湾经济区的南宁、北海、防城港、钦州市社会经济发展较快，留住了本地人，也吸引了外地人口流入，人口增长速度高于广西平均水平。柳州市是工业城市,外来务工人员多,常住人口多于户籍人口,2000年以来一直保持这一人口特征。百色、贺州、河池、来宾、崇左市等外出人口多,人口增长速度较慢。

2016年广西城镇常住人口为2326万人,比上年末增加69万人,增长3.1%;乡村常住人口为2512万人,比上年末减少27万人,减少1.1%。城镇人口比重(常住人口城镇化率)为48.1%,比上年提高1个百分点,比全国同期(57.35%)低9.27个百分点。2014—2016年常住人口城镇化率提高幅度分别为1.2%、1.1%和1%,增幅逐年减少①。

表4.2—1 2016年广西城镇人口情况表

地区	城镇常住人口			城镇户籍人口		
	人数(万人)	城镇化率(%)	城镇化率比上年提高(百分点)	人数(万人)	城镇化率(%)	城镇化率比上年提高(百分点)
合计	2326.34	48.08	1.02	1710.89	30.67	0.26
南宁市	425.34	60.23	0.92	327.24	43.53	-0.55
柳州市	249.44	63.01	0.90	190.22	49.32	1.07
桂林市	238.48	47.61	0.99	168.11	31.48	0.98
梧州市	152.71	50.59	0.86	162.93	46.89	0.69
北海市	92.52	56.29	0.95	57.34	32.89	0.75
防城港市	52.36	56.36	1.23	35.67	36.69	-1.30
钦州市	122.59	37.80	0.77	60.48	14.78	0.22
贵港市	207.78	47.96	1.44	114.79	20.69	0.20
玉林市	272.07	47.27	0.76	240.72	33.56	0.13
百色市	127.40	35.19	1.09	103.51	24.81	0.66
贺州市	89.66	43.98	1.35	34.76	14.33	0.02
河池市	126.16	36.06	0.98	95.78	22.35	0.64
来宾市	92.83	42.19	1.51	62.05	23.11	0.61
崇左市	77.00	37.21	0.93	57.29	22.86	-1.50

数据来源:2016年广西壮族自治区国民经济和社会发展统计公报。

① 2016年广西壮族自治区国民经济和社会发展统计公报。

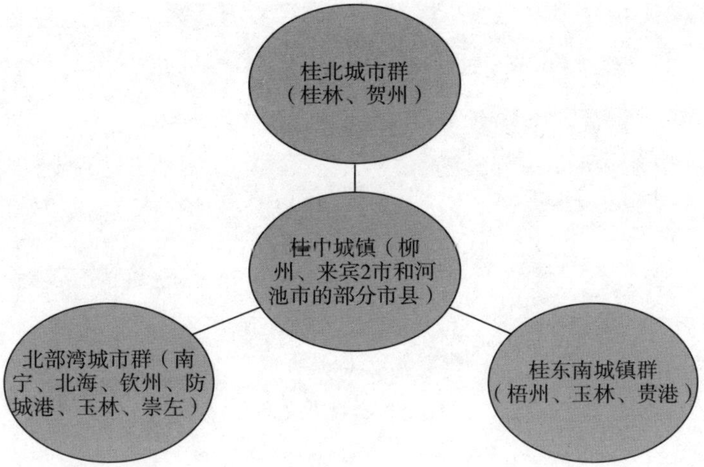

图 4.6　广西四大城市群

4.3.2　沿边城镇中的重点开发开放试验区

广西沿边地区在合作模式、平台建设、产业发展等方面加快对外开放先行先试，改变以口岸贸易物流为主的经济增长方式，积极构建沿边特色产业体系。空间布局上，以防城港市防城区、东兴市、凭祥市、靖西市等沿边重点地区为开放枢纽，依托南宁、钦州、北海、百色和越南同登、芒街、下龙、朔江、河内等城市，逐步形成以“一圈三带”为核心，海陆联动、优势互补、区域分工、共同发展的沿边地区开发开放空间布局①。

⑴凭祥重点开发开放试验区。地处祖国南疆的凭祥被誉为“中国南大门”，西南两面与越南接壤，拥有“打开门就是越南，走两步就进东盟”的区位优势，是我国面向东盟开放合作的“一带一路”重要节点城市，2016 年 8 月，国务院正式批复设立广西凭祥重点开发开放试验区。凭祥边境经济合作区、凭祥综合保税区、凭祥沿边金融综合改革试验区、凭祥国家重点开发开放试验区、中国—东盟边境贸易凭祥国检试验区等五大开放平台相继落户凭祥，使凭祥的对外开放合作具有独特的优势。凭祥综合保税区是我国第一个与境外实现互联互通、跨境合作的综合保税区。

作为一座国门城市，凭祥积极完善全方位对外开放格局，在推进“一带一

① 广西自治区人民政府. 广西壮族自治区新型城镇化规划(2014—2020 年)[Z]. 2014 - 07 - 30.

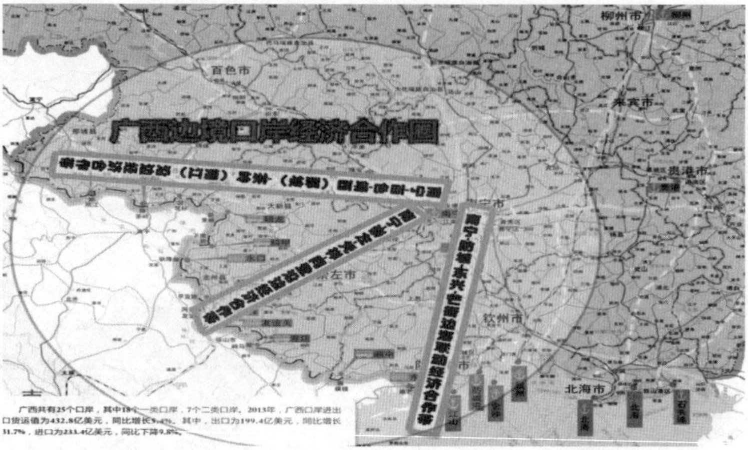

图 4.7　广西沿边开发开放空间布局图

资料来源:广西壮族自治区人民政府. 广西壮族自治区新型城镇化规划(2014—2020 年)[Z]. 2014 - 07 - 30.

路”建设中呈现出无限生机与活力。如今,凭祥境内有 2 个国家一类口岸以及 1 个二类口岸,另有 4 个边民互市点。凭祥市依托得天独厚的区位优势、口岸便利、政策优惠,抢抓机遇,主动参与国家“一带一路”建设,全力推进沿边开发开放各项工作,积极加强与东盟国家互联互通、贸易畅通。2017 年,国务院批复同意凭祥友谊关公路口岸,扩大开放浦寨、弄尧 2 个通道,凭祥实现与越南新清口岸、谷楠口岸的“无缝对接”,发展优势进一步增加。

(2)东兴重点开放开发试验区。广西东兴市位于我国大陆海岸线最西南端,东南濒临北部湾,西南与越南接壤,是广西乃至中国通往越南以及东南亚最便捷的国际大通道,也是中国与东盟唯一海陆相连的口岸城市①。其处于泛北部湾经济合作“一轴两翼”的核心区,是广西北部湾经济区“东联西进,南下北上”的门户要冲,广西出海出边“一枢纽两大港三通道四辐射”的咽喉要道,是我国西南经济区和华南经济区衔接中国—东盟自由贸易区的桥梁和前沿基地,是中国迈向东盟第一城。

东兴是中越边境最大的陆路口岸,东兴市是 2012 年国务院批准设立的

① 市区与越南经济特区—芒街市仅一河之隔,距越南首都河内市 308 公里,距越南广宁省会下龙市 180 公里,距广西首府南宁市 178 公里,距防城港 39 公里。

三个国家级重点开放开发试验区之一。东兴市创造了第一个人民币与越南盾特许兑换业务试点、第一个东盟货币服务平台、第一家跨境保险服务中心等三项全国第一。2016 年东兴市外贸进出口总额和互市贸易进出口总额分别增长 10.8% 和 102.9%,实现逆势上扬。在东兴口岸实施"两国一检"监管新模式,国际贸易"单一窗口"、边境贸易"一指通"等率先在防城港市上线运行,实现区域间舱单、放行信息、处置信息等互联互通①。

4.4 广西"一廊两港"的对外开放通道空间分布

广西沿边"一廊两港"三大国际通道建设,以中国—中南半岛国际经济走廊、中国—东盟港口城市合作网络、中国—东盟信息港建设为重点,大力构建国际大通道,打造多领域交流渠道,推动"一带一路"建设向纵深发展②。

4.4.1 中国—中南半岛经济走廊

中国—中南半岛国际经济走廊是中国与"一带一路"沿线国家规划建设的六大经济走廊之一。经济走廊以南宁和昆明为起点,以新加坡为终点,纵贯中南半岛的越南、老挝、柬埔寨、泰国、马来西亚等国家,是中国连接中南半岛的大陆桥,也是中国与东盟合作的跨国经济走廊。

广西与东盟国家的互联互通重点围绕推进中新(新加坡)战略性互联互通示范项目"渝桂新南向通道"建设,加快中越"三高两铁三桥"等跨境跨省铁路、公路、海运基础设施建设展开。中泰(崇左)产业园、中越跨境经济合作区、中国·印尼经贸合作区、玉林文莱中医药健康产业园。

"渝桂新"③国际联运通道,是指从重庆出发,利用铁路运输,经贵阳到北部湾港,再经海运至新加坡的海铁联运通道。经此通道,新加坡港至中国的货物也可直接通过北部湾港上岸抵达中国内陆,从而大幅降低运输成本。

4.4.2 中国—东盟港口城市合作网络

为促进与"一带一路"沿线国家的基础设施互联互通,广西以北部湾港为

---

① 中国人民大学重阳金融研究院,主编."一带一路"国际贸易支点城市研究[M].北京:中信出版社,2015(12).

② 廖东声,熊娜."一带一路"战略与中越沿边开发开放经济带建设研究[M].北京:经济管理出版社,2015(12).

③ 2017 年 5 月 12 日上午,"渝桂新"国际联运通道首趟试运行班列经过近 48 个小时行程顺利抵达广西钦州港。

依托,构建与东盟国家47个港口城市的互联互通网络,推动中国与东盟各港口城市之间形成航运物流圈、港口合作圈、临港产业圈、旅游合作圈、友好城市合作圈,促进海上互联互通。

城镇群是国家应对新一轮全球竞争的战略举措。北部湾城镇群在推进中国—东盟自由贸易区的建设、保证国家的能源战略安全、实现国家西部大开发战略中具有举足轻重的地位。加快北部湾城镇群的开放与开发是国家战略的需要,也是广西在新机遇时期发展的战略重心。根据《北部湾城市群发展规划》①,广西北部湾港加快与国内外重要港口的合作,目前已建成生产性泊位260个,与世界100多个国家和地区、200多个港口通航,实现了东南亚、东北亚地区主要港口的全覆盖,港口基础设施和吞吐能力都迈上了新台阶。港口城市合作机制的建立、海上联合搜救机制的形成,都将使海上运输更加便利,促进海洋经济的发展,对缩小地区发展差距具有重要意义。

4.4.3 中国—东盟信息港

以中国—东盟博览会、中国—东盟商务与投资峰会、要素资源配置基地和人文交流基地这"两会两基地",打造多领域交流渠道;以跨境合作园区搭建国际产能合作平台。2016年4月,中国国务院批准《中国—东盟信息港建设方案》,建设中国—东盟信息港是构建中国—东盟命运共同体的标志性工程。中国—东盟信息港依托广西,与东盟共同建设基础设施、信息共享、技术合作、投资经贸服务、人文交流等五大平台,全方位服务海上丝绸之路"五通"建设。2016年,中国—东盟信息港建设正式启动,目前中国—东盟信息港已落地重大项目64个,预计总投资规模459亿元。

发挥广西与东盟国家陆海相邻的独特优势,加快北部湾经济区和珠江—西江经济带开放发展,构建面向东盟区域的国际通道,打造西南、中南地区开放发展新的战略支点,形成"21世纪海上丝绸之路"与"丝绸之路经济带"有机衔接的重要门户,广西未来的经济活动空间布局将更加开放、合理、有序。

---

① 2017年1月20日,国务院批复《北部湾城市群发展规划》。原本仅限于广西的南宁、钦州、北海、防城港等市的北部湾城市群规划,现在还包括了广东及海南部分地区。

5.贵州经济活动空间分布①

曹正忠　韩佩玉

贵州省位于中国内陆腹地,是云贵高原东面地势逐渐抬升的第一台阶,平均海拔大约1100米。因此,贵州多山地,平原较少,以高原、山地、丘陵和盆地四种地形为主,素有“八山一水一分田”之说。贵州省土地贫瘠,多为红壤,气候温和湿润,水源较多,全省长度超过10千米的河流有984条,河流山区特征明显,上游水量小、水流平缓,中游水流湍急,下游水量大、落差大、水能资源丰富。

5.1　贵州省经济呈均衡发展趋势

从2000—2016年的统计数据来看,贵州省经济不具有集聚效应,反而均衡发展趋势较明显。表5.1是2000—2015年各地区GDP占当年全省的比例统计表。从表中可以看出,经济总量较小的地区,诸如六盘水、铜仁、黔西南、毕节等绝大多数经济占比呈上升趋势,只有黔东南和黔南地区经济占比呈下降趋势,安顺地区则是先降后升,而经济总量较大的遵义和贵阳地区,经济占比均呈下降趋势。

表5.1　2000年—2015年贵州各地区GDP占全省比例统计表

年度	六盘水	遵义	安顺	毕节	铜仁	黔西南	黔东南	黔南	贵阳
2000	7.67%	22.27%	5.50%	11.37%	5.99%	5.63%	7.13%	9.53%	24.91%
2001	7.78%	21.72%	5.46%	10.93%	5.79%	5.78%	7.39%	9.12%	26.03%
2002	7.89%	21.55%	5.52%	10.83%	5.74%	5.93%	7.31%	8.98%	26.25%
2003	8.10%	21.28%	5.45%	10.91%	5.95%	5.93%	7.25%	8.77%	26.36%
2004	8.73%	20.95%	5.07%	11.21%	5.84%	5.90%	6.69%	8.47%	27.12%

① 作者简介:曹正忠,湖南大学工商管理学院技术经济及管理专业博士研究生在读,西南民族大学经济学院助理研究员,从事技术经济及管理专业研究,主要研究方向为项目评价与项目管理。韩佩玉,西南民族大学社会学与心理学学院副教授。

续表

年度	六盘水	遵义	安顺	毕节	铜仁	黔西南	黔东南	黔南	贵阳
2005	10.18%	19.99%	5.20%	11.33%	6.28%	5.88%	7.13%	8.24%	25.78%
2006	10.76%	19.69%	5.25%	11.43%	6.25%	5.95%	7.04%	8.07%	25.56%
2007	10.80%	19.40%	5.23%	12.04%	6.43%	5.92%	7.16%	8.03%	24.99%
2008	11.52%	19.67%	5.07%	12.09%	6.49%	6.04%	6.84%	7.97%	24.32%
2009	10.84%	19.59%	4.93%	12.60%	6.34%	6.92%	6.79%	7.51%	24.48%
2010	10.80%	19.61%	5.03%	12.96%	6.33%	6.63%	6.74%	7.70%	24.20%
2011	10.76%	19.67%	5.01%	12.94%	6.28%	6.58%	6.73%	7.78%	24.25%
2012	10.55%	19.19%	5.04%	12.64%	6.54%	6.82%	7.08%	7.86%	24.28%
2013	10.57%	18.98%	5.14%	12.48%	6.41%	6.69%	7.01%	7.73%	24.98%
2014	10.40%	18.70%	5.19%	12.64%	6.46%	6.69%	7.00%	8.00%	24.91%
2015	10.32%	18.64%	5.38%	12.56%	6.63%	6.89%	6.98%	7.76%	24.85%

数据来源：Wind资讯经整理计算。

虽然六盘水、铜仁、黔西南、毕节等经济占比都呈现上升趋势，但是其具体表现各具特色。

六盘水和毕节在前期经济占比逐渐加大，后期略有下降。具体来看，六盘水地区从2000年到2008年，经济占比逐年上升，2005年有一个大幅度的跃升，从2009年开始，经济占比小幅下滑，一直到2015年均是如此；毕节地区则是多段反复，2000至2002年略有下降，2003年开始发力，一直到2010年，连续8年不断上升，此后5年处于高位震荡阶段。详见图5.1和图5.2。

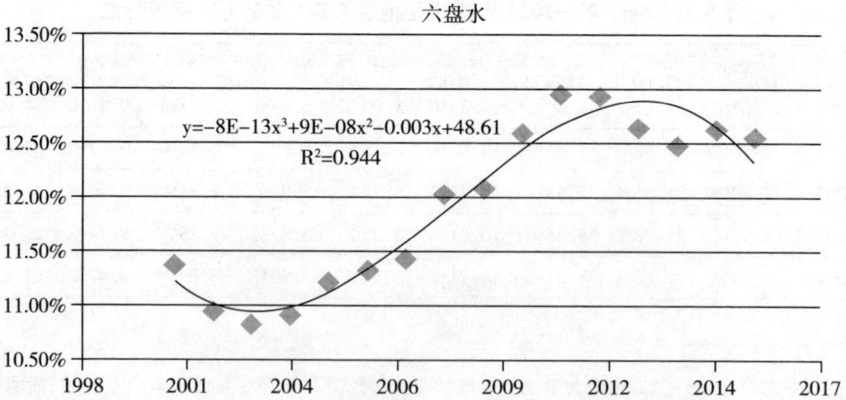

图5.1 六盘水市经济占比变化示意图

资料来源：同表5.1。

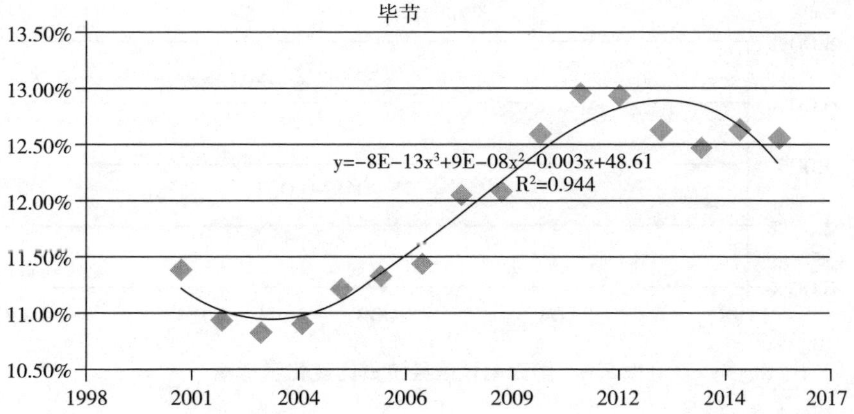

图 5.2　毕节市经济占比变化示意图

资料来源：同表 5.1。

铜仁地区虽然经过了多段盘整，但整体呈现上升趋势，经济占比从 2000 年的 5.99% 提升到了 2015 年的 6.63%，详见图 5.3。

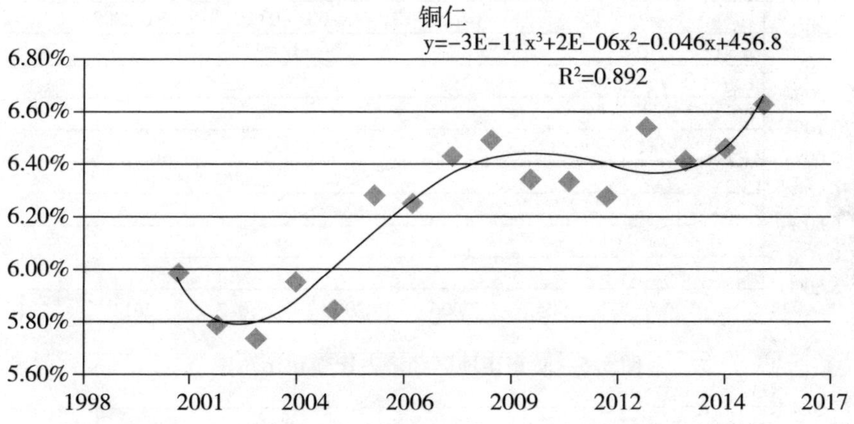

图 5.3　铜仁地区经济占比变化示意图

资料来源：同表 5.1。

黔西南地区的上升呈现出高度的线性增长特征，用线性回归方程拟合，其检验值 R2 高达 0.808，说明拟合度很高。当然，从图 5.4 可以看出，16 年来，黔西南地区经济占比也有过曲折变化，特别是从 2008 年开始的 3 年间，波动幅度较大。

黔东南经济占比呈多次反复、骤升骤降的变化形态，从 2000 年到 2001

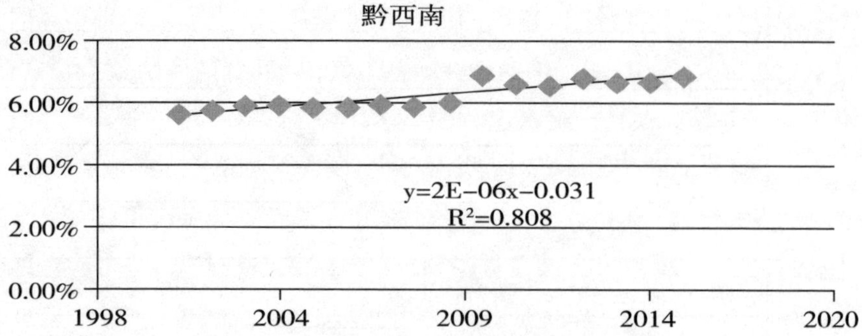

图 5.4　黔西南地区经济占比变化示意图

资料来源:同表 5.1。

年急剧增长 0.26%,然后小幅下降 2 年,2004 年又在 2003 年基础上剧烈降低 0.56%。此后,又经过了 3 降 2 升的变化。从全局来看,总体略有降低,过程中波动幅度较大。

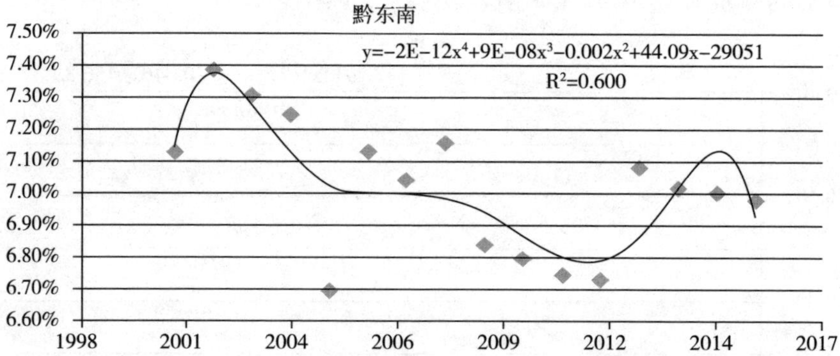

图 5.5　黔东南地区经济占比变化示意图

资料来源:同表 5.1。

黔南地区经济占比变化呈温和下降态势,2009 年前每年小幅下降,2009 年后基本持平。

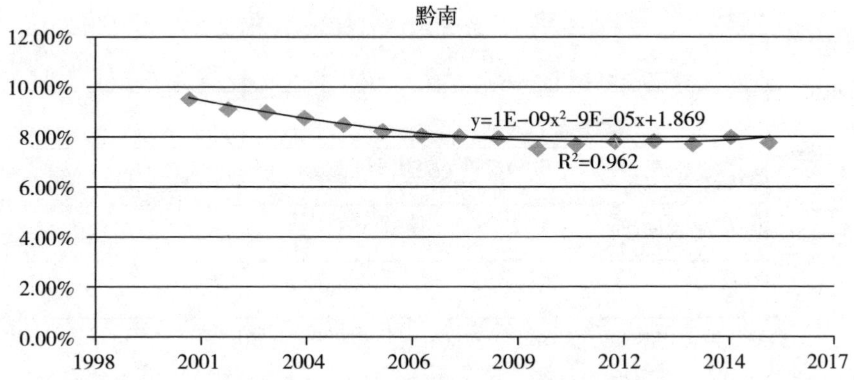

图 5.6　黔南地区经济占比变化示意图

资料来源:同表 5.1。

安顺地区的经济占比在 2009 年前呈下降趋势,从 2000 年的 5.5% 降到了 2009 年的 4.93%,之后呈上升趋势,到 2015 年回升到 5.38%,只比初始的 2000 年低 0.12%。

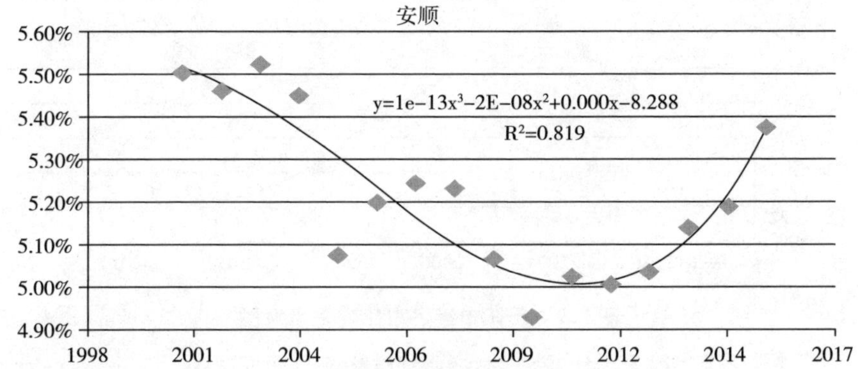

图 5.7　安顺地区经济占比变化示意图

资料来源:同表 5.1。

遵义市经济占比变化呈线性下降趋势,平均每年下降约 0.23%。

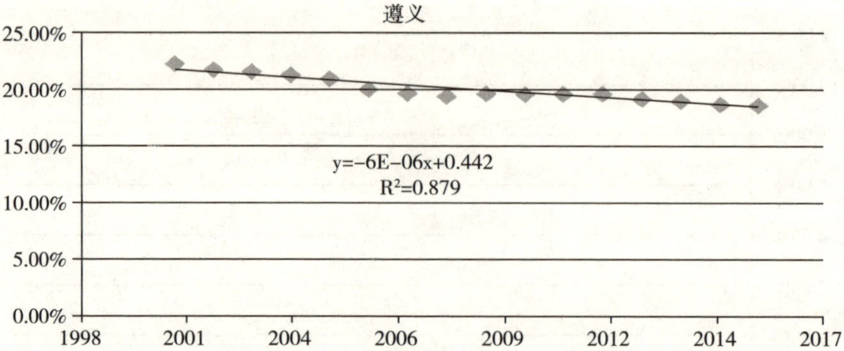

图 5.8　遵义市经济占比变化示意图

资料来源:同表5.1。

贵阳市经济占比先上升,再长时间下降,最后再上升。2000 年时为 24.91%,2015 年略降为 24.85%。

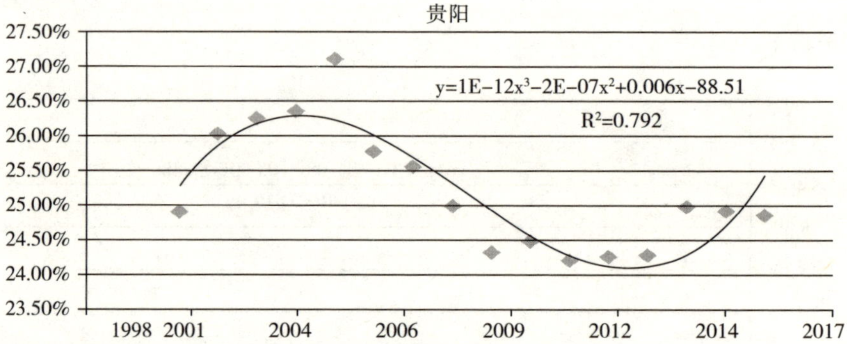

图 5.9　贵阳市经济占比变化示意图

资料来源:同表5.1。

5.2　贵州经济均衡发展的动因分析

总体来说,贵州省各地区经济呈均衡发展态势,为探究造成该态势的具体动因,拟从发展政策、产业结构变化、人口和土地资源、交通发展等方面着手,分析贵州区域经济发展特点。

1. 发展政策

早在 20 世纪末,我国提出西部大开发构想,2000 年 1 月,国务院成立了西部地区开发领导小组,国务院西部开发办也于 2000 年 3 月正式开始运作。

随即一系列扶持政策得以落实。贵州省作为西部地区的一员，同样得到了很好的发展机遇，也抓住了发展的契机，10 多年来地区生产总值增速始终位居全国前列，截至 2016 年，增速连续六年居全国前三位。

2012 年，国务院关于进一步促进贵州经济社会又好又快发展的若干意见的文件出台，进一步提出“黔中带动、黔北提升、两翼跨越、协调推进”的原则，充分发挥黔中经济区辐射带动作用，加快建设黔北经济协作区，积极推动毕水兴(毕节、六盘水、兴义)能源资源富集区可持续发展，大力支持“三州”(黔东南州、黔南州、黔西南州)等民族地区跨越发展，构建区域协调发展新格局。

为此，国家大力支持贵州省加强交通基础设施建设，在各市州因地制宜、有选择地发展好铁路、公路、水运和航运，提高了经济发展的支撑能力。同时，加大水利建设力度，高度重视生态保护与建设，加强环境保护力度，增强经济可持续发展的能力。不断壮大特色优势产业，以能源、资源深加工、装备制造、特色轻工业等优势产业为基础，同时瞄准新兴产业、高科技产业，调整产业结构，持续强化经济发展的内在动力。

在大力发展经济的同时，高度重视城乡统筹发展，加快城镇化进程，推进新农村建设，基础设施、公共交通、公共服务不断向农村延伸，城乡差异不断缩小，各族人民共同享受到经济发展的红利。

2. 产业结构变化

古和今指出：产业结构调整与区域经济增长有着密切关系。产业结构的调整可以从一、二、三产业的比重变化来考察。当然，还可以进一步考察高科技产业所占比重、环保产业所占比重等数据。本报告简单地从一、二、三产业结构变动来分析。

查找贵州省各市州历年统计公报，由于个别市州个别年的数据缺失，研究中截取了 2011 年至 2016 年各市州一、二、三产业增加值数据，这一时期贵州省 9 个市州数据均完整。

从人类社会发展的历史来看，在原始社会末期的新石器时代经历了三次社会大分工，第一次社会大分工农业部落和游牧部落从狩猎、采集者中分离出来；第二次社会大分工手工业从农业中分离出来；第三次社会大分工商业从农业和手工业中分离出来。通过三次社会大分工，特别是后两次社会大分工,一、二、三产业逐步成型。从三次产业通过社会大分工而确立的过程中,我们可以进一步认识到,在当时的环境下,第一产业是部落为了维持有吃有穿这些最基本的生存需要而开展的劳作,第二产业是在解决了吃饱穿暖的基本生存需要后进一步满足人们的其他需求而工作,第三产业则是为了更好地满足人们多样化需求而发展的产业。因此,一、二、三产业是层层递进的关系。为了简单直观对比产业结构变化对贵州省各市州区域经济的影响,对一、二、三产业的比重按20%:30%:50%赋予权重,加权平均后构建产业结构指数,其计算公式如下:

$$S = 20\% \times P_1 + 30\% \times P_2 + 50\% \times P_3$$

其中:S为产业结构指数,P_1为第一产业占比,P_2为第二产业占比,P_3是第三产业占比。

对于该指数来说,其增长幅度与地区经济占比增长幅度的对比才能更加说明问题。图5.10—图5.14是2012—2016年这两个增长幅度的对比图示。从图中可以看出,2012年、2013年和2016年地区经济占比随着产业结构指数的增长而增长,但是2014年和2015年,地区经济占比却随着产业结构指数的增长而下降。特别是2015年的数据,R^2高达0.593,证明趋势拟合比较可行。

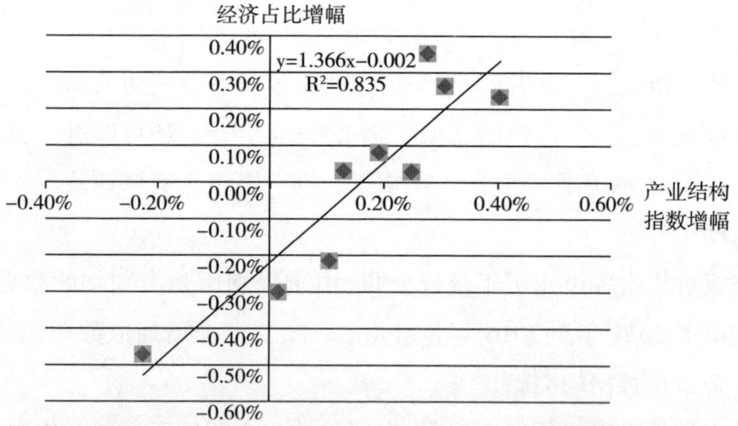

图5.10 2012年贵州省各市州产业结构与经济占比增长对照示意图

资料来源:同表5.1。

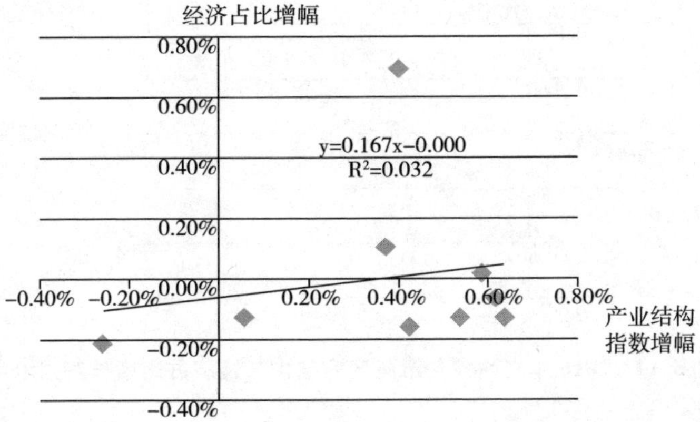

图 5.11　2013 年贵州省各市州产业结构与经济占比增长对照示意图

资料来源:同表 5.1。

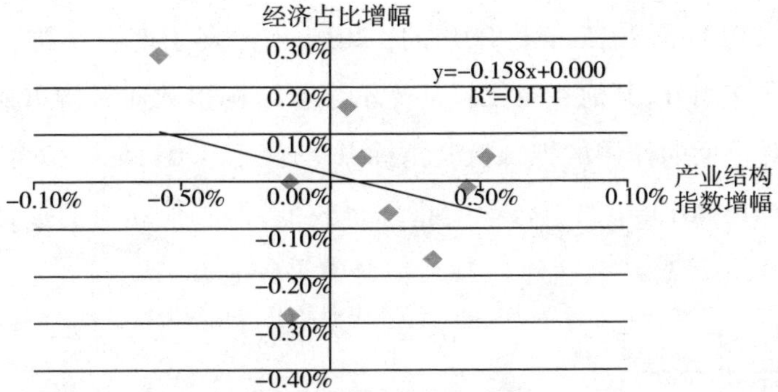

图 5.12　2014 年贵州省各市州产业结构与经济占比增长对照示意图

资料来源:同表 5.1。

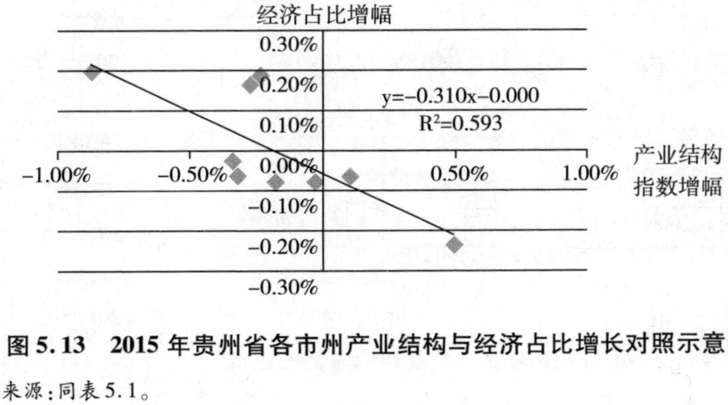

图 5.13　2015 年贵州省各市州产业结构与经济占比增长对照示意图

资料来源:同表 5.1。

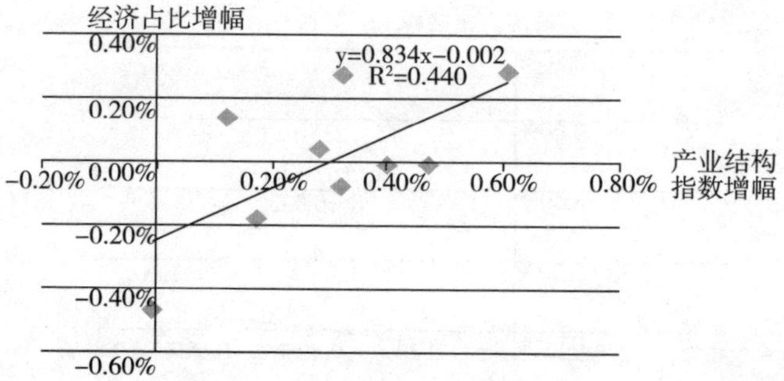

图 5.14　2016 年贵州省各市州产业结构与经济占比增长对照示意图

资料来源:同表 5.1。

考虑到产业结构调整对经济占比的影响作用必然存在滞后效应,进一步做了当年产业结构指数增幅对第二年、第三年经济占比的对比,如图 5.15。可见,除了 2013 年:2015 年和 2014 年:2016 年出现了产业结构指数对经济占比呈反向作用外,其他 4 对比较都显示产业结构指数对经济占比有提升作用。而 2 对呈反向作用的拟合检验指标 R^2 均低于 0.07,证明拟合效果较差。当然,2012 年:2013 年的拟合检验指标也较低,但其他 3 对的拟合检验指标 R^2 均大于 0.1,最高甚至达到 0.337,拟合效果较显著。

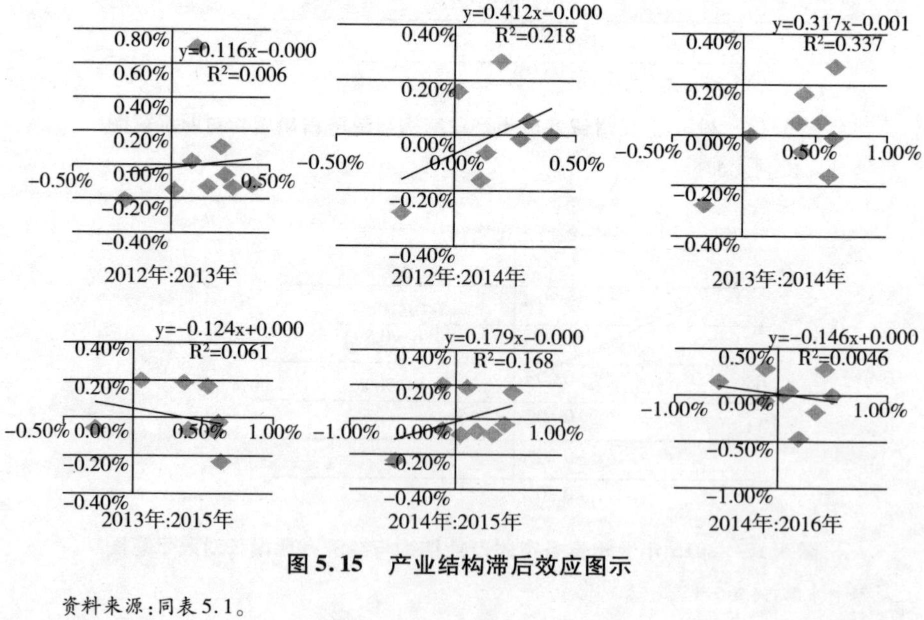

图 5.15　产业结构滞后效应图示

资料来源:同表 5.1。

以上分析均只考虑了产业结构指数增幅和地区经济占比增幅呈线性关系的情况，当进一步用二次多项式的模型对该两指标进行拟合时，效果如图5.16，我们发现：除了2014年:2016年外，其他各对比均存在地区经济占比增幅随产业结构指数增幅的增加而先增加后降低的关系。通过计算，其转折点依次是：X＝0.1%，X＝0.2%，X＝0.5%，X＝0.1%，X＝0.2%，X＝0.1%，都比较接近0%。这说明，当产业结构指数增长小于0时，地区经济占比随产业结构指数增长而增长；当产业结构指数增长大于0时，地区经济占比随产业结构指数增长而下降。

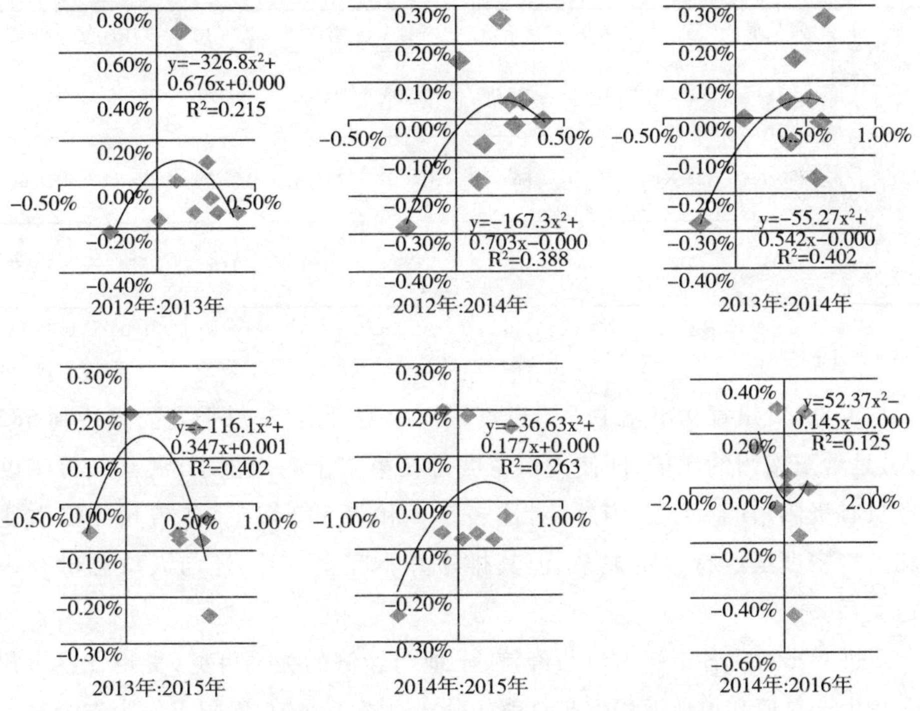

图5.16　二次多项式拟合的产业结构滞后效应图示

资料来源：同表5.1。

究其原因，产业结构调整不是通过降低第一产业的产值来实现的，而是一、二、三产业的产值均在增长，但二、三产业的增长速度远大于第一产业的增长速度来实现。因此，可能是当产业结构指数增长小于0时，产业结构的调整可选择性较多，当地可以通过深入挖掘地方产业优势，发展较优的工业项目或服务项目来提升二、三产业所占比例。而当产业结构指数增长大于0时，地方产业结构调整达到瓶颈，较优的项目已经发展，只能选择次优，甚至是较差的项目，这些项目对经济增长当然也有一定促进作用，但与其他选择较优项目的地区相比较，劣势也很明显。

3. 人口和土地资源

贵州省各市州人口和土地资源并不均衡，根据贵州省社会科学院网站数据显示，2016 年贵州省各市州人口和土地资源情况见表 5.2。

表 5.2 贵州省各市州人口和土地资源统计表

市州	六盘水	遵义	安顺	毕节	铜仁	黔西南	黔东南	黔南	贵阳
土地面积（*km*2）	9914	30763	9267	26852	18003	16805	30339	26195	8034
人口（万人）	290.69	622.84	232.86	664.18	314.07	283.82	350.74	326.12	469.68
人口密度（人/*km*2）	293	202	251	247	174	169	116	124	585

数据来源：贵州省社会科学院网站，http://www.gzass.net.cn/xwzx/skyw/201706/t20170612_2540679.html.

可见，贵州省 9 市州中人口密度最高的是贵阳市，每平方公里达到 585 人，是黔东南州的 5 倍，即使人口密度排在第二位的六盘水市，其人口密度也只有贵阳市的一半。当然，对比表 5.1 和表 5.2 可见，各市州经济占比和人口密度虽然有一定关系，但其排序并不完全一致，还与人口总量有一定关系。

进一步对比各市州人口与经济、土地与经济的关系可见，贵州省各市州人均生产总值和单位面积生产总值的分布也极不均匀，贵阳市作为省会城市两项指标均最高，单位面积生产总值是最低市州的 13 倍，是第二高市州的 3 倍；人均生产总值则是最低市州的 2.7 倍，比第二高的市州也多一半。

表 5.3　贵州省各市州人口、土地与经济统计表

市州	六盘水	遵义	安顺	毕节	铜仁	黔西南	黔东南	黔南	贵阳
土地面积（*km*2）	9914	30763	9267	26852	18003	16805	30339	26195	8034
人口（万人）	290.69	622.84	232.86	664.18	314.07	283.82	350.74	326.12	469.68
生产总值（亿元）	1313.7	2403.94	701.35	1625.8	856.94	929.14	939.05	1023.39	3157.7
单位面积生产总值（亿元/*km*2）	0.13	0.08	0.08	0.06	0.05	0.06	0.03	0.04	0.39
人均生产总值（万元/人）	4.52	3.86	3.01	2.45	2.73	3.27	2.68	3.14	6.72

数据来源：贵州省社会科学院网站，http://www.gzass.net.cn/xwzx/skyw/201706/t20170612_2540679.html.

将单位面积生产总值、人均生产总值和经济占比一起考察可以发现，单位面积生产总值和人均生产总值均随经济占比的增加而呈二次方比例的增加。同时，拟合检验指标 R^2 均大于 0.7，拟合可行度较高。具体见图 5.17。

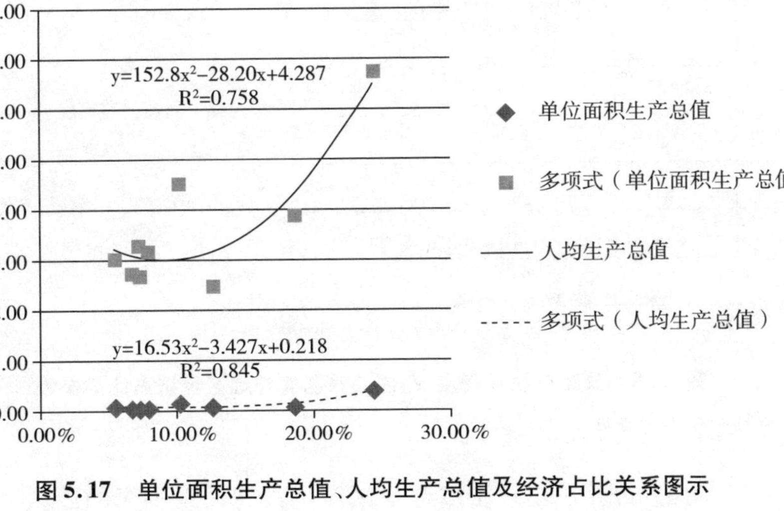

图 5.17　单位面积生产总值、人均生产总值及经济占比关系图示

资料来源：同表 5.1。

4. 交通发展

贵州省的交通方式主要有公路运输、铁路运输、水运和航运，大多数市州的交通主要依赖于公路运输。交通对于经济发展来说，主要是消除分割问题，促进交易的有效达成。因此，考察交通对经济的影响更多应考察路网密度，当然，不同等级的公路其运输能力也大不相同。为此，我们主要考察各市州公路密度和高速公路密度。具体数据见表 5.4。

表 5.4　贵州省各市州公路、高速公路密度统计表

市州	六盘水	遵义	安顺	毕节	铜仁	黔西南	黔东南	黔南	贵阳
公路密度（km/km2）	1.38	0.95	1.48	1.14	1.41	1.03	0.96	0.66	1.23
高速公路密度（km /km2）	0.03	0.03	0.03	0.02	0.03	0.02	0.02	0.03	0.06

数据来源：贵州省社会科学院网站，http://www.gzass.net.cn/xwzx/skyw/201706/t20170612_2540679.html.

同样将各市州经济占比引入公路交通密度可以发现，公路总里程密度与地区经济占比的直接关系不大，高速公路密度与地区经济占比的关系则较紧密，服从二次多项式分布的可行性很高。

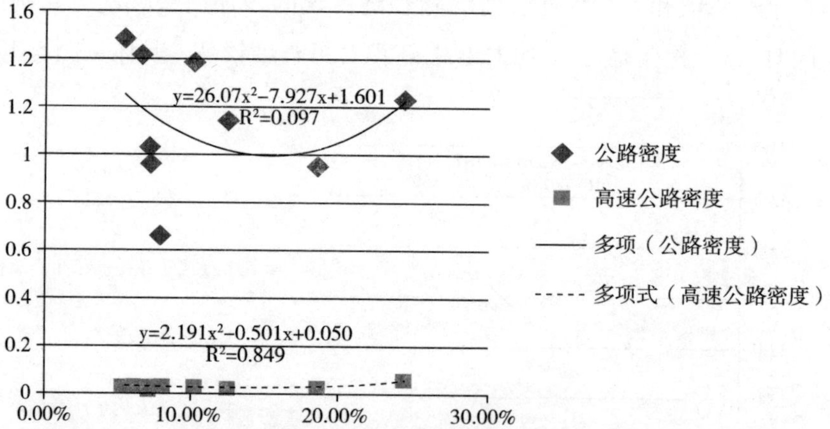

图 5.18　公路总里程密度、高速公路密度与地区经济占比的关系

资料来源：作者绘制。

进一步探究公路总里程密度与地区经济占比关系不大的原因，一方面，可能是由于铁路和航运对部分地区有一定影响。例如贵阳市，2016 年完成旅客发送量 66171.44 万人次，其中铁路发送 2203.8 万人次，航运发送 1510.5 万人次，两者相加发送 3714.3 万人次，占旅客发送量的 5.6%；2016 年完成货物运输量38685.02万吨，其中铁路完成1312.9万吨，航运完成9.59万吨，两者共完成1322.49万吨，占货物运输总量的3.4%。另一方面，可能是公路等级的差异导致，贵州省各市州地形地貌条件差异较大，全省地势西高东低，自中部向北、东、南三面倾斜，西部以高山、高原地形为主，平均海拔较高，高山河谷之间落差较大，建设高等级公路的困难很大，随着地势向北、东、南的逐渐降低，海拔随之下降，逐步过渡到丘陵、盆地地形，公路建设难度不断降低，修建高等级公路的可能性不断增加，单位里程的交通运输能力也就相应提高了。这种猜想也间接通过各市州高速公路占公路总里程的比例得以验证，位于西部的六盘水市、毕节市安顺市高速公路占比较低，在2%左右，顺着向东、向南移动，铜仁、黔西南高速公路占比接近2.4%，遵义超过了3%，黔南和贵阳更是高达4.5%以上。具体数据见表5.5。

表5.5 贵州省各市州高速公路占比统计表

市州	六盘水	遵义	安顺	毕节	铜仁	黔西南	黔东南	黔南	贵阳
高速公路占比（%）	2.15%	3.21%	2.09%	1.98%	2.39%	2.33%	2.5%	4.69%	4.56%

数据来源：贵州省社会科学院网站，http://www.gzass.net.cn/xwzx/skyw/201706/t20170612_2540679.html.

5.3 贵州空间经济发展建议

贵州省各市州经济均衡发展有国家发展理念的因素，也有地理环境的原因。为了保持区域经济发展的强劲动力，既要发展好特色优势产业，又要符合空间经济发展的一般规律。

1.发展政策

协调发展、合作经济是当今时代经济发展的主体趋势，无论是全球化浪潮的席卷，还是信息时代的大爆发，或者是产业集群、城市群的不断发展，都在传递着相同的信号。因此，贵州省各市州之间统筹、协调发展至关重要。当然，由于地理环境因素的影响，统筹、协调发展存在一定的困难，不过在科技日益发达的当代，天堑变通途也不是遥不可及的梦想。充分利用现代科技带来的便利，深入挖掘特色优势，整合资源，形成强有力的核心竞争力将是贵州经济发展政策首要考虑的方面。

2. 产业结构调整

产业结构调整一直被认为是促进经济快速发展的利器,但是从上一部分的分析来看,在产业结构经过较大幅度的调整后,应该谨慎对待产业结构调整这一利器,特别是不能纯粹为了产业结构的调整而盲目选择次优甚至较差的项目。这一阶段更应该深挖自身潜力,充分发挥自身优势,不断增强优势项目的竞争力,从而促进经济持续稳定的发展。

3. 人口、土地

人口和土地对地区经济增长有一定作用,但从上面分析来看,人均产值和单位面积产值对地区经济增长的作用更大。因此,在人口和土地相对稳定时,要通过劳动力素质的不断提高、高新技术的广泛应用、更加科学合理的现代管理理念的运用,不断提高人均产值,通过科学的产业空间布局、更高的空间利用效率,不断提高单位面积产值,从而推动经济增长。

4. 交通

完善的交通网络是经济发展的强大支撑,无论是货物的运送,还是人员的流动都是经济发展必不可少的条件。但是,如上所述,对贵州省公路交通发展来说,高等级道路对经济发展有更高效的作用,而贵州省地形条件复杂,各市州条件不尽相同。最理想的公路交通发展模式当然是建成全高速公路网络,不过一方面是技术限制,虽然现在中国道桥建设水平在世界范围都是名列前茅,但是俗话说"人力有时而穷",在地质构造太复杂,地形地貌落差太大的地方,建成安全可靠的高速公路仍然存在一些亟待解决的技术难题;另一方面,交通建设也要考虑成本效益,建设成本太高,而使用需求不足会造成极大浪费。因此,交通建设要充分考虑需求,分步分时循序完善路网。

6. 云南经济活动空间分布研究[①]

王焱霞

6.1 问题的提出

经济活动的空间分布研究是经济学和地理学共同的研究领域,国内外的广大学者进行了大量的研究,是一个较为成熟的理论,研究成果也非常丰富[②③]。侧重于微观分析的经济理论包括:1826 年德国农业经济学家杜能在《孤立国同农业和国民经济之关系》一书首次系统地阐述了农业生产方式的空间区位配置原则;1909 年德国经济学家韦伯在《论工业区位》一书中论述了工业企业的区位选择理论;深受杜能和韦伯的影响,德国城市地理学家克里斯塔勒和经济学家廖士分别于 1933 年和 1940 年提出了中心地理论,该理论是城市群和城市化的基础理论。此后的理论侧重于从宏观层面分析经济活动的空间格局,包括:法国经济学家 1950 年首次提出的增长极理论,它是经济区域观念的基石;此后,由赫希曼提出的研究南北方经济的相互作用的极化 - 涓滴效应;弗里德曼的核心 - 边缘理论强调核心区在空间系统中的作用;克鲁格曼关于国际贸易和经济活动的区位研究。这些理论研究从微观层面拓展到宏观层面,从区域内的研究转向多个区域之间的研究,为今天的空间经济研究奠定了基础。

中国国内学者将国外的相关理论结合中国的具体国情进行研究,关于空间经济学的研究成果也颇丰富,其中梁琦的《空间经济学在中国》提出中国是世界

---

① 基金项目:西南民族大学“中央高校基本科研业务费专项资金项目”(2015SZYQN15)资助。
王焱霞,四川德阳人,硕士,西南民族大学经济学院讲师,研究方向:国际经济关系研究。

② 陈宗兴,等,编著.经济活动的空间分析[M].西安:陕西人民出版社,1989(08).

③ 胡兆量,郭振淮,李慕贞.经济地理学导论[M].北京:商务印书馆,1987(10).

上最大的“空间经济思想和经验实验室”;郑长德的《空间经济学与中国区域发展》开创性提出了不发达地区如何突破核心—边缘困境;黄肖琦在《新经济地理学视角下的FDI区位选择——基于中国省际面板数据的实证分析》在新经济地理学的框架下重新审视了外商直接投资的区位决策行为;文超在《我国省域经济空间收敛性研究》中利用我国省域经济发展的空间收敛性探索省域经济的发展趋势。中国的空间经济学研究从东中西三大地带经济差异的研究到省际、城镇间的发展差异进行研究,深入地分析了区域经济的空间分布特征。

云南省地处中国西部地区,由于历史和地理的原因,经济发展水平总体上与中国大部分的省份相比都较落后。同时云南省内16个地(市)、州之间因为地理环境、资源条件和市场水平等的差异也导致了云南省经济活动空间分布呈现很大的差异。

6.2 云南区域经济差异的时序变化分析

本文是在前人研究的基础上,以云南16个地(市)、州作为研究的地域单元,用2000—2016年云南统计年鉴中各地(市)、州的人均GDP作为研究基础,以excel软件计算全距、平均数、离差、标准差、变异系数、RHL值(最高人均GDP与最低人均GDP的比值)等指标,定量地衡量云南省2000到2016年各地区的经济差异。如表6.1所示:

表6.1 云南省各地区经济发展差异表(2000—2016年)

年份	全距	标准差	变异系数	RHL值	人均GDP增长率	人均GDP均值(元)
2000	12537	3689	0.7308	8.36	5.9%	4637
2001	11735	3628	0.7593	7.73	5.3%	4694
2002	12633	3690	0.7631	7.31	7.0%	5179
2003	13198	3911	0.7102	6.99	7.5%	5662
2004	13251	4067	0.6041	6.63	10.5%	6732
2005	14269	4336	0.5948	5.27	10.5%	7286
2006	15933	4613	0.5653	4.95	8.1%	8160
2007	18130	5249	0.5302	5.16	11.1%	9899
2008	21098	6048	0.5289	5.08	18.5%	11433
2009	23205	6586	0.5158	5.07	7.7%	12768

续表

年份	全距	标准差	变异系数	RHL 值	人均 GDP 增长率	人均 GDP 均值(元)
2010	25683	7335	0.4932	4.52	16.3%	14870
2011	29779	8584	0.4784	4.34	22.3%	17940
2012	36158	9945	0.4690	4.39	15.2%	21204
2013	40161	10869	0.4553	4.36	14.0%	23869
2014	43740	11651	0.4482	4.50	7.6%	25991
2015	46574	12114	0.4329	4.55	5.6%	27979
2016	50072	12892	0.4225	4.55	8.1%	30508

数据来源于云南省统计年鉴。

根据表 6.1 的信息作图 6.1,横轴表示年份序号,纵轴表示全距或标准差,可以直观地看出,用全距和标准差测度的全省各地(市)、州的人均 GDP 的绝对差异一直呈上升趋势。为了使分析结果更清晰明确,采用线性回归的方式添加趋势线,能更直观地看出云南各地(市)、州经济发展的绝对差异呈现不断上升的态势。从图 6.1 中可以看出,2000—2005 年间增长速度比较平缓,但 2006 年后尤其是 2011 年后呈现显著增长的趋势。

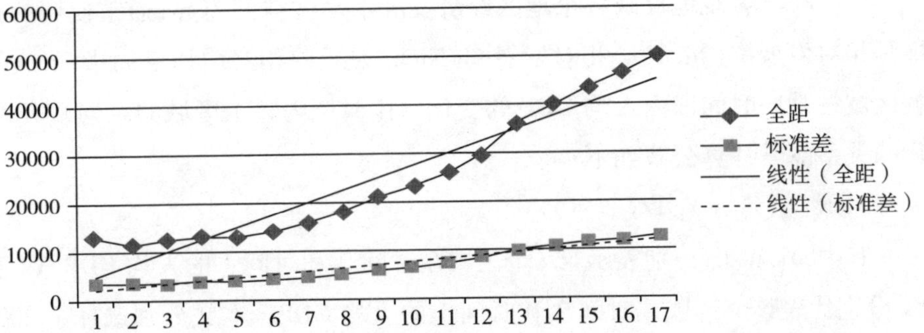

图 6.1　云南各地(市)、州的人均 GDP 的全距和标准差及其趋势线图

数据来源于云南省统计年鉴。

图 6.2 是用变异系数、RHL 值测量的全省各地(市)、州的人均 GDP 的相对差异,横轴表示年份序号,纵轴表示变异系数、RHL 值,为了使分析结果更清晰,对变异系数和 RHL 值采用线性回归的方式添加了趋势线。从图上可以看出:变异系数和 RHL 值整体上是下降趋势,说明云南地区发展的差异逐渐在缩小。RHL 值从 2000 年到 2005 年间发生了急剧的下跌,从 8% 下降到

5%,此后基本上维持在4% ~5%,到2016年昆明的人均GDP是昭通人均GDP的4.55倍,比起2000年的8.36倍还是有很大改观。从变异系数看,从2000年的0.7下降到2016年的0.4。从相对量看,云南省的地区经济发展差异逐渐趋于合理。

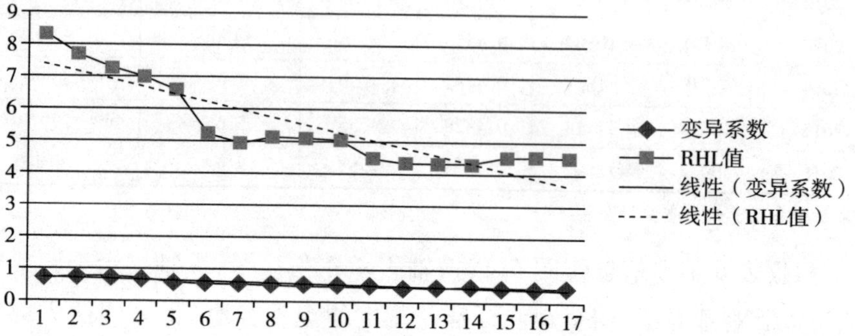

图6.2　云南各地(市)、州的人均GDP的变异系数和RHL值及其趋势线图

数据来源于云南省统计年鉴。

6.3　云南区域经济差异的空间分布分析

为了科学客观地反映各个地区经济发展水平的空间差异,通常使用的指标是相对发展率(Nich)。相对发展率(Nich)是反映相对增长量的指标,表示各区域在某一时间段内人均GDP的变化与该时期内整个区域的人均GDP变化的关系。其计算公式如下:

$$\text{Nich} = (Y_{2i} - Y_{1i})/(Y_2 - Y_1)$$

其中,Y_{2i}和Y_{1i}分别表示第i个区域在时间2和时间1的人均GDP,Y2和Y1分别代表整个区域在时间2和时间1的人均GDP。本文分别选择了2000年和2016年代表时间1和时间2,得到云南省各地区的相对发展率如表6.2。

表6.2　云南省16个地区2000—2016年相对发展率表

地区	Nich	地区	Nich	地区	Nich	地区	Nich
大理	0.86	玉溪	1.48	文山	0.66	楚雄	0.97
德宏	0.79	怒江	0.76	普洱	0.72	昆明	1.87
迪庆	1.52	红河	0.92	丽江	0.78	昭通	0.43
西双	0.95	曲靖	0.93	临沧	0.70	保山	0.76

数据来源:云南省统计年鉴。

从空间结构看，云南省的经济活动呈现分布不均衡的特征：中部明显凸起，但局部地区塌陷，省域边界西高东低。

从相对发展率来看，处于中部地区的大理、玉溪、曲靖、楚雄、昆明等地，其 Nich 值大于或接近于 1。这些地区的地势较平坦，人口密度较大，水资源、矿产资源比较丰富，再加之拥有发达的交通通信网络和比较雄厚的工业基础以及颇具规模的城镇，整体经济实力较强，还由于地理位置的接近，形成以昆明为中心的以点连网状的地域经济结构，这些地区是云南省经济发展的引擎。但在中部偏西的保山、怒江地区以及偏南的临沧、普洱等地区，其 Nich 值接近于 0.7。这几个地区历年的人均 GDP 也都低于全省的平均水平，主要是因为这些地区距离经济核心区域——昆明相对较远，同时这些地方的工业基础薄弱，市镇经济发展落后，经营方式粗放使得整个地区经济发展缓慢。因为经济发展缓慢又使得资金、技术、人才等不断流失，从而在区域经济分工中处于不利地位，不断在经济发展的过程中被边缘化，成为云南省经济发展的塌陷地区。

从省域边界来看，滇东北的昭通、东南的文山 Nich 值最小，分别为 0.43 和 0.66，主要因为这些地区的交通运输设施不完善，市场封闭，既没有区位上的优势又没有形成带动地区发展的经济增长点，所以成为整个云南省经济发展最滞后的地区。从滇西北的迪庆、怒江一直经过滇西的保山、德宏、临沧，到滇西南的普洱、西双版纳，最后到滇西的红河、文山等地，分别与缅甸、老挝、越南等国家接壤，如果能合理地利用区位优势发展边境贸易，理论上是能推动经济快速发展起来的，但是真正抓住这一边境区位优势发展起来的地区却只有迪庆、西双版纳、红河，它们的 Nich 值接近或大于 1，主要是因为其他地区自然条件复杂，受大山和深沟的影响，交通闭塞，基础设施落后，加之不合理的产业结构和粗放的资源开发模式导致经济整体发展迟滞，这些地区的 Nich 值落在 0.6 到 0.8 的范围内。

云南的地理条件以及自然资源的分布情况造成该省区域经济发展不均衡的格局，造就了云南省经济发展水平的区位差异。迪庆、昆明、玉溪、楚雄、曲靖等地是云南省经济增长的核心区域，这些地方有发达的交通通信网络，有丰富的资源储备，人口密集，是云南传统的经济发达区域。而昭通、保山、临沧、普洱、怒江等地区山地多耕地少,交通不便,传统上就是工业基础薄弱的区域,没有经济积累,所以总体经济发展水平一直低下。

6.4 优化云南经济空间分布的政策建议

云南省的整体经济相比于中国其他省、自治区和直辖市来说还比较落后,经济空间的分布也不均衡,在现有的理论中,能解决这些问题的比较有影响的是法国经济学家弗郎索瓦·佩鲁(Francois Perroux)提出来的增长极理论。弗郎索瓦·佩鲁借喻了磁场内部运动在磁极最强这一规律,称经济发展的这种区域极化为增长极,他认为,如果把发生支配效应的经济空间看作力场,那么位于这个力场中的推进性单元就可以被描述为增长极。增长极是围绕推进性的主导工业部门而组织的有活力的高度联合的一组产业,它不仅能迅速增长,而且能通过乘数效应推动其他部门的增长。因此,增长并非出现在所有地方,而是以不同强度首先出现在一些增长点或增长极上,这些增长点或增长极通过不同的渠道向外扩散,对整个经济产生不同的最终影响。根据增长极理论,云南中部地区经济实力较强,但局部地区经济实力较弱,所以要在发挥滇中区域城市核心竞争力的同时,在省域边界发展和扶持一些中小城镇,形成次一级的核心增长极,联通次一级核心增长极与滇中核心城区,形成一个发展经济的网络,实现以点连网的发展格局,就能实现全省经济的联动,如果在此过程中各区域间能协调发展,优势互补,那么构建出来的经济增长中心体系就能有效推动云南省整体经济的协调发展。

以云南的旅游业为例,云南拥有丰富的旅游资源,但长期以来各地分散经营单一旅游产品的经营组织模式并没有很好地整合区域资源优势。但不可否认的是无限风光在险峰,往往是昭通、保山这些因为地理环境恶劣而经济落后的地区,才保留了最淳朴的云南少数民族人文特色,才保存下未经人工雕琢的自然美景。全国共有 56 个民族,单单云南就有 25 个。在这 25 个少数民族中,白族、哈尼族、傣族、傈僳族、佤族、拉祜族、纳西族、景颇族、布朗族、普米族、阿昌族、基诺族、怒族、德昂族、独龙族等 15 个民族为云南省独有,想要感受他们的民族风情就只有到云南旅游才能体验。云南少数民族民居建筑各具特色。云南少数民族的服饰绚丽多彩。云南的各少数民族在语言和文化方面也有各自的语种和文字。民族节目也丰富多彩,有的民族有许多节日,有的节日则是多民族所共有。较著名的节日有:彝族的火把节、白族的三月节、傣族的泼水节、纳西族的三朵节、景颇族的目脑纵歌、傈僳族的刀杆节等。过去的旅游主要是建景点、景区、饭店和宾馆,但今天的旅游已经发展成了全域旅游的模式,人们开始以个人游、自驾游为主,旅游的目的也从单一景点观光转变为景观和人文的共赏。在这样的转变过程中,如果能够合理整合云南各地丰富的特色资源,形成优势互补、各有特色、各有重点而不是各自为政,以点连线而最终带动面的经济发展格局,能很好地促进云南省16个地区经济的均衡发展。

除了旅游业,云南省还有许多优势产业,比如:生物资源、矿产、烟草和电力行业,这些行业是云南省主要的支柱产业。在发展好这些产业的基础上,云南省可以更多地发展自己的优势,比如在丰富的生物资源的基础上发展生物技术和医药行业、花卉行业和其他各类种植业。云贵高原的苗医苗药是苗族先祖们在氏族迁徙过程中,因为不断迁往自然条件恶劣的荒僻山区,在与恶劣的自然条件斗争的过程中,为了氏族的生存和繁衍逐渐发展起来的,目前医学界正在尝试用苗医苗药解决一些世界性的疑难病症。因为先天的气候资源优势,云南是中国最适宜的鲜花生产基地,世界上主要的鲜花类在这里都能实现规模化的种植。甚至咖啡这种传统意义上的外来饮品,云南都已经成为主要的出口基地。在矿产品优势的基础上,云南可以进一步发展新材料产业。同时云南的自然条件使得这里成为发展新能源产业的优选之地,比如:光照充足有利于发展太阳能产业,水资源充沛有助于发展水力发电。

云南省与周边国家之间的边境互市贸易也可趁着“一带一路”推进的时机,迈向一个新的台阶。目前云南省政府为了推进边民互市活动,实现了全程无纸化通关,2016年全省边民互市进出口总值160.21亿元,增长52.6%。云南省与缅甸、老挝和越南三国毗邻,而且在长达2000多年的时间里,这里的少数民族地区一直与周边国家进行边境贸易。近年来,随着中国—东盟自由贸易区、大湄公河次区域合作的不断推进,云南各口岸的边境贸易非常活跃。边境贸易是国家发展战略的重点,云南作为联通中国与东南亚国家的通道,将要发挥越来越重要的作用。但是在这个过程中,云南不应当仅仅只是一个通道,各个边境贸易区可以通过建立清晰的产业体系,结合国家产业转移的大趋势,充分利用云南省人力成本低的优势,发展自己的加工制造业。云南目前最贫穷的地方在全国都属于落后地区,这些地区的自我积累能力较弱,靠其自身的力量难以摆脱困境,不利于整体经济的协调发展。如果能发挥政府的宏观调控功能,加大对这些地区的财政支持,鼓励企业向这些地区转移,依托边境优势,发展加工制造业是一个不错的选择。

本文通过对云南2000年后的空间经济分布特征进行量化分析,发现云南经济的空间分布显著不均衡。为了克服这一经济发展的瓶颈,笔者认为可以发挥政府的宏观调控作用,利用落后地区的旅游、生物资源和矿产优势,优先扶持一些落后地区的中小城镇发展,逐步在这些地区形成次一级的核心增长极,联通次一级核心增长极与滇中核心城区,建立一个发展经济的网络,实现以点连线成网的发展格局,就能实现全省经济的联动。

7. 西藏经济活动空间分布①

韦凯华　曾庆芬

西藏位于祖国的西南边陲，陆地国界线4000多公里，战略位置十分重要。西藏是我国5个少数民族自治区之一，西藏的稳定对于我国民族团结和社会和谐具有十分重要的作用。

西藏地域宽广辽阔，各区域有着独特的自然禀赋特征，这导致西藏空间经济活动的分异明显。本文主要研究西藏经济活动的空间分布，以期为把握西藏经济规律、制定经济政策提供依据。

7.1　理论与方法

7.1.1　理论基础

本文的理论基础为Krugman空间经济学的"两个自然"理论。Krugman认为空间特征会影响着经济的发展，而空间特征在绝大多数情况下均是非均衡分布的。空间特征的非均衡分布，使得经济在发展过程中表现出明显的空间分异特征。基于此，一个国家或区域的经济发展过程也伴随着经济空间分异过程。Krugman认为存在着"第一自然"和"第二自然"两种力量，这两种力量共同决定着经济活动的空间分异。

"第一自然"指的是区域的地形、气候、土地、资源等等自然禀赋。如果没有"第一自然"的区别，经济需求和各种生产在空间是均衡分布的，所有的商品由本地进行生产，不会再有经济活动上的空间分异。"第一自然"的差异是

---

① 作者简介：韦凯华，1992年生，男，壮族，西南民族大学经济学院研究生，研究方向：金融市场与金融机构。曾庆芬，1971年生，女，汉族，经济学博士，西南民族大学经济学院教授，硕士生导师，研究方向：金融发展、农村经济、民族经济等。

导致区域经济发展不平衡的起点。

“第二自然”指因为人类活动而形成的劳动力、资本、技术的聚集区位。经济活动本质的内核就是在空间上聚集。“第二自然”使得区域发展的过程呈现不平衡特征,加深不平衡的程度。人口分布情况和经济活动的空间差异,本质上是人用脚在给自然环境、各种资源进行投票。

7.1.2 研究方法

越来越多的学者采用空间统计学的方法来说明经济学、社会学等不同领域不同事物的分布特征。这种方法是 Lefever 在 1926 的时候提出的,如今已经被广泛地应用在各个学科,尤其是经济学、社会学、人口学等学科之中。

许多国内外的学者用各种各样的特征线、特征区域等来描述地区经济、人口以及其他特征在空间上的分异。比较著名的例子有 Krugman 构建“平行四边形”区位分布,用来说明美国制造业在各个区域上的分异。我国学者胡焕庸先生提出了“黑河—腾冲线”,以此作为区隔来描述中国人口地理的特征。

西藏地缘宽广辽阔,其地形空间复杂,各个区域的人口分布悬殊,经济发展差异更是十分明显。基于此,本文的研究借助空间统计方法,利用特征椭圆进行画线,对西藏的经济活动空间分布进行描述。本文对西藏经济活动空间分异的研究分成三步骤。

第一步,根据 Krugman“两个自然”理论,自然资源禀赋的差异是经济活动不平衡的起点,因此第一步主要研究西藏各个区域自然环境差异,分析各个区域“第一自然”的差别,研究各经济空间分异的起点。本部分以国家基础地理信息系统数据为基础,对西藏进行地区划分,分别分析各地区的自然禀赋特点。

第二步,研究“第二自然”下的西藏经济空间特征。“第二自然”是因为人类活动而形成的劳动力、资本、技术的聚集区位。“第一自然”是导致区域经济发展不平衡的起点,“第二自然”使得区域发展的过程呈现不平衡特征,加深不平衡的程度。在这一步骤,本文以 2011—2016 年西藏统计年鉴各个区域的 GDP 为数据特征,分析西藏经济活动的空间分布。

第三步,研究西藏第一、第二、第三产业的空间分布情况。产业结构会对区域的经济活动的空间分布造成巨大的影响。产业结构调整与经济活动空间差异二者是相辅相成的。因此第三步主要利用西藏统计年鉴中各地区的产业产值数据,分别研究西藏第一、第二、第三产业的空间分布情况,对西藏经济活动空间分布进行补充说明。

7.2 西藏"第一自然"空间分布特征

根据 Krugman"两个自然"理论,第一自然指的是地区的自然禀赋,是经济空间分异的起点。温度、降水、地形、海拔高度等等均属于某区域的自然禀赋。自然禀赋往往决定着一个经济体的初始特征与状态,甚至在长期中,对经济发展起到促进或者抑制的作用。

西藏自治区,位于我国的西南部,全省的平均海报高达 4000 米以上,有"世界屋脊"之称的世界最高峰喜马拉雅山的珠穆朗玛峰就位于其境内。西藏西北高,东南低。在地势上总体地势呈现出由西北向东南蜿蜒倾斜的特点,从 5000 多米一直下降到几百米左右。这也决定了其在气候上十分多样,高原寒带、高原亚寒带、高原温带、亚热带一直慢慢地从西北向东南过渡,温度也是从西北一直向东南升高。

7.2.1 西藏"第一自然"分区描述

根据国家基础地理信息系统的数据,以地形、温度、降雨等自然禀赋为主要考虑因素,对西藏进行划分,具体划分如图 7.1 所示。

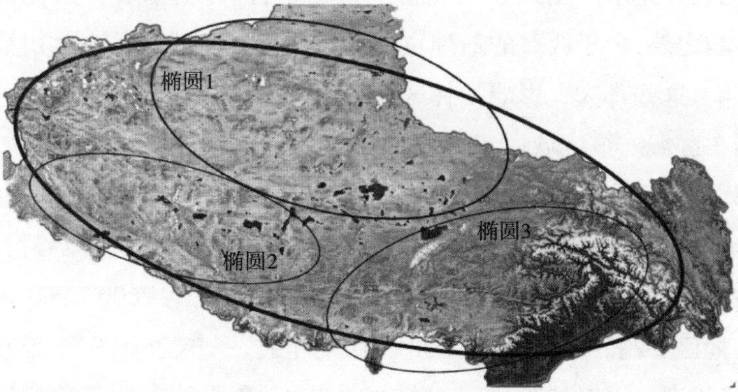

图 7.1 西藏及周边地区地形特征分布椭圆示意图

资料来源:国家基础地理信息系统。

西藏地区多样的气候、地形等自然环境造成了西藏各个地区的明显差异,我们可以根据显著的自然禀赋特征把西藏划分为三大区域。

椭圆 1 区域。该区域位于西藏西北部,这一区域气候恶劣,寒冷干燥。终年低温,年平均气温低到了 0℃,平均气温在 8℃之上的月份一年之中仅有两月。该地区降雨稀少,年平均降雨量仅仅只有 100 毫米至 200 毫米。恶劣严酷的环境使得该地方人烟稀少,该地区承担的功能仅仅只是西藏牧场的职能。西藏成为全国五大牧场之一,正是因为该区域的巨大面积。虽然草场面积巨大,但气候条件过于恶劣,低温、干燥的天气使得植物很难生长,该牧区牧草低矮,产草量极低。另外由于过度放牧,再加上近年来的严重沙化,使得本来就不丰美的牧场更加荒凉。该地区的载蓄能力低下,养活一只羊的平均草地面积是我国青海、内蒙古的 3 倍,美国的 5 倍,新西兰的 18 倍。

椭圆 2 区域。该区域位于西藏西南部的金沙江、澜沧江、怒江流域地带。在行政的区域划分上看,该部分属于那曲地区的东部,日喀则地区的西部。该地区的气候条件明显要好于椭圆 1 部分,但在总体上依旧恶劣。相比于西藏其他地区,该地区气候温暖湿润,降雨量也相对丰富,但是地形特征恶劣,不适合农作物的生长。该地区是西藏主要的林区。藏西南的三江,金沙江、怒江、澜沧江都在这里经过,流域面积大约有 52 万平方公里左右,年平均流量 3000 亿立方厘米。但该水系流量不太稳定,同时夹杂着大量泥沙。除了受水系影响之外,由于西藏的地理位置特殊,还受到大气环流、冰川消融等等因素的影响,这些都大大影响了林区的利用。

椭圆 3 区域。该区域属于西藏的中部和南部地区。在行政区域上涵盖主要为那曲和日喀则的东南部地区、拉萨地区全部、山南、林芝、昌都地区大部。在地理上属于雅鲁藏布江周边,雅鲁藏布江的重要支流拉萨河、年楚河、尼洋河在这里交汇。该区域相较于椭圆 2,海拔更低,为 2600 ~ 900 米。温度比椭圆 2 地区要高,年平均温度在 8 摄氏度左右,一年之中,有 5 个月的温度超过 10 摄氏度。同时该地方降水量相对较大,年平均降雨量达到了 400 毫米至 800 毫米。该区域是西藏气候条件较好的地区,相对于椭圆 1 和椭圆 2 地区来说,该地区十分适合农作物生长,是西藏最主要的农区,大约有 210 万亩左右的耕地可以用作农业生产,这一地区的耕地占西藏总耕地的 60% 以上。这一地区相对较好的气候也十分适合人类居住。大约一半的西藏人口在这里生活。西藏几个重要的城市,拉萨、日喀则、林芝等均坐落于此。这一地区是西藏经济最发达的地区。

具体结果归纳如表 7.1 所示。

表 7.1　西藏自然禀赋特点分区分析表

	位置	行政地区	自然禀赋特点	职能
椭圆 1	西藏西北部,位于喜马拉雅山地带和羌塘高原地带	那曲地区的大部与阿里的东北部	气候十分恶劣,寒冷干燥,终年低温降雨量小	牧区
椭圆 2	西藏的西南部,位于金沙江、澜沧江、怒江流域地带	阿里地区的大部,日喀则地区的西部	气候温暖湿润,降雨量也相对丰富,但是地形特征十分恶劣	林区
椭圆 3	西藏的中部和南部地区,雅鲁藏布江、拉萨河、年楚河、尼洋河交汇地区	主要为那曲和日喀则的东南部地区、拉萨地区全部、山南、林芝、昌都地区大部	气候温暖湿润,降雨量丰富,有大量适合农作物生长的耕地	农区

资料来源:国家基础地理信息系统。

7.2.2　西藏"第一自然"总体描述

总体上看,西藏的地理环境十分恶劣。

首先,气候环境恶劣,地广人稀。西藏的人口密度仅为 2.1 人每平方公里,是全国 34 个省、自治区、直辖市、特别行政区中人口密度最低的。同时人口分布十分不均匀。西藏很多地方均是荒无人烟的高寒地带。

其次,区位劣势突出。与西藏周边的几个省份新疆、青海、云南、四川,都属于西部地区,也是经济相对不发达的省份。西藏位于祖国的边界,与西藏接壤的几个国家,印度、不丹、尼泊尔、锡金等都属于经济发展相对落后的发展中国家。同时西藏与其他周边省份、国家接壤交界的地方地形环境恶劣,交通运输十分困难,有些地方甚至因为极其严酷的条件,无法通行。

7.3　西藏"第二自然"空间分布特征

7.3.1　西藏"第二自然"分区描述

(1)西藏经济活动空间划分。本步骤在第一步骤地形分析的基础上,利用 2012—2016 年西藏统计年鉴的数据,以 GDP 总量和增长速度为经济活动衡量指标,刻画西藏经济活动空间分布特征。具体数据见表7.2、表7.3。

表7.2 西藏2012—2016年各地区GDP总量数据统计表(亿元)

	拉萨市	昌都市	山南地区	日喀则市	那曲地区	阿里地区	林芝市	合计
2012	260.04	89.75	73.07	115.24	65.16	25.63	72.39	701.03
2013	304.87	104.5	86.61	128.58	72.88	28.9	81.83	815.67
2014	347.45	117.11	101.13	146.4	83.39	32.92	92.86	920.38
2015	376.73	132.02	113.62	166.85	94.94	37.12	104.32	1026.39
2016	424.95	154.3	ND	ND	106.24	ND	ND	1150.07

数据来源:2012—2015年数据来自西藏统计年鉴;2016年GDP数据来自西藏人民政府网站;ND表示数据未获得,下同。

表7.3 西藏2012—2016年分地区GDP增长速度统计表(%)

	拉萨市	昌都市	山南地区	日喀则市	那曲地区	阿里地区	林芝市	全区
2012	12.2	12.2	12	11.6	11.4	11.7	12.0	11.8
2013	12.3	12.3	12.4	11.4	11.1	11.4	12.3	12.1
2014	10.9	10.9	10.8	10.6	10.2	10.8	10.8	10.8
2015	11.12	11.2	11.0	11.0	10.8	10.8	11.2	11
2016	12.80	15.9	ND	ND	9.7	ND	ND	11.5

数据来源:2012—2015年数据来自西藏统计年鉴;2016年GDP数据来自西藏人民政府网站。

从西藏各地区增速上看,各地区的GDP增速大体相同,仅有几个地区略微高于其他地区,并且高于全区增长水平。从GDP总量上看,呈现出明显的核心与边缘差距。本文该部分对西藏GDP的分析以总量为主、增速为辅,通过对GDP的分析,把西藏“第二自然”空间分布进行了如图7.2所示的划分。图7.2展示的经济活动空间分布呈现出明显的四圈层特征。

第一圈层,核心圈层的核心。拉萨市毫无疑问的是核心中的核心,是西藏经济状况最好、活动最密集的地区。2012—2016年,拉萨GDP遥遥领先西藏其他地区,依次占到西藏GDP的37.09%、37.37%、37.35%、36.70%、36.94%,并且在增速方面都高于全区的平均水平。

第二圈层或者核心圈层。“一江两河”地区为西藏空间分布的核心地区,具体位置为拉萨市、日喀则市、山南市及其附近地区。2012—2015年该地区GDP总量占西藏总量依次是63.95%,63.75%、64.64%、64.03%,在增速方面也是高于全区增速。

第三圈层，位于藏中和藏南地区，主要为那曲和日喀则的东南部地区、拉萨地区全部、山南、林芝、昌都地区大部。是西藏经济活动中相对频繁的地区，也是西藏的农区。

第四圈层属于边缘圈层，位于藏北和藏西北的地区，具体为阿里地区全部、日喀则和那曲地区大部，是西藏经济活动的边缘区域，也是西藏的牧区和林区，该地区气候恶劣，经济活动少。

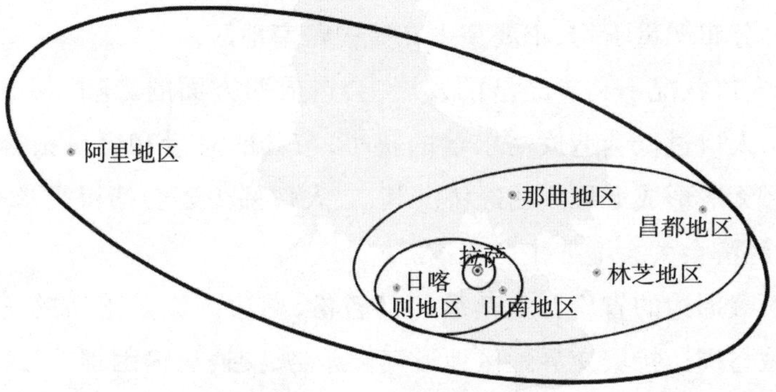

图 7.2　西藏经济活动空间分布椭圆图

资料来源：国家基础地理信息系统。

(2)西藏经济活动空间分布分析。从图 7.2 可知，西藏经济活动空间分布呈现非常明显的核心边缘特征。

首先，西藏经济活动空间聚集非常明显。受到“第一自然”自然资源禀赋的影响，西藏经济活动最主要的区域是位于藏中的“一江两河”地区，具体位置为拉萨市、日喀则市、山南市及其附近的区域。

之所以如此，在于西藏地域宽广辽阔，中部地区的气候条件、适农耕地面积等“第一自然”因素都大大优于其他地区，导致大量的劳动力、技术、资本等“第二自然”因素均在该地区聚集，相对于其他地区，该地区的经济状况越来越好，经济活动越来越频繁，出现明显的“马太效应”。

其次，单核不平衡发展空间态势突出。藏中部分的“一江两河”地区是西藏经济活动最频繁的核心经济区，相对来说，离核心地区较远的藏北、藏西北地区，即阿里地区、那曲和日喀则的西部地区，经济发展长期落后，为西藏经济活动的边缘地区。该地区地形环境恶劣,气候糟糕,不太适合人类居住。人口分散,无法形成劳动力、技术、资本的大规模和连续性聚集,拉动经济增长的有效需求量小,自然资源禀赋大大制约着劳动生产率的提高和经济规模的扩大。受恶劣的"第一自然"制约,该区域无法形成"第二自然"的空间聚集,导致该区域与核心区域的发展差距有越来越大的趋势。

7.3.2 西藏"第二自然"总体描述

总体上看,西藏的地理环境恶劣。地广人稀,人口密度仅为2.1人每平方公里,并且分布严重不均,主要集中在藏中藏南地区。

这样的人口状况不利于经济的发展,会造成两方面的影响:其一从市场的需求上看,人口过低会造成需求量的狭小,市场的总量和容量很容易就达到饱和状态,无法形成大规模的经济。其二,人口稀少还会使得需求分散,小规模分散的经济会大大增加生产成本。

其次,西藏周边的省份皆为落后西部省份,周边国家是落后的东南亚国家,并且西藏与周边接壤交界地区地形气候恶劣,交通运输困难。

由于西藏市场总量小,有效需求有限,经济的发展必要冲破自身自然禀赋对经济的限制,打破市场总量狭小的格局,积极开展与外部地区的贸易。但是开展区外贸易对于西藏而言并非易事。原因有三。第一,西藏周边地区经济发展同样十分落后,经济需求同样缺乏,无法有效拓宽西藏的经济容量。第二,西藏地广人稀,经济形态为小规模经济,成本高,产品和外区域同类产品竞争无太大优势。第三,西藏与周边地区接壤的地方地形条件差,有些地方甚至荒无人烟,无法运输。

7.4 西藏产业空间分布

产业是社会分工的结果。区域经济的发展会发生产业结构的调整,而产业结构的调整又会反过来影响区域经济的发展。二者你中有我,我中有你。本部分基于西藏统计年鉴2014和2015年的数据,对西藏各地第一、第二、第三产业进行分析,补充说明西藏经济活动的空间分布。西藏各地区产业产值与增长速度如表7.4、表7.5所示:

表 7.4　2014、2015 年西藏分地区产业增长速度统计表(亿元)

	2014 年				2015 年			
	地区总值	第一产业	第二产业	第三产业	地区总值	第一产业	第二产业	第三产业
拉萨市	347.45	12.94	127.75	206.76	376.73	13.80	140.95	221.98
昌都市	117.11	20.53	47.85	48.73	132.02	21.63	53.45	56.94
山南地区	101.13	5.55	51.84	43.74	113.62	5.85	55.21	52.56
日喀则市	146.4	28.09	48.2	70.11	166.85	29.76	54.41	82.68
那曲地区	83.39	13.39	19.95	50.05	94.94	14.09	22.74	58.11
阿里地区	32.92	5.06	10.29	17.57	37.12	5.36	11.60	20.16
林芝市	92.86	8.18	33.94	50.74	104.33	8.71	37.83	57.79

数据来源:西藏统计年鉴。

表 7.5　2014、2015 年西藏分地区产业增长速度统计表(%)

	2014 年				2015 年			
	地区总值	第一产业	第二产业	第三产业	地区总值	第一产业	第二产业	第三产业
拉萨市	10.9	6.4	14.8	8.9	11.18	4.30	16.39	8.20
昌都市	10.9	4	12.5	12.3	11.24	3.30	14.93	10.50
山南地区	10.8	4.3	15.8	5.6	10.95	3.30	11.31	11.50
日喀则市	10.6	3.2	16.7	9.7	11.03	3.40	17.42	9.70
那曲地区	10.2	4	9.7	12.1	10.79	3.00	16.95	10.20
阿里地区	10.8	4	17.3	9.1	10.81	3.40	16.34	9.60
林芝市	10.8	3.2	16.2	8.7	11.16	3.60	15.80	9.20

数据来源:西藏统计年鉴。

从古至今,第一产业一直是西藏最重要的产业。直到 1997 年,西藏第一产业占 GDP 比重最高的格局才被打破,但一直到今天,西藏第一产业占 GDP 比重依旧位于全国省份第一。相较于第二、第三产业,西藏各地区的第一产业产值并没有呈现出很强的地区悬殊,从增速和数量上看,各地区基本一致。

但是因为西藏各区域自然禀赋特点十分显著的缘故,西藏第一产业在性质上呈现出很明显的地理区域特征。正如第二部分所描述的那样,西藏的西部、北部羌塘高原是西藏的主要牧区;西藏的东南部和金沙江、澜沧江、怒江流域地带,是西藏的主要林区;中部和南部,在雅鲁藏布江及其支流拉萨河、年楚河、尼洋河汇合的河谷地带,是西藏主要的农区。

西藏的第二、第三产业从数据上看呈现出很强的聚集特点。因为自然环境原因限制,西藏虽然资源丰富,但是结构不合理,缺乏能源储藏,同时交通条件恶劣,无法为第二产业提供有理的支撑。而西藏的景色优美,旅游资源独特,这些都为第三产业提供了很好的支撑,所以第三产业比重较大。

在具体分布上,西藏第二、第三产业呈现出了和总体经济活动空间分布一致的态势,如第三步骤分析时说的那样,“一江两河”流域的藏中经济区为西藏的核心经济地区,藏北、藏西北则为西藏的边缘地区。

7.5 结论

本文以 Krugman“两个自然”为理论基础,首先分析了西藏的地形特征。西藏的西部、北部羌塘高原环境恶劣,气候条件糟糕,是西藏的主要牧区。牧区虽然面积广阔,但载畜能力低下。西藏的东南部和金沙江、澜沧江、怒江流域地带,虽然气候相对较好,但不适合庄稼生长,是西藏的主要林区。中部和南部,在雅鲁藏布江及其支流拉萨河、年楚河、尼洋河汇合的河谷地带,气候较好,是西藏主要的农区,也是西藏经济最发达的地方。

在自然禀赋特征分析基础之上,本文分析了西藏经济活动的空间分布。首先,西藏经济活动空间聚集非常明显。受到“第一自然”自然资源禀赋的影响,西藏经济活动的核心区域为藏中的“一江两河”地区。其次,单核不平衡发展空间态势明显,即阿里地区、那曲和日喀则的西部地区,经济发展长期落后,为西藏经济活动的边缘地区。

最后,本文分析了西藏产业分布,对西藏经济活动进行了补充说明。各地区第一产业在数量上基本一致,但在性质上表现出很强的区域特征。第二、第三产业与总体经济活动大致相同。

8. 青海省经济发展的区域差异研究①

付 强 余喆杨

8.1 青海省的经济发展现状

青海省位于青藏高原东北部,下辖西宁市、海东市两个地级市和玉树藏族自治州(以下简称玉树州)、海西蒙古族藏族自治州(以下简称海西州)、海北藏族自治州(以下简称海北州)、海南藏族自治州(以下简称海南州)、黄南藏族自治州(以下简称黄南州)和果洛藏族自治州(以下简称果洛州)等6个民族自治州,合计共8个地级行政单位。全省总面积为72.23万平方公里,占全国总面积的1/13,位列全国各省、市、自治区的第四位。② 2009年,全省实现生产总值1081.27亿元,其中,第一产业增加值为107.40亿元,第二产业增加值为576.34亿元,第三产业增加值为397.53亿元。第一、第二和第三产业对GDP的贡献率分别为4.6%、57.8%和37.6%,三次产业结构比为9.9:53.3:36.8,全年人均生产总值为19454元。2015年,全省实现地区生产总值2417.05亿元,其中,第一产业增加值为208.93亿元;第二产业增加值为1207.31亿元;第三产业增加值为1000.81亿元。第一产业增加值占全省地区生产总值的比重为8.6%,第二产业增加值比重为50.0%,第三产业增加值比重为41.4%,人均地区生产总值41252元。由以上数据可知,青海省2009—2015年间地区生产总值翻了一番,经济发展取得了显著的成绩,经济

---

① 基金项目:西南民族大学2014年度校级科研项目,项目编号:2014SYB13,项目名称:碳排放权交易试点现状、对企业的影响及其应对策略。

作者简介:付强,西南民族大学经济学院讲师,经济学博士,主要从事区域经济、低碳经济等领域的研究。余喆杨,西南民族大学经济学院讲师,经济学博士,主要从事宏观经济、低碳经济等领域的研究。

② 中国政府网.[EB].http://www.gov.cn/guoqing/2013-03/26/content_5046173.htm.

发展速度较快,第二产业对GDP的贡献最大,第三产业增速最快[①]。

一个地区经济发展的过程,就是产业结构不断优化的过程。产业结构演变的一般规律是第一产业向第二产业转移,第二产业再向第三产业转移,因此,通过三次产业结构之比的变化,可以揭示出经济发展水平的高低。

2009年,我国人均国内生产总值为26222元,我国三大产业结构之比为9.8:45.9:44.3;2015年,我国人均国内生产总值为49992元,我国三大产业结构之比为9:40.5:50.5,第三产业比重首次突破50%。

虽然青海省经济发展速度快于全国平均水平,但青海省第二产业占比偏高,第三产业占比偏低,人均生产总值低于全国平均水平。[②] 因此,与全国相比,青海省的经济发展水平相对比较落后,产业结构尚存在一些不足。

8.2 青海省各地区经济发展差距的一般分析

表8.1列示出了2015年青海省各地区生产总值、产业结构及各地区三大产业增加值在全省三大产业增加值中的占比。如无特别说明,本章中所有数据均来自《青海统计年鉴》或根据《青海统计年鉴》计算得到。从青海省各地区生产总值在全省的占比来看,西宁市、海东市和海西州第一产业增加值在全省第一产业增加值中占比分别为17.93%、25.48%和12.82%。西宁市、海东市和海西州第二产业增加值在全省第二产业增加值中占比分别为45.01%、15.97%和24.60%。西宁市、海东市和海西州第三产业增加值在全省第三产业增加值中占比分别为55.02%、13.82%和11.59%。西宁市、海东市和海西州三大产业增加值之和在全省三大产业增加值中占比分别为56.22%、85.59%和80%,可见,西宁市、海东市和海西州是拉动全省经济增长的重要力量。

从各地区产业结构来看,玉树州第一产业生产总值占比高达42.28%,而第三产业占比仅为19.03%。海西州三大产业结构为6.09:67.53:26.38。西宁市、黄南州和果洛州第三产业占比高于第一、第二产业占比。可见,青海省各地区经济发展差异较大,在空间上表现出一定的不平衡性。

① 青海统计信息网,http://www.qhtjj.gov.cn/.

② 国家统计局,http://data.stats.gov.cn/easyquery.htm? cn = C01.

表 8.1　2015 年青海省各地区生产总值(按当年价格)及产业结构

地区	生产总值	三大产业经济增加值(亿元)			各地区三大产业在全省中的占比(%)			产业结构(%)		
		第一产业	第二产业	第三产业	第一产业	第二产业	第三产业	第一产业	第二产业	第三产业
青海省	2417.05	208.93	1207.31	1000.81	100.00	100.00	100.00	8.64	49.95	41.41
西宁市	1131.62	37.46	543.47	550.69	17.93	45.01	55.02	3.31	48.03	48.66
海东市	384.4	53.23	192.84	138.33	25.48	15.97	13.82	13.85	50.17	35.99
海北州	94.86	16.9	43.11	34.85	8.09	3.57	3.48	17.82	45.45	36.74
黄南州	72.75	19.62	25.41	27.72	9.39	2.10	2.77	26.97	34.93	38.10
海南州	140.2	31.21	70.14	38.85	14.94	5.81	3.88	22.26	50.03	27.71
果洛州	35.66	5.88	13.68	16.1	2.81	1.13	1.61	16.49	38.36	45.15
玉树州	60.55	25.72	23.31	11.52	12.31	1.93	1.15	42.48	38.50	19.03
海西州	439.85	26.78	297.03	116.04	12.82	24.60	11.59	6.09	67.53	26.38

表 8.2 列示出了青海省各地区的经济社会发展情况。由表 8.2 可知,虽然果洛州的农作物总种植面积仅为 0.7886 万亩,相当于海东地区农作物总种植面积的 3‰,但该州第一产业产值却约等于海东地区第一产业产值的 11%。这是因为果洛州是以畜牧为主的藏族自治州,近年来,果洛州充分利用自身畜牧业的资源优势,探索出了一条颇具特色的生态畜牧业之路。

从固定资产投资与地区生产总值之间的关系来看,西宁市、海东地区、海北州、黄南州及海南州全年固定资产投资额均大于当年实现的地区生产总值,说明这些地区的经济增长比较依赖于投资支出;果洛州、玉树州及海西州全年固定资产投资额均小于当年实现的地区生产总值,说明这些地区的经济增长对投资支出依赖程度较低。

人均生产总值最高的是格尔木市,高达 12.05 万元,人均生产总值最低的是玉树州,仅为 1.51 万元;人均可支配收入最高的地区为格尔木市,人均可支配收入为 24548 元,最低的是果洛藏族自治州,人均可支配收入为 10739 元。格尔木市为海西州的中心城市,第二、三产业的发展是推动该地区经济发展的主要动力。果洛州的人均可支配收入较低,主要是该地区的城镇化率较低,城镇常住居民在总人口中占比较低所致。虽然各地区的人均生产总值差异较大,但人均可支配收入差距却不大。这意味着虽然经济实现了快速发展,但老百姓受益不大,需要采取一些措施,确保老百姓能真正享受到经济发展带来的成果。

由表8.2可知,城镇常住居民人均可支配收入最高的地区是果洛州,果洛州城镇常住居民人均可支配收入为25762元,最低的地区是海东地区,为23373元,各地区城镇常住居民人均可支配收入差距较小。根据《中国统计年鉴(2016))》对城镇居民人均可支配收入的划分标准,即使是果洛州也只能归入中等偏下类别。可见,青海省城镇居民人均可支配收入偏低。农村常住居民人均可支配收入最高的地区是格尔木市,为14297元,最低的地区是果洛州,为5465元。青海省各地区农村常住居民人均可支配收入差距较大,果洛州的城乡收入分配差距很大。

表8.2　2015年青海省各地区经济社会发展情况①

地区	全年农作物总种植面积(万亩)	固定资产投资(亿元)	人均生产总值(万元)	人均可支配收入(元)	城镇常住居民人均可支配收入(元)	农村常住居民人均可支配收入(元)	人口密度②(人/平方公里)	城镇化率③(%)
西宁市	184.12	1295.95	4.92	19842	25232	8865	295.6	63.7
海东地区	307.44	611.39	2.65	—	23373	8196	106.14	22.83
海北州	80.7	127.11	3.2	14710	24606	9836	6.94	32.78
黄南州	26.9	76.3	2.72	11608	24406.69	6819.23	14.32	25.69
海南州	150.1	232.06	3.02	13505	24025	8737	9.62	28.47
果洛州	0.79	6.78	1.81	10739	25762	5465	2.38	24.72
玉树州	18.34	49.61	1.51	12315.43	25654.56	5565.17	2	32.11
格尔木市④	9.24	191.62	12.05	24548	25616	14297	1.5	70.03

注:①数据来源:青海统计信息网.市州公报.[EB].http://www.qhtjj.gov.cn/tjData/cityBulletin/.②数据来源:青海省第六次人口普查主要数据公报.[EB].http://www.qhtjj.gov.cn/tjData/surveyBulletin/201507/t20150720_15645.html.③数据来源:同②。④由于青海统计信息网中只有格尔木市2015年的国民经济和社会发展统计公报,没有海西州2015年的国民经济和社会发展统计公报,故表8.2没有列示出海西州的经济社会发展情况。

8.3 青海省各地区经济发展及其差异的趋势分析

表8.3、表8.4列示出了青海省8个地级行政单位在2009年和2015年的地区生产总值及人均生产总值。为了消除价格因素的影响,根据青海省地区生产总值环比指数,对名义GDP进行了处理,得到了以2009年为基期的实际GDP。

由表8.3可知,2009年西宁市实现地区生产总值501.07亿元。其中:第一产业增加值为19.18亿元,第二产业增加值249.34亿元,第三产业增加值为232.55亿元,三次产业结构比为3.83∶49.76∶46.41。

表8.3 2009年青海省各地区的生产总值及产业结构(亿元)

地区	生产总值	生产总值			人均生产总值(元)
		第一产业	第二产业	第二产业	
西宁市	501.07	19.18	249.34	232.55	22865
海东地区	135.67	25.17	49.47	61.03	8565
海北州	42.63	9.15	18.82	14.66	15261
黄南州	34.64	10.94	12.46	11.24	15047
海南州	58.72	15.74	25.93	17.05	13244
果洛州	15.05	4.01	4.36	6.68	9326
玉树州	25.48	15.83	3.88	5.77	7131
海西州	291.78	7.37	228.23	56.18	65290

由表8.4可知,2015年西宁市实现地区生产总值(按不变价格计算)1124.24亿元。其中,第一产业增加值为26.23亿元,第二产业增加值657.35亿元,第三产业增加值为459.01亿元,三次产业结构比为2.33∶58.47∶40.83,与海东地区类似,第二产业的迅猛发展是拉动西宁市地区生产总值增长的主导力量。

从总量上看,西宁市实现的生产总值在全省中占据了最大的份额。2009年,西宁市三大产业在生产总值中的比重分别为3.83%、49.76%和46.41%。2015年西宁市三大产业在生产总值中的比重分别为2.33%、58.47%和40.83%。由此可知,西宁市的第二产业在西宁市生产总值中占据了半壁江山。

表8.4 2015年青海省各地区的生产总值(实际GDP,亿元)

地区	生产总值	生产总值			人均生产总值(元)
		第一产业	第二产业	第三产业	
西宁市	1124.24	26.23	657.35	459.01	49833.59
海东地区	330.85	35.31	188.77	114.35	21409.42
海北州	93.89	12.51	53.16	26.57	32504.93
黄南州	56.71	14.15	20.56	19.81	21895.17
海南州	116.26	21.71	64.93	31.51	25739.73

续表

地区	生产总值	生产总值			人均生产总值(元)
		第一产业	第二产业	第三产业	
果洛州	29.03	5.15	11.82	9.88	17483.30
玉树州	49.28	18.51	20.92	9.28	12541.18
海西州	557.70	20.05	438.91	92.80	99613.88

表8.5是根据实际GDP(以2009年为基期)数据得到的各地区生产总值的定基指数值。由表8.5可知,2009年至2015年间,在青海省下辖的8个地级行政单位中,西宁市、海东地区及海北州生产总值增幅较大,5年翻了一番,其中,海东地区的生产总值增幅最大,其次为西宁市,排在第三的是海北州。总的来说,2009年至2015年间,青海各地区生产总值发展速度相当快,各地区生产总值平均增速均在10%以上。

从产业结构来看,2009年海东地区三大产业在生产总值中的比重分别为18.55%、36.46%和44.98%。2015年海东地区三大产业在生产总值中的比重分别为10.67%、57.06%和34.56%。可见,第二产业对海东地区生产总值的增长贡献最大。海东地区主要依托本地的资源优势,发展资源密集型重工业产业,这类产业一般为高能耗、高污染产业,这类产业的过快发展容易对环境产生较大的压力。

表8.5　青海省各地区2009—2015年生产总值定基趋势分析表(%)

地区	2009	2010	2011	2012	2013	2014	2015
西宁市	100	118.20	135.93	156.31	178.28	202.28	224.37
海东地区	100	115.20	136.52	161.22	190.53	219.30	243.86
海北州	100	119.49	145.48	169.15	196.74	204.81	220.24
黄南州	100	112.64	119.34	133.83	147.46	153.06	163.71
海南州	100	117.69	131.95	150.49	163.96	181.11	197.99
果洛州	100	117.41	142.72	159.80	173.62	181.99	192.89
玉树州	100	120.41	138.34	153.14	169.90	175.16	193.41
海西州	100	118.30	140.81	164.82	182.45	185.26	191.14

由表8.6可知,2011年后,全省工业增加值增速放缓,主要是因为重工业增加值增速回落,轻工业增加值增速呈现震荡起伏态势,但仍处于较高水平。

从工业增加值占比来看,轻工业增加值占比上升,但比重较小,重工业增加值占比下降,但比重仍然较高,可见,重工业仍然是全省的经济支柱,但轻工业发展形势好于重工业。

表 8.6 青海省 2009—2015 年规模以上工业企业增加值增速及比重(%)

类 型	2009	2010	2011	2012	2013	2014	2015
工业增加值比上年增长	11.0	20.6	19.0	15.0	12.6	9.1	7.6
轻工业	26.2	23.0	19.0	32.2	19.5	30.0	18.0
重工业	9.8	20.4	19.0	13.8	11.9	5.9	6.3
工业增加值占比							
轻工业	9.2	7.9	6.7	8.1	9.6	12.8	16.4
重工业	90.8	92.1	93.3	91.9	90.4	87.2	83.6

注:本表比上年增长数按不变价格计算。

比较青海各地区生产总值定基趋势分析表和各地区人均生产总值定基趋势分析表,发现除了海东地区以外,其他地区人均生产总值的增速均不及地区生产总值的增速,差距最大的是海西州,2015 年海西州的生产总值定基指数为 191.14%,同期海西州的人均生产总值定基指数为 152.57%,两者相差 38.57 个百分点。黄南州和玉树州 2015 年的人均生产总值定基指数较生产总值定基指数分别低了 18.2 和 17.54 个百分点。这表明从总体上看,青海省各地区经济发展速度很快,但缺乏效益,发展质量有待提高。

表 8.7 青海省各地区 2009—2015 年人均生产总值定基趋势分析表(%)

地区	2009	2010	2011	2012	2013	2014	2015
西宁市	100	117.20	134.30	153.09	173.08	194.51	217.95
海东地区	100	113.70	134.47	156.69	183.34	209.21	249.96
海北州	100	118.50	142.90	164.23	188.72	194.21	212.99
黄南州	100	106.20	106.44	118.52	129.53	132.98	145.51
海南州	100	117.10	131.81	148.90	160.73	175.83	194.35
果洛州	100	109.70	133.29	146.21	155.45	159.32	187.47
玉树州	100	113.50	127.00	137.28	149.69	150.07	175.87
海西州	100	112.10	126.65	147.05	161.86	163.02	152.57

观察表 8.8、表 8.9 及表 8.10,发现除了海西州外,其他地区三大产业的

发展速度均呈现出以下特点:第一产业发展速度最慢,第二产业发展速度最快,第三产业发展速度高于第一产业,但不及第二产业。海西州第一产业发展速度最快,高于第二产业发展速度,而第二产业发展速度又高于第三产业。近年来,海西州不断调整农业生产结构,小麦、油菜等传统作物种植面积逐年减少,枸杞等特色作物的种植面积逐年增加,农业生产结构的调整促进了海西州第一产业的持续快速发展。玉树州第二产业增速最快,主要是因为玉树州第二产业规模较小,2009 年,玉树州第二产业增加值仅为 3.88 亿元,由于基数小,在规模上的一点小变动就会导致增幅的急遽上升。

表 8.8　青海省各地区 2009—2015 年第一产业定基趋势分析表(%)

地区	2009	2010	2011	2012	2013	2014	2015
西宁市	100.00	105.79	111.21	117.21	123.20	129.87	136.76
海东地区	100.00	106.60	112.99	119.23	126.26	132.74	140.29
海北州	100.00	104.37	109.95	115.74	121.97	129.40	136.72
黄南州	100.00	104.11	108.41	112.71	117.92	123.67	129.34
海南州	100.00	104.83	111.12	116.96	123.32	130.05	137.93
果洛州	100.00	102.24	107.98	111.97	116.96	122.19	128.43
玉树州	100.00	102.08	104.17	105.31	108.09	111.18	116.93
海西州	100.00	119.67	144.50	174.36	209.91	252.78	272.05

表 8.9　青海省各地区 2009—2015 年第二产业定基趋势分析表(%)

地区	2009	2010	2011	2012	2013	2014	2015
西宁市	100.00	121.20	143.50	169.75	200.32	234.09	263.64
海东地区	100.00	127.21	168.41	217.47	277.30	334.81	381.58
海北州	100.00	136.29	180.02	217.43	262.11	264.88	282.47
黄南州	100.00	118.30	118.06	135.63	153.85	157.87	165.01
海南州	100.00	128.00	150.79	181.18	199.69	225.99	250.40
果洛州	100.00	146.10	205.96	229.82	253.44	260.32	271.10
玉树州	100.00	189.18	293.30	369.33	452.58	462.11	539.18
海西州	100.00	120.30	144.90	170.85	189.60	188.59	192.31

表 8.10　青海省各地区 2009—2015 年第三产业定基趋势分析表(%)

地区	2009	2010	2011	2012	2013	2014	2015
西宁市	100.00	116.10	130.03	145.40	159.57	175.14	197.38
海东地区	100.00	108.09	120.65	134.69	150.19	167.33	187.37
海北州	100.00	107.30	123.33	140.65	159.69	172.44	181.24
黄南州	100.00	112.01	129.72	150.71	166.99	174.11	176.25
海南州	100.00	112.38	122.76	138.01	151.55	166.51	184.81
果洛州	100.00	107.34	116.77	136.98	148.50	159.88	147.90
玉树州	100.00	118.02	124.96	138.82	152.17	160.83	160.83
海西州	100.00	110.00	123.80	139.16	149.75	160.38	165.18

8.4　青海省经济空间集聚演变特征分析

8.4.1　基于几个指标的分析

(1)基于极差的分析。人均生产总值是衡量一个地区收入水平的标志,也是划分经济发展阶段的重要指标。由表 8.3 及表 8.4 可知,海西州的人均生产总值最大。从极差来看,2009 年至 2014 年间,青海省各地区的人均生产总值的绝对差异呈扩大趋势。2015 年,青海省各地区的人均生产总值的绝对差异有所下降,但仍高达 87072.7 元,较 2010 年的人均生产总值绝对差异高出 21976.30 元。这说明青海省各地区经济发展差异较大。极差虽也可以说明各地区发展的差异程度,但它是一个绝对数指标。

(2)基于变异系数的分析。离散系数,也叫变异系数,是标准差与均值的比率,其计算公式为:

$$cv = \sqrt{\frac{(x_i - \bar{x})^2}{\bar{x}}}$$

其中,cv 为变异系数,x_i 为第 i 区域的人均 GDP,$\bar{x}$ 为各区域人均 GDP 的均值。一般来说,离散系数越大,表明各地区经济发展的差异越大;反之,离散系数越小,表明各地区经济发展差异越小。由表 8.11 可知,2009—2013 年间,变异系数较为稳定,2013 年后,变异系数呈下降的趋势。从变异系数的值来看,青海各地区之间发展差异较大,但差异呈缩小之势。

表 8.11 青海省 2009—2015 年各地区人均生产总值的变异系数

	2009	2010	2011	2012	2013	2014	2015
变异系数	2.58	2.56	2.54	2.6	2.58	2.48	2.14

(3)基于区位熵指标的分析。为进一步研究各地区经济不平衡发展的空间规律性,此处引入区位熵指标来衡量各地区经济发展的差异程度。所谓熵,就是比率的比率。它由哈盖特首先提出并运用于区位分析中。区位熵是指区域内某地区生产总值占全区的比重与该地区的人口总数占全区的比重之间的比值。熵值越大,说明该地区的经济发展水平越高,反之越低。为对青海省各地区经济发展的相对差异进行比较,按区位熵对各地区经济进行分类:当 $Qi>1$ 时,为经济繁荣区,当 $0.8<Qi<1$ 时,为经济发展区,当 $Qi<0.8$ 时,为经济落后区。

表 8.12 为青海省各地区人口数,表 8.13 为青海省各地区的区位熵。从熵值来看,海西州和西宁市为经济繁荣区,海北州基本可归为经济发展区,海东地区、黄南州、海南州、果洛州及玉树州则为经济落后区。

表 8.12 青海省 2009—2015 年各地区人口数(人)

	2009 年	2010 年	2011 年	2012 年	2013 年	2014 年	2015 年
全 省	5430156	5499718	5575850	5655530	5725921	5801645	5739387
西宁市	1939439	1960060	1974175	1984602	2002515	2026369	2013583
海东地区	1613591	1617835	1648876	1677638	1703359	1723675	1700191
海北州	280137	283230	285471	289878	292617	296615	297001
黄南州	247180	254033	257974	262754	268061	273485	270557
海南州	440488	446849	450677	457052	463440	470776	466921
果洛州	166155	173541	177705	188710	192926	193628	197212
玉树州	357267	373427	385084	391829	394803	404636	391853
海西州	385899	390743	395888	403067	408200	412461	402069

表 8.13 青海省 2009—2015 年各地区的区位熵

	2009 年	2010 年	2011 年	2012 年	2013 年	2014 年	2015 年
西宁市	1.27	1.28	1.27	1.27	1.29	1.34	1.36
海东地区	0.41	0.41	0.41	0.42	0.44	0.46	0.47

续表

	2009 年	2010 年	2011 年	2012 年	2013 年	2014 年	2015 年
海北州	0.75	0.76	0.80	0.80	0.83	0.79	0.77
黄南州	0.69	0.65	0.59	0.57	0.55	0.52	0.51
海南州	0.66	0.65	0.63	0.62	0.60	0.60	0.61
果洛州	0.45	0.43	0.44	0.41	0.39	0.38	0.36
玉树州	0.35	0.35	0.34	0.32	0.32	0.29	0.31
海西州	3.72	3.73	3.82	3.85	3.76	3.50	3.38

(4)基于集中指数的分析。集中指数(Index of Concentration)说明某项经济活动在地域上的集中程度。计算时先求出该经济活动的半数集中在多大地域范围内,再计算集中半数经济活动的地域的人口占全国总人口的比重,集中半数经济活动的地域的人口占全国总人口的比重越小,集中程度越高,地区差异越明显。计算公式如下:

$$C = (1 - \frac{H}{T}) \times 100\%$$

$$H = t_1 + t_2 + t_3 + t_4 + \cdots + t_n$$

$$p_1 + p_2 + p_3 + p_4 + \cdots + p_n = \frac{1}{2}P$$

$t_1, t_2, t_3, t_4 \cdots t_n$ 与 $p_1, p_2, p_3, p_4 \cdots p_n$ 相对应

其中,C 为集中指数,T 为青海省总人口,H 为占青海省地区生产总值一半之人口数,P 为青海省地区生产总值,$t_1, t_2, t_3, t_4 \cdots t_n$ 为青海省各地区人口数,$p_1, p_2, p_3, p_4 \cdots, p_n$ 为青海省各地区生产总值。

在计算集中指数时,需要先将人均生产总值从高到低进行排序,人均生产总值高的地区排在前面。海西州人均生产总值遥遥领先于青海其他地区。由表 8.14 可知,2010 年,海西州人口在全省中占比为 7.1%,但该地区生产总值在全省中占比为 25.56%;2015 年,海西州人口在全省中占比为 7.01%,占比略微下降,该地区生产总值在全省中占比下降至 23.07%;占比虽小幅度下降,但仍然远高于其人口在全省中的占比。

人均生产总值在全省中排名第二的是西宁。将西宁的生产总值在全省生产总值中的占比与海西州的生产总值占比加起来,已远远大于 50%,因此,

必须按比例进行分割,以求得集中指数。表8.15列出了青海省集中指数的计算过程。

表8.14　西宁及海西州GDP和人口占全省的比重(2010—2015年,%)

项目	2010	2011	2012	2013	2014	2015
西宁人口占比	35.64	35.41	35.09	34.97	34.93	35.08
西宁GDP占比	43.86	40.77	41.36	42.10	44.00	46.51
海西州人口占比	7.10	7.10	7.13	7.13	7.11	7.01
海西州GDP占比	25.56	24.60	25.40	25.09	23.47	23.07

表8.15　青海省集中指数的计算过程(2010—2015年)

项目	符号	2010年	2011年	2012年	2013年	2014年	2015年
全省人口(人)	①	5499718	5575850	5655530	5725921	5801645	5739387
西宁市人口(人)	②	1960060	1974175	1984602	2002515	2026369	2013583
海西州人口(人)	③	390743	395888	403067	408200	412461	402069
青海省GDP(亿元)	④	1350.4	1670.4	1893.5	2122.1	2303.3	2417.05
西宁GDP(亿元)	⑤	592.26	681.1	783.2	893.32	1013.56	1124.24
海西州GDP(亿元)	⑥	345.18	410.86	480.91	532.36	540.56	557.7
青海省GDP的50%(亿元)	⑦	675.2	835.2	946.75	1061.05	1151.65	1208.525
青海省GDP的50%减去海西州的GDP(⑦-⑥)	⑧	330.02	424.34	465.84	528.69	611.09	650.825
⑧除以西宁的GDP(⑧/⑤)	⑨	55.72%	62.30%	59.48%	59.18%	60.29%	57.89%
西宁市人口数*⑨	⑩	1092188	1229954	1180423	1185140	1221727	1165668
青海省GDP半数之人口数(⑩+③)		1482931	1625842	1583490	1593340	1634188	1567737
青海省GDP半数之人口数/总人口数		26.96%	29.16%	28.00%	27.83%	28.17%	27.32%
集中指数		73.04%	70.84%	72.00%	72.17%	71.83%	72.68%

计算结果显示,2010年,青海省地区生产总值的集中指数为73.04%,2015年,集中指数下降为72.68%,2010年至2015年间青海省的集中指数有升有降,但均在70%以上波动,这表明青海省地区生产总值的集中程度较高,从趋势上看,该指数比较平稳,变化不大。

(5)基于地理联系率指标的分析。地理联系率反映两个经济要素在地理分布上的联系情况。如果两个要素在地理上的分布比较一致,则两个经济要素的地理联系比较密切，地理联系率较高。反之，如果两个要素在地理上的分布差异较大，则地理联系率就低，表明两个经济要素的地理联系不密切。①地理联系率的计算公式如下：

$$G = 100 - \frac{1}{2}\sum_{i=1}^{n}|x_i - y_i| \qquad (i = 1,2,\cdots,n)$$

其中，n 为某区域包含的地区个数，x_i 为某区域第 i 个地区第一要素在整个区域中的占比，y_i 为某区域第 i 个地区第二要素在整个区域中的占比。表8.16、表8.17 列示出了计算青海省三大产业与人口间的地理联系率所需的数据。

表 8.16　2010 年青海省各地区三大产业占比及人口占比（%）

	第一产业比重	第二产业比重	第三产业比重	人口比重
西宁市	15.04	40.59	57.33	35.64
海东地区	19.89	8.45	14.01	29.42
海北州	7.08	3.44	3.34	5.15
黄南州	8.44	1.98	2.67	4.62
海南州	12.23	4.46	4.07	8.12
果洛州	3.04	0.86	1.52	3.16
玉树州	11.98	0.99	1.45	6.79
海西州	6.54	36.87	13.12	7.10

表 8.17　2014 年青海省各地区三大产业与人口在全省中的占比（%）

	第一产业比重	第二产业比重	第三产业比重	人口比重
西宁市	11.54	47.29	47.74	34.93
海东地区	15.47	13.42	11.97	29.71
海北州	5.48	4.04	2.96	5.11
黄南州	6.27	1.59	2.29	4.71
海南州	9.48	4.75	3.33	8.11
果洛州	2.27	0.92	1.25	3.34
玉树州	8.15	1.45	1.09	6.97
海西州	8.63	34.87	10.56	7.11

① 朱金鹤，崔登峰. 以限制开发为主的边疆地区主体功能区建设研究——以新疆生产建设兵团为例[M]. 北京：中国农业出版社，2013(08).

运用地理联系率的计算公式可得青海省三大产业的地理联系率(见表8.18)。表8.18中的数据显示,与2010年相比,2014年青海省第三产业的地理联系率上升幅度较大,说明青海省第三产业的集中度有所减弱;第一产业和第二产业与人口的地理联系率变化不大,说明青海省第一产业和第二产业的地区差异变化不大。

表8.18 2010、2014年青海省三大产业的地理联系率

项目	2010			2014		
	第一产业	第二产业	第三产业	第一产业	第二产业	第三产业
地理联系率	77.07	64.10	71.05	77.66	64.04	74.33

表8.19列示出了计算我国各省、市、自治区三大产业与人口的地理联系率所需的数据。用地理联系率的公式计算可得,2010年我国各省、市、自治区的三大产业与人口的地理联系率分别为88.03、81.06和77.40;2014年我国各省、市、自治区的三大产业与人口的地理联系率分别为89.25、82.66和79.37。可见,与全国相比,青海省三大产业与人口的地理联系率均低于全国水平,说明与全国相比,青海三大产业的分布与人口分布间的差异大于全国平均水平,青海省各地区经济发展差异大于全国平均水平。此外,从趋势上看,我国各省、市、自治区的三大产业与人口的地理联系率均呈现出小幅上升态势,说明我国经济的地区差异在逐渐缩小。

表8.19 2010、2014年全国各地区三大产业占比与人口占比(%)

地区	2010年人口比重	2014年人口比重	2010年			2014年		
			第一产业比重	第二产业比重	第三产业比重	第一产业比重	第二产业比重	第三产业比重
北京	1.46	1.57	0.32	1.79	5.87	0.27	1.67	5.43
天津	0.97	1.11	0.37	2.56	2.35	0.34	2.85	2.55
河北	5.37	5.40	6.51	5.67	3.94	5.91	5.52	3.58
山西	2.67	2.67	1.41	2.77	1.89	1.35	2.32	1.86
内蒙古	1.84	1.83	2.78	3.37	2.33	2.79	3.36	2.29
辽宁	3.26	3.21	4.14	5.28	3.79	3.92	5.29	3.91
吉林	2.05	2.01	2.67	2.39	1.72	2.61	2.68	1.63
黑龙江	2.86	2.80	3.31	2.76	2.14	4.48	2.04	2.25

续表

地区	2010 年人口比重	2014 年人口比重	2010 年			2014 年		
			第一产业比重	第二产业比重	第三产业比重	第一产业比重	第二产业比重	第三产业比重
上海	1.72	1.77	0.29	3.82	5.44	0.21	3.01	4.99
江苏	5.87	5.82	6.45	11.52	9.48	6.23	11.35	10.00
浙江	4.06	4.03	3.46	7.57	6.67	3.05	7.06	6.28
安徽	4.44	4.45	4.39	3.41	2.32	4.10	4.08	2.41
福建	2.75	2.78	3.47	3.98	3.24	3.45	4.61	3.11
江西	3.33	3.32	3.07	2.71	1.73	2.89	3.03	1.89
山东	7.15	7.16	9.12	11.25	7.94	8.23	10.59	8.44
河南	7.01	6.90	8.28	7.01	3.66	7.13	6.56	4.24
湖北	4.27	4.25	5.46	4.11	3.35	5.45	4.73	3.71
湖南	4.90	4.93	5.91	3.89	3.52	5.40	4.59	3.73
广东	7.79	7.84	5.81	12.19	11.46	5.43	11.56	10.86
广西	3.44	3.48	4.26	2.39	1.87	4.14	2.70	1.94
海南	0.65	0.66	1.37	0.30	0.53	1.39	0.32	0.59
重庆	2.15	2.19	1.74	2.31	1.59	1.82	2.40	2.18
四川	6.00	5.95	6.31	4.59	3.34	6.05	5.14	3.61
贵州	2.59	2.56	1.59	0.95	1.20	2.19	1.42	1.35
云南	3.43	3.45	2.82	1.71	1.60	3.41	1.94	1.81
西藏	0.22	0.23	0.17	0.09	0.15	0.16	0.12	0.16
陕西	2.79	2.76	2.51	2.88	2.04	2.68	3.52	2.14
甘肃	1.91	1.89	1.52	1.05	0.85	1.54	1.08	0.98
青海	0.42	0.43	0.34	0.39	0.26	0.37	0.45	0.28
宁夏	0.47	0.48	0.40	0.44	0.39	0.37	0.49	0.39
新疆	1.63	1.68	2.74	1.37	0.98	2.64	1.45	1.24

表 8.20 2010、2014 年我国三大产业的地理联系率

项目	2010 年			2014 年		
	第一产业	第二产业	第三产业	第一产业	第二产业	第三产业
地理联系率	88.03	81.06	77.40	89.25	82.66	79.37

8.4.2 基于县域视角下的分析

由于人均 GDP 可以较好地反映区域经济发展水平,被广泛用于区域经济差异和经济空间结构研究中。此处利用青海省 2010、2014 年[①]各县域人均 GDP,以当年全省人均 GDP 为基数,按照≥120%、100%~120%、80%~100%、50%~80%、≤50%,将经济发展划分为发达、较发达、较不发达、欠发达、极不发达 5 种类型。具体划分类型及标准如表 8.21 所示。[②]

表 8.21 2010、2014 年青海省区域经济发展类型及标准(元)

类型	2010 年	2014 年
发达	大于 28938	大于 47605.2
较发达	[24115,28938)	[39671,47605.2)
较不发达	[19292,24115)	[31736.8,39671)
欠发达	[12057.5,19292)	[19835.5,31736.8)
极不发达	[0,12057.5)	[0,19835.5)

注:2010 年、2014 年青海省人均生产总值(当年价)分别为 24115 元、39671 元。

以县域(含县、县级市、市辖区)为研究尺度,依现时的行政区划,青海省共有 46 个县域研究单元。由表 8.22 可知,2010 年青海省的空间经济结构呈两极分化态势,极不发达和欠发达县域占青海省全部县域的 65.22%。其中,极不发达县域 16 个,欠发达县域 14 个。较发达和较不发达县域的数量极少,较发达县域仅 1 个,较不发达县域 2 个,占全部县域的 6.52%。发达县域数量为 13 个,占比为 28.26%。从地区分布来看,极不发达县域主要分布在果洛州(5 个)、玉树州(5 个)、海东市(3 个)、海北州(1 个)、海南州(1 个)和黄南州(1 个)。欠发达县域主要分布在海南州(4 个)、西宁市(3 个)、海东市(2 个)和黄南州(2 个)、海西州(1 个)、玉树州(1 个)和海北州(1 个)。发达县域主要分布在海西州(7 个)、西宁市(4 个)、黄南州(1 个)和海北州(1 个)。可见,即使属于经济繁荣区的海西州和西宁市,也存在欠发达县域,即使属于经济落后区的黄南州也存在发达县域。

---

① 由于《2016 青海统计年鉴(2016)》中没有 2015 年各县域人均 GDP 数据,所以此处选取 2014 年各县域人均 GDP 进行分析。

② 张守忠,胡囡.黑龙江省经济空间结构变动及影响因素研究[J].资源开发与市场,2012,28 (1).

表 8.22 2010、2014 年青海省区域经济发展状况（元）

	2010 年		2014 年	
	人均生产总值	县域个数	人均生产总值	县域个数
发达	大于 28938	13	大于 47605.2	12
较发达	[24115,28938)	1	[39671,47605.2)	2
较不发达	[19292,24115)	2	[31736.8,39671)	4
欠发达	[12057.5,19292)	14	[19835.5,31736.8)	11
极不发达	[0,12507.5)	16	[0,19835.5)	17

与 2010 年相比，2014 年归属于极不发达县域的数量增加了一个，其原因是门源县由极不发达变为了欠发达，曲麻莱县和湟源县由欠发达变为了极不发达，所以，虽然归为极不发达类型的县域数量变化不是很大，但内部结构还是发生了巨大改变，此外，在人均生产总值的排名上也发生了较大的变化，除了达日县外，其他县域的人均生产总值排名都有改变。与 2010 年相比，归属于欠发达县域的数量减少了 3 个，主要变化如下：曲麻莱县和湟源县所属类型由欠发达变为了极不发达，而湟中县、共和县和都兰县由欠发达升级为较不发达，尖扎县由发达变为了欠发达，变化较大。归属于发达区域的其他县域所属类型未发生变化。

表 8.23 2010、2014 年青海省各县域区域经济发展状况

极不发达		欠发达		较不发达		较发达		发达	
2010	2014	2010	2014	2010	2014	2010	2014	2010	2014
甘德县	囊谦县	互助县	同德县	祁连县	湟中县	玛沁县	祁连县	尖扎县	乌兰县
囊谦县	玉树市	湟源县	门源县	平安县	玛沁县		平安区	大柴旦	冷湖
玉树县	甘德县	乐都县	同仁县		共和县			城中区	德令哈市
达日县	达日县	曲麻莱县	大通县		都兰县			乌兰县	海晏县
称多县	班玛县	同德县	互助县					城东区	城中区
班玛县	久治县	同仁县	乐都区					德令哈市	城东区
民和县	称多县	贵德县	贵德县					城西区	城北区
久治县	玛多县	都兰县	兴海县					海晏县	城西区
循化县	治多县	刚察县	刚察县					城北区	天峻县
化隆县	民和县	河南县	尖扎县					天峻县	茫崖
玛多县	杂多县	兴海县	河南县					格尔木市	格尔木市

续表

极不发达		欠发达		较不发达		较发达		发达	
2010	2014	2010	2014	2010	2014	2010	2014	2010	2014
治多县	循化县	大通县						茫崖	大柴旦
杂多县	化隆县	共和县						冷湖	
门源县	泽库县	湟中县							
泽库县	贵南县								
贵南县	曲麻莱县								
	湟源县								

8.5 结论

青海省2009—2015年间地区生产总值翻了一番,经济发展速度快于全国平均水平,第二、第三产业对青海省GDP的贡献较大。虽然近年来青海省经济发展取得了较好的成绩,但也存在一些问题。一是与全国相比,青海省的经济发展水平相对比较落后,产业结构存在一些不足,第二产业依然是推动青海省经济发展的主导力量,第三产业占比较少,尚处在起步阶段;二是转变经济增长方式的任务十分紧迫,重工业依然是青海省的支柱产业,高投入、高消耗、低产出的问题还没有根本解决,经济发展比较依赖于投资支出;三是解决地区差距问题的任务仍然比较艰巨,青海省地区生产总值的集中程度较高,各地区之间发展差异较大,而且从趋势上看,各地区发展差异未见显著改变;四是人均生产总值增速不及地区生产总值增速,人均生产总值与人均可支配收入差距过大,城乡收入差距较大,经济增长的质量有待提高。

9. 青海经济活动空间分布探析

王永莉[①]

素有“中华水塔”美誉的青海，是我国西部重要生态屏障，聚居着汉、藏、回、蒙古等民族，在生态安全、资源保障、国防稳定等方面具有重要战略地位，其经济社会的均衡发展对我国西部和全国生态文明建设及全面建设小康社会都具有重要意义。

9.1 青海气候环境和自然资源等的分布差异概况

总面积达72万余平方公里的青海，是我国长江、黄河、澜沧江的发源地，也是联结西藏、新疆与内地的纽带，但其自然条件恶劣，资源环境差异显著，影响了青海经济活动的空间分布和调适。

青海位于东经89°24′~103°04′、北纬31°36′~39°12′。境内地形地貌复杂多样，东部多山，海拔较低，西部为高原和盆地；地势总体呈西高东低、南北高中部低。全省平均海拔3000米以上，其中海拔高度3000米以下的地区占全省总面积的16%，3000米到5000米的占76%，5000米以上的约占8%。省内平原面积占全省总面积的28%，而山地和丘陵分别占49%和15%，其余台地面积占全省总面积8%。

青海地处世界屋脊青藏高原东北部，属高原大陆性气候，但各地自然气候差异较大。年平均气温-5.1~9.0℃，气温总体呈北高南低分布。全省平均年降水量15毫米~750毫米，大部分地区年降水量在400毫米以下；年降水量由东南向西北逐渐减少，东部雨水较多，西部干燥多风，缺氧寒冷。全省

① 王永莉，女，四川蒲江人，教授，博士，研究方向：区域可持续发展等，E-Mail：wangyongli426@163.com.

日照时间长、辐射强,太阳能资源丰富。2015 年青海全省年降水量最多的海北州的门源县达 471.7 毫米,而最少的玉树州仅有 40.9 毫米,前者是后者的 11.5 倍,年降水量最大相差 430.8 毫米。年平均气温最低的果洛州仅有 1.1℃,最高的海东达到 8.5℃,年平均气温最大相差 7.4℃。果洛州和玉树州政府所在地大武镇和结古镇的海拔高度均在 3700 米以上。详见表 9.1。

表 9.1 2015 年青海主要地区自然气候条件差异概况

	西宁	海东	门源	黄南	海南	果洛	玉树	海西
年降水量(毫米)	306.2	249.3	471.7	391.8	308.9	463.1	40.9	232.8
年平均气温(摄氏度)	6.4	8.5	2.5	7.6	5.7	1.1	3.3	5.2
平均风速(米/秒)	1.0	1.8	1.5	1.0	1.7	1.9	1.6	1.7
平均日照时数(小时)	2590	2606	2564	2475	2967	2574	2433	2923
政府驻地海拔高程(米)	2250	2114	3000	2480	2880	3730	3710	2980

资料来源:根据《青海统计年鉴 2016 年》数据整理,其中门源县位于海北州;后文如无特别说明,所有数据均来自《青海统计年鉴(2016)》。

青海全省土地类型多样,但垂直分异明显。2015 年末,全省土地总面积 69.66 万平方公里中,农用地面积 4511 万公顷,占全省土地总面积的 65%,建设用地和未利用地面积分别占 0.5% 和 35%。而农用地中耕地、牧草地、林地和园地面积分别为 58.57 万公顷、4081.21 万公顷、354.15 万公顷和 0.61 万公顷,其中牧草地占了农用地的近 89%,可利用草地占牧草地总面积 87%。耕地主要分布在河湟流域和柴达木盆地,草地主要分布在三江源和环湖地区,林地主要分布在长江、黄河上游及祁连山东段等。境内大致以日月山、青南高原北部边缘为界,以西为牧区,以东为农耕区。东部耕地占全省总耕地面积的 90.8%,宜耕后备资源主要分布在柴达木盆地、海南台地、环青海湖地区及东部地区。全省森林覆盖率提高到 6.3%,东部地区达到 35.3%。地区荒漠化和沙化的土地面积分别占全省国土面积的 26.5% 和 17.4%。全省湿地面积居全国第一,达 814.36 万公顷,占全国湿地总面积的 15.19%。

青海的耕地分布极不平衡。2014 年,西宁市和海东市的耕地面积占全省耕地面积的 37.97% 和 25.27%,二者耕地面积占了全省的近 63%,其余 6 个州的耕地面积总共只占约 37%,尤其是果洛州和玉树州耕地面积加起来还不到全省的 3%。2015 年青海全省主要农作物总播种面积中,西宁市和海东市分别占了21.98%和36.71%,二个地区就占了全省的近59%,其余6个州的农作物播种面积总共只占41%,尤其是果洛州和玉树州加起来还不到全省的3%(详见表9.2),这会直接影响其产业布局。

表9.2　青海各地区耕地面积和农作物播种面积分布差异

	2014年耕地面积		2015年主要农作物播种面积				
	总面积(公顷)	占全省比重(%)	总面积(千公顷)	占全省比重(%)	#粮食作物(千公顷)	#经济作物(千公顷)	#蔬菜和食用菌(千公顷)
海东	222390.17	37.97	204.98	36.71	122.57	55.25	21.49
西宁	145486.92	25.27	122.75	21.98	55.91	35.49	21.64
海南	83463.63	14.25	100.07	17.92	55.36	22.10	3.19
海北	56313.06	9.61	53.80	9.63	16.03	27.52	0.66
海西	43537.60	7.43	50.33	9.01	14.41	31.90	1.85
黄南	19847.44	3.39	17.92	3.21	7.99	4.35	0.48
玉树	13386.59	2.29	12.23	2.19	8.54	0.37	0.33
果洛	1282.54	0.22	0.53	0.09	0.46	0.04	0.01
全省	585707.95	100	558.39	100	277.06	177.02	49.65

青海还拥有丰富的矿产资源、水能资源和动植物资源等。全省已发现120余种矿产,已探明储量的有110种,其中有54个矿种居全国前十位,储量居全国首位的有10种:氯化锂、锶、钠、镁、氯化钾、溴、芒硝、石棉、化工灰岩和硅等。如"聚宝盆"柴达木盆地的盐湖有30多个,已探明总储量700亿吨,柴达木地区已探明矿产资源潜在价值占全省的93%以上。金属和非金属矿产资源产地遍布全省各地。盐湖、石油天然气资源集中分布在柴达木盆地,煤炭资源主要分布在祁连山、柴北缘、昆仑山、唐古拉山和积石山五大含煤区,有色金属资源主要分布在柴北缘、北祁连、鄂拉山、东昆仑等地。

青海还有"中华水塔"之美誉,水能资源蕴藏量达2165万千瓦,可开发利用的约1800万千瓦,年发电量770亿度,水能资源集中分布在黄河干流。省内水资源分布不均,主要分布在三江源地区,占全省的63%,环青海湖地区占全省的25%,东部及柴达木盆地仅占全省的12%。

旅游资源也相当丰富,目前青海拥有塔尔寺、青海湖和互助土族故土园旅游区3个5A级景区,拥有马步芳公馆、门源百里油菜花海、青海省博物馆等14个4A景区,还有44个3A景区等。

全省以西宁、格尔木市为依托,以兰青、青藏铁路为纽带,初步形成西宁经济区(包括大通县)、东部经济区、柴达木经济区、环湖经济区、青南经济区五大区域。粮食作物主要有小麦、青稞、蚕豆等,经济作物以油菜籽为主,畜产品主要有牛羊肉、羊毛、羊绒、牛毛绒等,工业主要产品有电力、原油、原盐及钢材、铝锭等。

省内各地环境承载能力差异较大。东部地区大气环境质量较好,黄河干流水质良好,是省内最适宜人居的区域,但河湟地区水土流失比较严重。柴达木地区环境容量较大,大气环境质量良好,大部分河流水质皆优,但土地沙化、盐碱化普遍发生。环青海湖地区水草丰美,大气、水环境质量良好,但草地过牧超载①,沙化面积不断扩大。三江源地区湖泊密布,生物多样性丰富,但生态脆弱,草地退化,水源涵养功能逐年下降。

与我国东中部地区相比,青海的自然条件整体比较恶劣且地区差异明显,有限的经济发展潜力决定其经济发展水平等严重滞后,导致青海与甘肃、云南、贵州和西藏等同处于所谓"一个中国,四个世界"分类格局中的第四世界②。这种因自然条件劣势和资源禀赋差异等导致的区域差距和不协调,必须通过从中央到地方的各级政府来调整其经济社会发展。

9.2 青海经济社会发展概况及其空间分布演变

改革开放以来,青海经济社会发展取得了长足的进步,但因自然资源分布不均和地理气候条件恶劣、少数民族构成复杂等,加之又深居内陆,非均衡发展战略的实施,逐渐导致地区之间经济社会发展水平差异较大,直接影响到青海经济社会的可持续发展和空间布局的优化。

9.2.1 青海经济社会发展概况

西部大开发以来,青海经济社会发展有了明显成就,但与西部民族地区和全国的差距依然较大。2016年西部民族八省区即内蒙古、广西、贵州、云

① 周枭,王建军.青海省生态经济发展水平空间差异分析[J].特区经济,2016(3):17-22.

② 杨永恒,胡鞍钢,等.中国人类发展的地区差距和不协调——历史视角下的"一个中国,四个世界"[J].经济学季刊,2006,5(3):803-816.

南、青海、宁夏、新疆、西藏，其 GDP 总量、固定资产投资、一般公共预算收入、进出口总额依次达 247675 亿、79884 亿、9027 亿和 7162 亿，分别占全国同类指标的 33.28%、13.17%、5.66% 和 2.94%。青海 2016 年常住总人口 593.46 万人，少数民族人口 283.14 万人，占 47.71%，其中藏族和回族人口分别占全省人口的约 25% 和 15%。同期人均 GDP 达到 43531 元，在西部民族八省区中位列第三，达到全国水平的 80.6%。但其城镇和农村常住居民人均可支配收入分别为 26757 元和 8664 元，分别占西部民族地区和全国平均水平的 94.36%、79.59% 和 90.17%、70.08%，详见表 9.3。

表 9.3　2016 年青海与西部民族地区及全国经济社会发展概况比较

	地区生产总值（亿元）	人均 GDP（元）	城镇常住居民人均可支配收入（元）	农村常住居民人均可支配收入（元）	三次产业结构比重（%）	固定资产投资（亿元）	一般公共预算收入（亿元）	进出口总额（亿元）
内蒙古	186337	74069	32975	11609	8.8∶48.7∶42.5	14894	2017	767
宁夏	3150	46919	27153	9852	7.6∶46.8∶45.5	3709	388	217
青海	2572	43531	26757	8664	8.6∶48.6∶42.8	3456	238	101
新疆	9617	40427	28463	10183	17.2∶46.8∶45.6	9984	1299	1168
广西	18245	37876	28324	10359	15.3∶45.1∶39.6	17653	1556	3166
西藏	1150	35143	27802	9094	9.1∶37.4∶53.5	1596	156	52
贵州	11734	33127	26743	8090	15.8∶39.5∶44.7	12929	1561	375
云南	14870	31397	28611	9020	14.8∶39.0∶46.2	15663	1812	1316
西部民族平均	30939	42811	28354	9609	—	9986	1128	895
全国	744127	53980	33616	12363	8.6∶39.8∶51.6	606466	159552	243386

资料来源：根据全国和各地 2016 年统计公报整理，其中固定资产投资不含农户。

青海经济社会持续发展的基础依然比较薄弱。2016 年其地区 GDP 总量、固定资产投资、一般预算公共收入和进出口总额依次为 2572.49 亿、3456 亿、238 亿和 101 亿元，在西部民族八省区中均列倒数第二。青海面积占全国总面积的 1/13，列西部民族八省区的第四，但其 2016 年地区 GDP 只占全国 GDP 的 3.46%。

同期，其三次产业结构比重依次为 8.6%、48.6% 和 42.8%，第二产业高出全国平均水平 8.8 个百分点，幅度达 22%，第三产业比全国平均水平低

8.8 个百分点,幅度达 22%,产业结构需要进一步优化(详见表 9.3)。

青海还是我国目前贫困人口集中分布的地区之一。尽管扶贫攻坚取得了惊人成就,如 2016 年青海减少贫困人口约 11.6 万人,但直到 2016 年年末仍有贫困人口 42 万人,贫困发生率高达 14.8%。目前青海还有 15 个国家扶贫开发工作重点县,青海藏区 33 个县还被整体纳入我国四省藏区的集中连片特困地区。通过发展经济、优化经济社会活动空间布局来脱贫解困的任务依然艰巨。

9.2.2 青海经济活动空间分布的历史演变

青海经济社会活动的空间分布是在特定自然地理因素与气候条件下,各民族社会历史发展长期互动的结果。整体上其经济社会活动的空间分布渐趋合理,初步形成了东部经济区、柴达木经济区、环湖经济区和青南高寒经济区等差异分布。

按照国外学者的观点,社会空间是根据不同阶级而差异分布的差异体系,即社会阶级是通过划分社会空间的各个区域而区分出来的①。近代民国以来,青海民族社会同样是青海空间物候结构下草原生态社会与农业生态社会长期互动的结果,不同地域的生态环境及社会发展状况等,反过来又引发民族社会部落地域变迁,并形成了具有地域特色的社会生态②。

新中国建立以来,青海在原来一穷二白的农牧业社会基础上,迅速取得了经济社会发展的巨大成就,尤其是改革开放和西部大开发以来,有些年份其年均增长率高达 10% 以上,高于全国平均水平。20 世纪 90 年代后期以来,青海经济社会发展稳步迈入下中等收入水平阶段,初步形成比较完整的国民经济体系,资源配置、工业布局、地域分工等的合理格局也基本形成,整体进入较低的、不平衡不全面的小康发展阶段,但青海占全国 GDP 的比重却持续下降③。

由于青海独特的资源分布和地理环境等特点④,早在 20 世纪 90 年代初,就有学者持续关注青海的区域经济合理布局问题。主张依托青海丰富的资源和原有产业基础,选择和培育资源主导型经济作为战略产业发

① 〔法〕雷米·勒努瓦.社会空间与社会阶级[J].杨亚平,译.东南学术,2005(6):66-73.

② 郭胜利.民国青海民族社会空间结构与政治生态研究[J].中国历史地理论丛,2016(1):50-59.

③ 胡鞍钢,童旭光,等.青海省经济发展历程与发展阶段研究[J].青海社会科学,2011(6):1-4.

④ 张海峰,白永平,等.基于 ESDA-GIS 的青海省区域经济差异研究[J].干旱区地理:汉文版,2009,32(3):454-461.

展方向①。同时因青海经济基础薄弱和财力匮乏等,不能追求各地的均衡发展,而只能采取重点突破、梯度开发的发展战略,把有限的资金技术等与空间分布不均的水能、矿产、草原、土地等有机结合。为此,青海要依靠东部河湟地区,开发柴达木盆地,带动农牧交错地区,扶持青南高寒牧区。

从历史演变看,东部地区成为经济重心的分布格局也是从20世纪50—80年代初逐渐形成的,包括五六十年代建立起来的轻工、纺织、皮革、皮毛、医药、食品、建筑等行业,到六七十年代迁建的“三线”企业,包括机械、化工、冶金、军工等。20世纪80年代之后,随着国家调整产业政策和青藏铁路的建成通车,西宁至格尔木铁路、公路沿线陆续兴建了一批国家投资的大中型石化和盐化厂矿企业,如锡铁山铅锌矿、格尔木炼油厂等,出现了青海经济重心逐渐由东向西转移和向四周扩散的趋势,初步形成了青海经济布局的基本框架,即东部经济区、柴达木经济区、环湖经济区和青南经济区,这是青海自然条件、经济条件和社会条件长期相互作用和制约的结果②。

21世纪初以来,青海地区布局的基本格局并未发生根本性变化,如《青海省“四区两带一线”发展规划纲要》中把全省划分为“四区两带一线”,具体包括东部地区、柴达木地区、环青海湖地区、三江源地区和沿黄河发展带、沿湟水发展带及兰青—青藏铁路发展轴线。如何在现有基础上,进一步优化和调整区域发展格局,则成为青海全面贯彻落实科学发展观、优化国土开发格局的必然选择。

9.3 青海经济活动空间分布的现状和问题分析

尽管青海经济社会发展各方面都取得了令人瞩目的成就,但因地形地貌复杂多样,土地和气候等差异明显以及各种资源分布的严重不均衡,各少数民族错综复杂的历史变迁等,目前经济总量仍然较小,产业层次明显偏低、人民生活水平普遍不高、贫困人口集中等区域发展和分布不均衡等问题,需进一步调适优化。

9.3.1 土地面积和人口分布的显著差异

青海省人口高度聚集于西宁和海东等东部地区,省内的西南部、北部和

① 于敬,尧巨伟.构造具有青海特点的区域经济格局[J].柴达木开发研究,1990(5):16-21.

② 祝宪民.青海经济布局战略重点的再思考[J].青海社会科学,1993(1):8-16.

南部则人口稀疏,不同地区人口分布的差异显著[①]。按户籍统计人口计算,2015 年西宁市和海东市的人口占全省人口约 65%,其土地面积占比却不到全省土地面积的 3%,其他地区 97% 的土地面积,仅仅居住了 35% 的户籍人口,其中海西和玉树拥有全省约 73% 的土地面积,户籍人口却只占全省的 14%。西宁仅有 1% 左右的土地面积,聚集了全省 35% 的户籍人口,人口密度为每平方公里 261.5 人,人口最稀少的海西州,每平方公里则仅有 1.23 人,二者相差 210 多倍,青海经济社会空间分布的不均衡可见一斑。同时,2015 年青海全省户籍统计人口的城镇化率达到 40.85%,但各地区的城镇化率差异也非常大,城镇化率非常高的海西州和西宁市分别达到 69.15% 和 61.66%,而果洛州和玉树州的城镇化水平仅有 17% 左右,详见表 9.4。

表 9.4　2015 年青海各地区户籍统计人口和面积分布差异概况

	总人口(人)	占全省人口比重(%)	城镇人口(人)	城镇化率(%)	面积(万平方公里)	占全省面积比重(%)	人口密度(人/平方公里)
西宁市	2013583	35.08	1241515	61.66	0.77	1.05	261.50
海东市	1700191	29.62	461955	27.17	1.32	1.83	128.80
海北州	297001	5.17	83270	28.04	3.41	4.73	8.71
黄南州	270557	4.71	68879	25.46	1.79	2.48	15.11
海南州	466921	8.14	108559	23.25	4.45	6.18	10.49
果洛州	197212	3.43	33843	17.16	7.60	10.54	2.59
玉树州	391853	6.83	68481	17.48	20.30	28.16	1.93
海西州	402069	7.01	278013	69.15	32.59	45.20	1.23
全省	5739387	100	2344515	40.85	72.10	100	7.96

资料来源:人口密度是笔者根据《青海统计年鉴 2016 年》计算而得。表中均按户籍统计人口计算,可能与按常住人口统计的略有差异。按照常住人口统计数据,2015 年青海常住人口为 588.43 万人。其中,如果包括海西州代管的唐古拉山乡 6.4 万平方公里在内,则玉树土地总面积为 26.7 万平方公里,占全省土地面积的 37.03%。

形成青海人口分布东稠西疏这一显著特点的原因,既有各地先天自然环境等禀赋的差异,也有国家不同时期产业政策和战略调整等因素。长期以来,西宁和海东等自然条件相对较好,且先发展起来的较发达地区,因为聚集效应,更

① 刘成明.青海人口分布格局及变迁[J].青海社会科学,2004(3):41-46.

能吸引大量的产业和人口,而广大的玉树和海西等海拔高、气候寒冷、降水少的西部地区,东部发达地区据点城市的辐射效应还远远没有充分发挥其扩散作用,需要在经济发展水平逐渐提高以后,协调各区域之间发展的不均衡。

9.3.2 地区 GDP 和地方公共财政预算收入差距较大

青海整体经济总量小,各地区生产总值和地方财政预算收入差异较大。2015 年西宁地区 GDP 达 11316193 万元,占全省 GDP 的 46.8%,而最少的果洛州,其地区 GDP 只有 356648 万元,只及西宁 GDP 的 3.15%。同期果洛、玉树和黄南的地区 GDP 占全省比重依次为 1.48%、2.51% 和 3.01%,地区间经济总量差异巨大。同时,主要以营业税等工商税收为主的地方财政预算收入能够粗略反映地区工商业发展状况,青海整体地方财政公共预算收入水平低下,严重依赖中央财政补贴和各项财政转移性开支。2015 年,青海各地区财政总收入只占全省财政收入的 60.3%。省内各地区财政收入差异比较大,全省地方公共财政预算收入占全省地方财政总收入和占地区 GDP 的比重依次为 14.6% 和 11.05%,财政自给能力低下。其中,西宁地方公共财政预算收入达到 947862 万元,占全省地方公共预算收入的 35.48%,最少的黄南州地方公共财政预算收入仅为 34811 万元,只及西宁市的 3.67%;而同期黄南、果洛、玉树的地方公共财政预算收入占全省地方公共预算收入的比重依次为1.30%、1.51% 和 1.96%,不同地区之间政府财政收入能力严重不均衡,详见表 9.5。

表 9.5 2015 年青海各地区财政收入和地区生产总值及其占比差异

	地区生产总值		财政总收入			地方公共财政预算收入			
	总值(万元)	占全省比重(%)	总收入(万元)	占全省比重(%)	占 GDP 比重(%)	总收入(万元)	占全省比重(%)	占财政总收入比重(%)	占 GDP 比重(%)
西宁市	11316193	46.82	3268245	17.89	28.88	947862	35.48	29.00	8.38
海东市	3843963	15.90	2227475	12.19	57.95	217348	8.14	9.76	5.65
海北州	948592	3.92	744671	4.08	78.50	66095	2.47	8.88	6.97
黄南州	727534	3.01	707181	3.87	97.20	34811	1.30	4.92	4.78
海南州	1401971	5.80	1046979	5.73	74.68	97918	3.67	9.35	6.98
果洛州	356648	1.48	670422	3.67	187.98	40424	1.51	6.03	11.33
玉树州	605513	2.51	843966	4.62	139.38	52352	1.96	6.20	8.65

续表

	地区生产总值		财政总收入			地方公共财政预算收入			
	总值（万元）	占全省比重（%）	总收入（万元）	占全省比重（%）	占 GDP 比重（%）	总收入（万元）	占全省比重（%）	占财政总收入比重(%)	占 GDP 比重(%)
海西州	4398495	18.20	1511200	8.27	34.36	507191	18.99	33.56	11.53
全省	24170500	97.64	18268895	60.32	75.58	2671328	73.42	14.62	11.05

注:2015 年青海省财政总收入中还包括国家财政补贴及其他收入共计 15597567 万元,同期青海公共财政预算收入还包括中央转移给地方的财政转移收入 1140063 万元。

很显然,如果离开包括中央政府在内的各级政府的支持和调控,要想调整和优化青海不同地区之间既有经济活动分布的空间格局几乎是不可能的。

9.3.3 地区之间三次产业构成差异明显

从第一、二、三产业的产值构成看,青海第二产业占比为 50%,比同期全国第二产业高出 10 个百分点,而第三产业占比为 41.4%,则比全国低 9.1 个百分点,整体上第三产业明显滞后,产业发展层次低,产业结构不合理。青海各地区之间三次产业结构差异也比较明显。比如海西州三次产业构成就比较畸形,第一、二、三产业占比为 6.1%、67.5% 和 26.4%,第二产业中工业和建筑业又分别占 57.1% 和 10.4%,而玉树、海西和海南的第三产业占比依次只有 19%、26.4% 和 27.7%,玉树的第一产业占比高达 42.5%。相比青海和全国的平均产业构成,青海全省和各地区之间的产业结构需要进一步调整和优化,详见图 9.1。

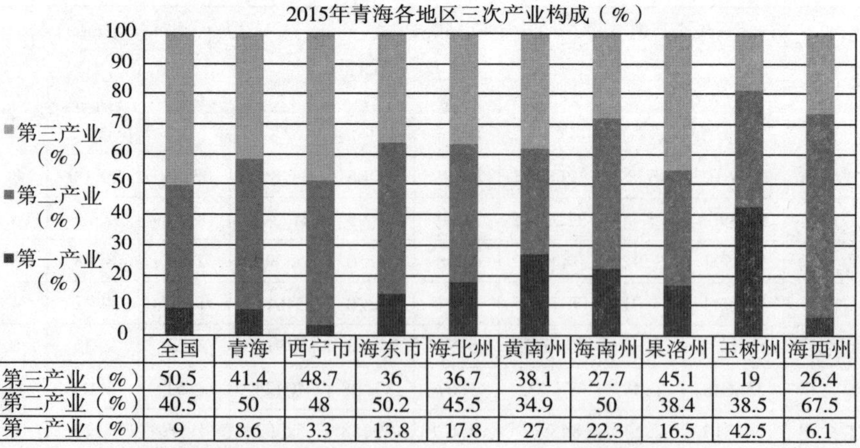

	全国	青海	西宁市	海东市	海北州	黄南州	海南州	果洛州	玉树州	海西州
第三产业（%）	50.5	41.4	48.7	36	36.7	38.1	27.7	45.1	19	26.4
第二产业（%）	40.5	50	48	50.2	45.5	34.9	50	38.4	38.5	67.5
第一产业（%）	9	8.6	3.3	13.8	17.8	27	22.3	16.5	42.5	6.1

图 9.1　2015 年青海各地区三次产业构成图(%)

再看产业的内部结构,青海作为我国重要牧区,2015 年全省农林牧渔业总产值中,农业、林业、牧业、渔业和农林牧渔服务业的占比依次为 45.42%、2.33%、49.60%、0.87% 和 1.78%,牧业作为优势产业,几乎占了农林牧渔业总产值的 50%,尤其是果洛、黄南、玉树、海北 4 个州,牧业占农林牧渔业产值均达到 70% 以上,最高的果洛达到 81.77%,而海东、海西的农业占农林牧渔业产值的比重达到 64.77% 和 62.44%,这是青海发挥草地资源优势大力发展畜牧业的结果,详见表 9.6。

表 9.6　2015 年青海各地区农林牧渔业总产值及其构成概况

	农林牧渔业总产值(万元)	农业		林业(万元)	牧业		渔业(万元)	农林牧渔服务业(万元)
		产值(万元)	占比(%)		产值(万元)	占比(%)		
西宁市	702654	349019	49.67	9975	336860	47.94	12	6788
海东市	884644	572962	64.77	13255	279628	31.61	4644	14155
海北州	246162	68405	27.79	3796	168523	68.46	0	5438
黄南州	247328	46589	18.84	2745	187789	75.93	1228	8977
海南州	450423	134471	29.85	13500	273669	60.76	20626	8157
果洛州	71299	10681	14.98	237	58304	81.77	0	2077
玉树州	294710	76094	25.82	8450	205756	69.82	0	4410
海西州	424733	266063	62.64	22372	128217	30.19	1246	6835
青海省	3192654	1449985	45.42	74330	1583747	49.61	27755	56837

显然,青海全省以及各地区之间,因耕地和草地等农牧业资源分布的不均衡,除了进一步保持依托于优势资源的产业优势外,各地区产业结构以及各产业内部等也还有优化的空间。

9.3.4　消费品零售、固定资产投资和存贷款分布的极端不均衡

2015 年,青海省全社会消费品零售总额和固定资产投资总额分别达到 6909798 万元和 29520623 万元,其中西宁、海西和海东的社会消费品零售总额分别占全省的 66.85%、11.79% 和 11.59%,3 个地区社会消费品零售总额加起来占了全省的 90.23%,果洛、黄南、玉树、海北和海南 5 个州的社会消费品零售总额总共仅占 10% 左右。同期西宁、海西和海东的固定资产投资总额分别占全省的 43.90%、20.71% 和 17.14%,3 个地区社会消费品零售总额加

起来占了全省的81.75%,果洛、黄南、玉树、海北和海南5个州的固定资产投资总额总共仅占18%左右。显然,青海除了西宁、海东、海西之外的整个社会消费品市场容量和固定资产投资均十分有限,既有空间分布格局的调整非常困难,见表9.7。

表9.7　2015年青海各地区固定资产投资和存款贷款分布差异

	社会消费品零售额		人民币存款余额		人民币贷款余额		固定资产投资额	
	总额(万元)	占全省比重(%)	余额(万元)	占全省比重(%)	余额(万元)	占全省比重(%)	总额(万元)	占全省比重(%)
西宁市	4619377	66.85	35484270	68.07	40959278	82.12	12959462	43.90
海东市	800532	11.59	5220551	10.01	2537931	5.09	6113882	20.71
海北州	188866	2.73	1222931	2.35	489143	0.98	1130601	3.83
黄南州	84580	1.22	1084518	2.08	371045	0.74	763224	2.59
海南州	247308	3.58	1825527	3.50	712758	1.43	2320608	7.86
果洛州	52840	0.76	909562	1.74	153693	0.31	678147	2.30
玉树州	101705	1.47	1473225	2.83	188120	0.38	496139	1.68
海西州	814591	11.79	4907460	9.41	4468150	8.96	5058560	17.14
全省	6909798	100	52128044	100	49880118	100	29520623	100

资料来源:根据《青海统计年鉴2016年》数据整理,本表中固定资产投资总额29520623万元中,没有包含跨省区项目,若包括则青海当年全省固定资产投资总额为3266.64亿元。

再从人民币存款和贷款余额看,2015年青海人民币存款和贷款额度分别达到52128044万元和49880118万元,其中西宁、海东和海西的人民币存款余额依次占全省的68.07%、10.01%和9.41%,3个地区总共占了全省的87.48%,果洛、黄南、玉树、海北和海南5个州的人民币存款余额总共仅占全省的12.5%左右。同期,西宁、海东和海西的人民币贷款余额依次占全省的82.12%、5.09%和8.96%,3个地区总共占了全省的96.17%,果洛、黄南、玉树、海北和海南5个州的人民币贷款余额总共仅占3.8%左右(表9.7)。

青海整体对外开放程度非常低,2015年青海进出口贸易193447万美元,其中出口158888万美元、进口29250万美元,西宁、海西、海东和海南4个地区的进出额依次为184199万美元、4673万美元、3972万美元和601万美元,进出额占全省比重依次为95.22%、2.42%、2.05%和0.31%,玉树、果洛、海北和黄南没有进出口贸易额。

9.3.5 人均GDP、居民收入和消费水平的地区差异

青海从20世纪80年代以来的30余年间,区域经济发展呈现出不平衡特点,但区域中心城市的辐射作用较微弱,还有大部分地区处于较贫困状态①。这一格局现在依然没有改变。2015年,青海全省人均GDP为41252元,其中人均GDP最高的海西州达到86713元,最低的玉树州仅有15455元,二者相差71258元,海西州的人均GDP超出青海全省平均水平45461元,达2.1倍。再从人均可支配收入和人均生活消费支出看,青海全省和各地区城镇与农村的发展也不均衡,农村发展远远落后于城镇,但是不同地区城镇之间的差异要明显小于农村之间的发展差距。如2015年青海全省居民、城镇居民和农村居民的可支配收入分别为15813元、22307元和7283元,农村居民人均可支配收入只占全省居民和城镇居民的46.05%和32.6%;海西州农村居民人均可支配收入最高为10582元,也只及全体居民平均水平的67%左右。人均生活消费也有类似特点,城乡之间、不同地区之间居民收入水平差距较大,详见表9.8。

表9.8 2015年青海各地区人均GDP、可支配收入和生活消费支出差异

	人均GDP(元)	人均可支配收入(元)			人均生活消费支出(元)		
		全体居民	城镇	农村	全体居民	城镇	农村
西宁市	49178	19842	25232	8865	16240	20112	8354
海东市	26531	12805	23373	8196	9819	14731	7677
海北州	31960	14710	24606	9836	10227	14876	7938
黄南州	27177	11608	24407	6819	8398	15626	5694
海南州	30150	13505	24025	8737	9997	13828	8261
果洛州	18089	10739	25762	5465	6991	17613	3263
玉树州	15455	12315	25655	5565	7544	13823	4367
海西州	86713	21316	25419	10582	13772	15596	9000
全省	41252	15813	22307	7283	12605	17493	8235

2015年全国人均GDP达到49351元,青海除了海西州外,其余地区人

① 薛静,付建新.青海省区域经济空间结构演化研究[J].经济论坛,2009(1):83-86.

均 GDP 均在全国平均水平之下,玉树和果洛的人均 GDP 分别只及全国平均水平 31.32%、36.65%,这些地区脱贫解困、实现全面小康的任务还非常艰巨。

9.3.6 教育发展水平差异和贫困人口分布不均

目前全国 592 个国家扶贫开发工作重点县中,中部和西部分别有 217 个和 375 个,西部民族八省区有 232 个,青海则有 15 个;同时,全国 11 个集中连片特困地区还把青海藏区 33 个县整体纳入特困地区,其中,海西州的都兰县和冷湖行委、大柴旦行委、茫崖行委,海南州的同德县,黄南州的河南县等 6 个县(行委)已于 2016 年完成了脱贫攻坚目标任务,被摘帽贫困县(行委)。这些贫困县大都属于民族自治州或民族自治县,并且主要分布在青海西南部和南部生态环境条件比较脆弱的高海拔地区,扶贫攻坚非常困难,详见表 9.9。

表 9.9 青海国家扶贫开发工作重点县和集中连片贫困县分布概况

国家扶贫开发工作重点县 15 个	西宁市(2)	大通(回族自治)县、湟中县
	海东市(5)	平安县、民和(回族自治)县、乐都县、化隆(回族自治)县、循化(撒拉族自治)县
	黄南藏族自治州(1)	泽库县
	果洛藏族自治州(3)	甘德县、达日县、玛多县
	玉树藏族自治州(4)	杂多县、治多县、囊谦县、曲麻莱县
四省藏区中的青海藏区的连片特困县 33 个	海北藏族自治州(4)	门源回族自治县、祁连县、海晏县、刚察县
	黄南藏族自治州(4)	同仁县、尖扎县、泽库县、河南蒙古族自治县
	海南藏族自治州(5)	共和县、同德县、贵德县、兴海县、贵南县
	果洛藏族自治州(6)	玛沁县、班玛县、甘德县、达日县、久治县、玛多县
	玉树藏族自治州(6)	玉树县、杂多县、称多县、治多县、囊谦县、曲麻莱县
	海西蒙古族藏族自治州(5 县 +3 行委)	格尔木市、德令哈市、乌兰县、都兰县、天峻县
		冷湖行委、大柴旦行委、茫崖行委

资料来源:扶贫办关于公布全国连片特困地区分县名单的说明,http://www.gov.cn/gzdt/2012-06/14/content_2161045.html;国家扶贫开发工作重点县名单,http://www.cpad.gov.cn/art/2012/3/19/art_50_23706.html.

尽管青海各级各类教育均取得了巨大的成就,但距离均衡教育的发展目标,差距还非常大。2015 年青海全省初中毕业升学率、小学毕业升学率和学龄儿童入学率分别达到87.5%、94.7%和99.8%，而欠发达的果洛州，其初中毕业升学率和小学毕业升学率分别只达到55.1%和87.4%。同期，青海共有12所普通高等学校和39所中等职业学校，其中西宁分别拥有10所和20所，依次占全省的83.33%和51.28%，省内广大的西部和北部地区，如黄南州和玉树州分别只有1所中等职业学校，教育资源分布非常不均衡，详见表9.10。

表9.10　2015年青海各地区各类教育发展差异的简单比较

	初中毕业升学率（%）	小学毕业升学率（%）	学龄儿童入学率（%）	普通高校（所）	中等职教（所）	普通中学（所）	普通小学（所）	幼儿园师生比	中职师生比
西宁市	101.8	100.0	100.0	10	20	137	160	19.8	26.8
海东市	90.2	94.8	100.0	1	6	102	373	30.0	41.2
海北州	83.7	93.2	99.9	0	2	12	31	98.5	19.6
黄南州	70.9	91.7	99.1	0	1	19	145	43.0	109.8
海南州	69.6	88.1	99.7	0	2	23	54	21.0	71.1
果洛州	82.7	85.5	99.0	0	5	11	55	24.9	55.8
玉树州	55.1	87.4	99.0	0	1	15	114	104.1	17.9
海西州	79.1	94.7	100.0	1	2	52	46	31.2	45.5
全省	87.5	94.7	99.8	12	39	371	978	25.2	31.7

再从学校师生比来看，2015年青海各类小学和中学的师生比分别为17.1和13.3，各地区差异不大。但同期全省幼儿教育和中等职业教育的师生比依次为25.2和31.7，教育资源紧张且各地区之间的差异比较大。目前青海教育资源分布的不均衡和发展水平的差异，反过来会加剧各地区原有经济发展水平的差距，最终影响均衡发展空间布局的形成。

9.4　进一步优化青海经济活动空间分布的建议

不论用何种指标衡量，青海经济社会发展水平的不均衡和空间分布格局的不合理等，都需要进一步调整和优化。这需要从中央到地方各级政府等的继续高度重视，通过进一步发挥各级政府规划的引导作用，完善区别对待的各种调控政策，充分利用各种市场机制，不断深化改革、扩大开放，依靠青海高地精神和对口援青等，最终促进区域科学开发格局的逐渐形成。

9.4.1 进一步发挥政府宏观规划的顶层设计作用

随着青海经济社会发展水平的提高,以及中央和全国贯彻科学发展观的战略部署和实践推进等[①],从 2007 年中央提出编制《全国主体功能规划》开始,青海和全国国土空间科学开发格局的统一规划部署就列为全国和各地区国民经济五年规划和各种专项规划的重要内容,并在相关产业发展和具体规划实施中积极推进。青海因自然条件恶劣和资源环境等的差异以及经济社会发展水平的滞后,其经济社会活动空间布局的严重不均衡等,必须继续在中央政府相关统一部署和科学规划之下,依靠青海各级政府的宏观规划设计,积极转变政府职能,充分发挥政府宏观规划对青海经济均衡发展和产业合理布局的积极引导作用。

青海省及其各地方政府,要在中央有关统一部署和规划布局指导下,根据青海实际,制定青海及各地有关产业合理布局、地区均衡发展、城镇有序开发以及促进生态保护和建设等的相关规划,并协调好全国统一部署和青海地方规划布局之间的关系,衔接好青海全面规划和各项专门规划的部署实施,加强各类规划的纵向、横向以及内部的协调,真正发挥政府宏观规划在科学合理布局中的引导作用。为此,前者至少要涉及下面一系列规划之间的相互协调,如全国与青海主体功能区划、全国与青海推进生态文明建设方案、全国与青海十三五规划、全国有关生态环境保护和脱贫攻坚等规划与青海相关规划等;后者则至少涉及《青海主体功能规划》《青海省新型城镇化规划》《青海三江源国家公园建设规划》《青海省"四区两带一线"发展规划纲要》《青海省建设国家循环经济发展先行区行动方案》以及《青海省城乡一体化规划》等。既要注重中央和全国规划与青海地方各级规划之间的协调统一,又要避免地方各类规划之间的简单重复和矛盾冲突,严格遵循地方规划服从中央和省级规划的原则;规划实施中更要确保规划相关内容的具体落实和各项政策保障,要避免政出多门而无专门机构负责实施,确保其真正发挥对青海和全国区域开发布局的调整和优化作用。

9.4.2 完善适用各类不同区域的产业发展和区域协调政策

青海要根据不同地区自然条件特点和资源禀赋分布差异以及原有发展

① 安虎森,肖欢.我国区域经济理论形成与演进[J].南京社会科学,2015(9):23-32.

基础和潜力等,在生态文明和循环经济等理念主导下,从产业可持续发展和空间结构优化等角度,通过促进制度创新和完善相关分类指导政策,实行不同的产业发展和区域协调政策,进一步培育特色产业和调整区域合理布局,推动区域经济社会的可持续发展①。

按照全国和青海主体功能规划要求、青海"四区两带一线"发展规划和青海十三五规划等的部署,青海全省被分为东部地区、柴达木地区、环青海湖地区、三江源地区和沿黄河发展带、沿湟水发展带及兰青—青藏铁路发展轴线,通过制定和完善配套的区域经济政策和空间结构优化对策,明确各区域的主体功能定位和主导发展方向,确保形成分工合理、各具特色、优势互补、良性互动的区域协调发展新格局。中央和青海省政府需要健全和完善如下相关政策体系:通过完善公共财政管理体系,加快形成规范透明的财政转移支付制度,逐步缩小地区间人均财政支出差距,实行基本公共服务均等化的财政政策。要实行分类管理和分类指导的产业政策,如东部地区实行有利于工业化、城镇化发展的产业政策,柴达木地区实行有利于促进资源综合循环利用的产业政策,环青海湖地区实行有利于优势资源适度开发和特色产业发展的产业政策,三江源地区实行有利于生态保护的产业政策②。实行各有侧重的投融资政策,既要积极争取中央政府对青海在生态建设、环境治理等方面的投资力度,还要通过投资补助、贷款贴息以及银团贷款、融资租赁等方式引导各种资金投向符合各区域产业发展方向的领域。要在土地开发强度、新增建设用地指标等方面实行差别化土地政策,如东部地区可适当增加建设用地指标,柴达木地区着重支持资源加工转化项目建设,环青海湖地区和三江源地区重点满足农牧民就业和生态移民项目建设用地需求。

其中,对于农牧区低收入群众、民族地区贫困人口和各贫困县人口,还要在医疗、教育、就业、住房、养老救助等方面提供最低的保障机制。对于青海集中分布的贫困人口,必须继续扩大各类教育和基础设施建设的投入力度,尤其是要重视各地区学前教育和中等职业教育的政府投入,提高人力资本和人口素质,避免其陷入兼具区位劣势、生态劣势、经济劣势和政治劣势等所谓

---

① 张志斌,李泉.青海产业发展及其空间结构优化[J].中国农业资源与区划,2005(2):32-34.

② 卓玛措,罗正霞,等.青海省区域发展空间模式研究[J].青海民族大学学报,2008(2):95-100.

"空间贫困"的持续性贫困之中①。

9.4.3 扩大开放格局,充分利用国内外各层次市场

青海深居内陆,整体市场发育落后,对外开放程度低下。要塑造要素有序自由流动、主体功能约束有效、基本公共服务均等、资源环境可承载的区域协调发展的新格局,必然离不开进一步扩大对外开放格局,充分利用国内外各层次市场,既要走出去,又要引进来,促进全社会优势产品、资金、技术、人才甚至产业的合理流动。

首先要促进青海省内各个地区之间市场开放和要素流动,包括充分发挥西宁等中心城市及其他小城镇的聚合和扩散作用,农牧区和矿区之间优势产品流通,城市和农牧区之间的要素流动等。其次,还要不断扩大青海与周边省区、全国以及世界的贸易往来和经济技术合作交流。既要实现与甘川新藏等周边省区联动发展,推进兰西经济区建设,又要积极承接产业转移,着力承接和引进一批精深加工、高端制造产业,建设出口商品加工基地;既要积极推动贸易方式和市场多元化,积极扩大有色金属、高原特色农畜产品、机电产品、藏毯、民族用品等产品出口,提高出口商品档次和附加值,又要扩大省内急需的先进技术装备、关键零部件及重要原材料进口,推动全省产业、技术和产品结构的升级换代;积极支持综合竞争优势较强的企业"走出去",开展资源开发和多形式的国内、国际合作,扩大发展空间。在大力推进招商引资方面,紧紧围绕循环经济、高新技术产业、特色旅游业、现代服务业等重点领域,真正引进能够促进青海优势资源、特色产业与东部地区资本、技术、人才等要素对接的优质产业和企业,实现青海与东中部地区的优势互补、合作共赢。

最后,青海要抓住国家实施"一带一路"倡议的重大历史机遇,深度融入"一带一路"建设②,坚持对外开放与深化改革相结合,加强与丝绸之路经济带沿线国家及地区的交流合作,努力把青海建成丝绸之路经济带上重要的战略通道、商贸物流枢纽、产业基地等。既要着力扩大向西开放,重点与中亚、

---

① 王明黔,王娜.西部民族贫困地区反贫困路径选择辨析:基于空间贫困理论视角[J].贵州民族研究,2011(4):141-145.

② 王霞,马德君.青海深度融入"丝绸之路经济带"的机遇探析[J].青海师范大学学报:哲社版,2016(1):8-11.

中东及东欧国家开展能源、高端装备制造、伊斯兰金融、清真产业及农业综合开发等领域合作；又要积极探索向北开放，加强与相关国家在农牧业、矿产资源等领域合作；努力拓展向南开放，积极融入中巴、孟中印缅两个经济走廊，着力推进经贸合作和人文交流等。

9.4.4 协调好青海生态建设与产业布局和经济发展的关系

21世纪以来，青海在生态保护和建设方面取得了突出成就。据测算，2012年青海生态资产总价值达18.39万亿元[①]，三江源、青海湖、祁连山三大重点生态功能区资产占全省总资产的82.7%，尤其是三江源区生态资产价值占比达到68.9%。同期青海为下游地区提供的生态系统服务价值达4726.56亿元，占总价值的64.7%。1998年至2012年间，青海全省包括天然林保护、三北防护林、退耕还林退牧还草、三江源以及青海湖生态保护等生态建设工程总投资为238.4亿元，青海生态建设产生的年均生态效益为41亿元，总体上生态建设投资回报率达137.3%，其中三江源区年均生态效益为35亿元，投资回报率高达204.3%，说明生态建设成果显著，中央和全国等应该继续加大对青海的生态建设投入。

建设循环经济发展先行区和生态文明先行示范区，构筑国家生态安全屏障等生态建设早已列入青海"十三五"等规划纲要。但局部生态环境恶化趋势尚未得到根本扭转，如省内90%为限制开发区和禁止开发区，同时受发展阶段、经济布局、产业结构等因素影响，生态保护与经济发展和民生改善的深层矛盾依然尖锐，所以，青海在调整和优化产业布局进程中，必须始终贯彻生态文明理念，牢固树立创新、协调、绿色、开放、共享的发展理念，坚持生态保护优先，以最小的资源环境代价支撑全省经济社会更高水平发展和更合理布局。各地区在生态建设和环境保护方面要有所侧重，如东部地区重点推进污染和水土流失综合治理，柴达木地区重点推进资源综合循环利用、清洁生产和沙漠化土地治理，环青海湖地区和三江源地区突出抓好草原生态保护恢复与综合治理。

---

① 青海省政府正式发表青海生态系统服务价值及生态资产评估项目成果，http://www.sohu.com/a/82928198_260115.

9.4.5 既主要依靠青海的高地精神,也离不开中央支持和全国援助

青海既有空间经济活动分布是长期以来自然、政治、经济和社会历史等多种因素相互作用形成的,而随着市场经济加快发展,各类要素加速向条件较好地区流动和集中,省内不同地区之间发展不均衡的矛盾可能加剧。所以,青海空间布局的调适优化也需要多角度全方位采取各种措施综合调整,既需要主要依靠青海全省群众发挥高地精神,又需要继续接受中央各项支持和全国各地对青海的对口援助,提升对口援青的合作水平,开创对口援青新局面。继续争取中央及各部委细化落实支持藏区发展的各项措施,创造更加有利的政策环境,提升援助效益;深化重点领域支援合作,积极推进智力援青,继续强化对远程教育、医疗、科技创新、文化交流等其他社会事业发展的支持;加强与对口援青省市深度的产业合作,加强与援青省市及央企的产业对接和项目合作,促进青海特色优势产业发展和产业结构转型升级,增强青海自我发展能力。

10. 宁夏经济活动的空间分布

郑长德

10.1 禀赋结构

宁夏,全称宁夏回族自治区,简称宁,成立于1958年10月25日,是中国五大少数民族自治区之一,自治区首府为银川。总面积为6.64万多平方千米。是全国最大的回族聚居区,辖5个地级市,22个县、市(区)。2016年末全区常住人口674.90万人,其中,城镇人口379.87万人,占常住人口比重56.29%。

10.1.1 地理区位

宁夏回族自治区,位于北纬35°14~39°23,东经104°17~107°39,处在中国西部的黄河上游,东邻陕西省,西、北部接内蒙古自治区,西南、南部和东南部与甘肃省相连。

宁夏疆域轮廓南北长、东西短,呈十字形。南北相距约456公里(北起石嘴山市头道坎北2公里的黄河江心,南迄泾源县六盘山的中嘴梁),东西相距约250公里(西起中卫营盘水车站西南10公里的田涝坝,东到盐池县柳树梁北东2公里处)。

10.1.2 气候与地貌

宁夏回族自治区深居西北内陆高原,属典型的大陆性半湿润半干旱气候,雨季多集中在6—9月,具有冬寒长,夏暑短,雨雪稀少,气候干燥,风大沙多,南寒北暖等特点。由于宁夏平均海拔在1000米以上,所以夏季基本没有酷暑;1月平均气温在零下8℃以下,极端低温在零下22℃以下。宁夏气候的最显著特征是:气温日差大,日照时间长,太阳辐射强,大部分地区昼夜温差一般可达12~15℃。全年平均气温在5~9℃,引黄灌区和固原地区分别为全区高温区和低温区。

宁夏降水量南多北少,大都集中在夏季。干旱山区年平均降水400毫米,引黄灌区年平均157毫米。1995年引黄灌区年降水量203.7毫米,干旱山区年降水量317.8毫米。西海固位于宁夏南部,是黄土丘陵区的西吉、海原、固原、彭阳、同心等7个国家级贫困县的统称。这里长年干旱,年降雨量在300毫米左右,蒸发量却在1000毫米以上,且多发各种自然灾害。

宁夏回族自治区地处中国地质、地貌"南北中轴"的北段,在华北台地、阿拉善台地与祁连山褶皱之间。高原与山地交错带,大地构造复杂。从西面、北面至东面,由腾格里沙漠、乌兰布和沙漠和毛乌素沙地相围,南面与黄土高原相连。地形南北狭长,地势南高北低,西部高差较大,东部起伏较缓。

南部的六盘山自南端往北延,与月亮山、南华山、西华山等断续相连,把黄土高原分隔为二。东侧和南面为陕北黄土高原与丘陵,西侧和南侧为陇中山地与黄土丘陵。中部山地、山间与平原交错。卫宁北山、牛首山、罗山、青龙山等扶持山间平原,错落屹立。

北部地貌呈明显的东西分异。黄河出青铜峡后,塑造了美丽富饶的银川平原。平原西侧,贺兰山拔地而起,直指苍穹。东侧鄂尔多斯台地,高出平原百余米,前缘为一陡坎,是宁夏向东突出的灵盐台地。

宁夏按地形大体可分为:黄土高原,鄂尔多斯台地,洪积冲积平原和六盘山、罗山、贺兰山南北中三段山地。平均海拔1000米以上。按地表特征,还可分为南部暖温带平原地带,中部中温带半荒漠地带和北部中温带荒漠地带。全区从南向北表现出由流水地貌向风蚀地貌过渡的特征。

宁夏地处黄土高原与内蒙古高原的过渡地带,地势南高北低。从地貌类型看,南部以流水侵蚀的黄土地貌为主,中部和北部以干旱剥蚀、风蚀地貌为主,是内蒙古高原的一部分。境内有较为高峻的山地和广泛分布的丘陵,也有由于地层断陷又经黄河冲积而成的冲积平原,还有台地和沙丘。地表形态复杂多样,为经济发展提供了不同的条件。据2004年初统计数据显示,宁夏地形中丘陵占38%,平原占26.8%,山地占15.8%,台地占17.6%,沙漠占1.8%。

宁夏有名的山地有贺兰山和六盘山。贺兰山绵亘于宁夏的西北部,南北长200多公里,东西宽15~60公里。山地海拔多在1600~3000米,主峰达3556米。六盘山古称陇上,位于宁夏的南部,耸立于黄土高原之上,是一条近似南北走向的狭长山脉。

被誉为"塞上江南"的宁夏平原,海拔1100~1200多米,地势从西南向东北逐渐倾斜。黄河自中卫入境,向东北斜贯于平原之上,河势顺地势经石嘴山出境。平原上土层深厚,地势平坦。

宁夏南部为黄土高原的一部分,其上黄土覆盖,厚的地方可达100多米,大致由南向北厚度渐减。六盘山主峰以南,流水切割作用显著,地势起伏较大,山高沟深。

在宁夏版图上,包含了类型多样的地貌:山脉、高原、平原、丘陵、河谷一应俱全,使宁夏拥有丰富的自然景观。

10.1.3 水文

宁夏全区平均年水面蒸发量1250毫米,变幅在800~1600毫米,是中国水面蒸发量较大的省区之一。全区多年平均年径流量为9.493亿立方米,平均年径流深18.3毫米,是黄河流域平均值的1/3,是中国均值的1/15。年径流地区分布很不均匀,山地大,台地小;南部大,北部小。年径流深由南部六盘山区东南侧的300毫米,向北递减至引黄灌区边缘不足3毫米,相差近百倍,且70%~80%的径流集中在汛期。

宁夏水资源以硫酸盐类和氯化物为主。全区平均矿化度大于2克升的面积占57%;黄河宁夏段水质矿化度500毫克/升左右,城市供水水源地水质基本符合标准。而中部干旱带和黄土高原丘陵区最为缺水,不仅地表水量小,且水质含盐量高,多属苦水或因地下水埋藏较深,利用价值较低。泾河水利资源较丰富,但其实际利用率较小。另外,有黄河流域内流区(盐池)、内陆河区(属内蒙古石羊河的中卫市甘塘)。

表10.1 宁夏行政区划及土地面积

地区	乡数(个)	镇数(个)	街道办事处(个)	居委会(个)	村委会(个)	土地面积(平方千米)
总计	90	102	44	501	2271	66400
银川市	6	21	23	226	277	8874.61

续表

地区	乡数（个）	镇数（个）	街道办事处（个）	居委会（个）	村委会（个）	土地面积（平方千米）
兴庆区	2	2	11	90	34	828.39
西夏区		2	6	53	17	1129.75
金凤区		2	5	38	25	345.47
永宁县	1	5		8	69	1193.95
贺兰县	1	4		15	63	1530.78
灵武市	2	6	1	22	69	3846.27
石嘴山市	**9**	**11**	**16**	**121**	**194**	**5208.13**
大武口区		1	10	51	12	1212.84
惠农区	3	3	6	42	38	1361.05
平罗县	6	7		28	144	2634.23
吴忠市	**15**	**29**	**2**	**65**	**520**	**21420.14**
利通区	4	8		21	100	1414.58
红寺堡区	3	2	1	2	63	3523.09
盐池县	4	4		17	102	8377.29
同心县	4	7		4	170	5666.85
青铜峡市		8	1	21	85	2438.32
固原市	**42**	**20**	**3**	**54**	**823**	**13449.03**
原州区	4	7	3	34	153	3501.11
西吉县	16	3		4	296	4000.12
隆德县	10	3		10	113	1266.7
泾源县	4	3		2	105	1442.71
彭阳县	8	4		4	156	3238.4
中卫市	**18**	**21**		**35**	**457**	**17448.09**
沙坡头区	1	10		15	165	6877.44
中宁县	5	6		12	124	4192.83
海原县	12	5		8	168	6377.8

资料来源:《宁夏统计年鉴(2016)》。

表 10.2　宁夏的土地资源(2014 年)

指标	单位	数量	指标	单位	数量
耕地	**公顷**	1289181	公路	公顷	28457
水田	公顷	187616	农村道路	公顷	41258
水浇地	公顷	320125	机场	公顷	731
旱地	公顷	781439	**城镇村及工矿用地**	**公顷**	263295
园地	**公顷**	51054	城市	公顷	39542
果园	公顷	28434	建制镇	公顷	45593
其他园地	公顷	22620	村庄	公顷	145747
林地	**公顷**	769650	采矿用地	公顷	21186
有林地	公顷	165531	风景名胜及特殊用地	公顷	11227
灌木林	公顷	316910	**水域及水利设施用地**	**公顷**	176491
其他林地	公顷	287209	河流水面	公顷	21516
草地	**公顷**	2099489	湖泊水面	公顷	9357
天然牧草地	公顷	1462394	水库水面	公顷	6053
人工牧草地	公顷	35367	坑塘水面	公顷	30096
其他草地	公顷	601728	内陆滩涂	公顷	33978
交通运输用地	**公顷**	77053	沟渠	公顷	72419
铁路	公顷	6512	水工建筑物	公顷	3073

10.1.4　自然资源

矿产资源:以煤和非金属为主,金属矿产较贫乏,已获探明储量的矿产种类达 34 种。宁夏人均自然资源潜在价值为中国平均值的 163.5%。煤炭探明储量 300 多亿吨,预测储量 2020 多亿吨,储量位居中国第六位,人均占有量是中国平均水平的 10.6 倍,且煤种齐全,煤质优良,分布广泛,含煤地层分布面积约占宁夏面积的 1/3,形成贺兰山、宁东、香山和固原 4 个含煤区。石油、天然气分布于灵武、盐池地区,属中小型油(气)田。非金属矿产主要有石膏、石炭岩、白云岩、石英岩(砂岩)、黏土、磷、铸型用砂、硫铁矿、铸石原料和膨润土等,其中石膏、石灰岩、石英岩及黏土为宁夏优势矿产。宁夏的石膏矿藏量居中国第一,探明储量 45 亿吨以上,一级品占储量的一半以上。同心县贺家口子大型石膏矿床,石膏层多达 20 余层,总厚度为 100 米左右,储量达 20 亿吨,为我国罕见的大型石膏矿床。宁夏石油、天然气有相当大的储量,具

表 10.3　宁夏的矿产资源

矿产名称	单位	查明资源储量	资源保有量	矿产名称	单位	查明资源储量	资源保有量
能源矿产				芒硝(矿石)	万吨	12900	12900
煤炭	亿吨	339.65	328.02	电石用灰岩(矿石)	万吨	19014.25	18857.66
金属矿产				制碱用灰岩(矿石)	万吨	8325.04	8325.04
铁矿(矿石)	万吨	379.11	229.02	盐矿(矿石)	万吨	117800	117800
铜矿(铜)	吨	29922.34	25545.55	磷矿(矿石)	万吨	1376.98	1268.12
铅矿(铅)	吨	3570	3570	**建材和其他非金属矿产**			
锌矿(锌)	吨	1966	1966	石膏(矿石)	万吨	290896.23	289957.52
镁矿(矿石)	万吨	7286.99	6832.26	水泥用灰岩(矿石)	万吨	214702.98	205046.97
金矿(金)	千克	1131.53	1069.44	玻璃用白云岩(矿石)	万吨	143	116
银矿(银)	吨	32.21	26.73	玻璃用砂岩(矿石)	万吨	980.74	933.2
冶金辅助原料非金属矿产				水泥配料用砂岩(矿石)	万吨	755	674.8
熔剂用灰岩(矿石)	万吨	2484.1	2430.4	玻璃用砂(矿石)	万吨	117	80.7
冶金用白云岩(矿石)	万吨	19264.8	19264.8	陶瓷土(矿石)	万吨	187.78	178.68
冶金用石英岩(矿石)	万吨	113524.53	112890.9	砖瓦用黏土(矿石)	万立方米	993.1	776.16
冶金用砂岩(矿石)	万吨	450.4	370.83	水泥配料用黏土(矿石)	万吨	3613	3305.07
铸型用砂(矿石)	万吨	107.8	78.6	建筑用辉绿岩(矿石)	万立方米	253	253
耐火黏土(矿石)	万吨	505.7	461.3	饰面用大理岩(矿石)	万立方米	208	208
化工原料非金属矿				水泥配料用板岩(矿石)	万吨	1314	1292
硫铁矿(矿石)	万吨	5.35	5.2	砚石(矿石)	万吨	45.88	45.86

资料来源:《宁夏统计年鉴(2016)》。

备发展大型石油天然气化工的良好条件。宁夏的石英砂岩(硅石)潜在储量很可观,已探明储量在1700万吨以上。宁夏的金属矿产较贫乏,除镁(炼镁白云岩)储量规模达中型外,铁、铜、铅、锌、金和银等矿产均属小型矿床和矿点。

水资源:宁夏是中国水资源最少的省区,大气降水、地表水和地下水都十分贫乏。空间上、下分布不均,时间上变化大是宁夏水资源的突出特点。宁夏水资源有黄河干流过境流量325亿立方米,可供宁夏利用的有40亿立方米。水能理论蕴量195.5万千瓦。水利资源在地区上的分布是不平衡的,绝大部分在北部引黄灌区,水能也绝大多数蕴藏于黄河干流。而中部干旱高原丘陵区最为缺水,不仅地表水量小,且水质含盐量高,多属苦水或因地下水埋藏较深,灌溉利用价值较低。南部半干旱半湿润山区的河系较为发育,主要河流有:清水河、苦水河、葫芦河、泾河、祖厉河等。

湿地资源:宁夏回族自治区湿地可分为河流湿地、湖泊湿地和人工湿地3大类,其中河流湿地和湖泊湿地包括7种类型,主要分布在引黄灌区与南部山区各河流及湖泊之中,并有少量沼泽分布。人工湿地包括库塘、渠沟、水稻田、鱼池,具有数量众多、类型多样、集中连片等特点。宁夏回族自治区河流湿地包括永久性河流湿地、季节性或间歇性河流湿地和泛洪平原湿地3个类型,总面积1041平方千米。黄河斜贯中北部,穿过银川平原,流程397千米,主要支流有清水河、苦水河、葫芦河等,全区年均径流量266亿立方米。在黄河两岸和清水河流域形成了丰富的湿地资源。

旅游资源:古老的黄河文明,神秘的西夏历史,浓郁的回乡风情,雄浑的大漠风光,构成了多姿多彩的旅游资源。“两山一河”(贺兰山、六盘山、黄河)、“两沙一陵”(沙湖、沙坡头、西夏王陵)、“两堡一城”(将台堡、镇北堡、古长城)、“两文一景”(西夏文化、伊斯兰文化、塞上江南景观),体现了深厚的文化底蕴,展示着独特的自然风光。根据《中国旅游资源普查规范》和对宁夏回族自治区旅游资源的全面普查表明:宁夏共计有185个旅游资源单体,其中自然旅游资源单体39个,人文旅游资源133个,服务资源13个,在全国十大类,95种基本类型的旅游资源中,宁夏占8大类,拥有46种,占全国基本类型48.4%。

表 10.4 宁夏旅游资源类型体系

基本类型	全国	宁夏	宁夏占全国	单体数	占单体总数
地文景观类	16	6	37.5%	9	4.86%
水文景观类	7	3	42.9%	6	3.42%
生物景观类	7	4	57.15%	24	13.0%
历史遗产类	21	16	76.2%	62	33.5%
现代人文类	21	16	76.2%	64	34.6%
抽象人文类	7	2	28.6%	6	3.24%
旅游服务类	7	5	71.4%	13	7.02%

资料来源:宁夏旅游资讯网,http://www.nxtour.com.cn/channel-nxgkall.do.

10.1.5 历史与文化

宁夏得黄河水灌溉而形成了悠久的黄河文明,是中华民族远古文明发祥地之一。境内灵武市“水洞沟遗址”表明,早在3万年前的旧石器时代,就有人类在此生息繁衍。公元前3世纪,秦始皇统一六国后,在此设北地郡,派兵屯垦,兴修水利,开创了引黄灌溉的历史。公元1038年,党项族首领李元昊以宁夏为中心,建立大夏国,故元代以后史称西夏,定都兴庆府(今银川市),形成了和宋、辽、金政权并立189年的局面。元灭西夏后,设宁夏路,始有宁夏之名。明朝设宁夏卫,清代设宁夏府。1929年成立宁夏省。新中国成立后,1954年宁夏省撤销并入甘肃。1958年10月25日成立宁夏回族自治区。

10.2 宁夏经济发展概览

10.2.1 改革开放以来宁夏的经济增长

改革开放以来,宁夏经济发展成效显著。1978年宁夏实现地区生产总值13亿元;1993年突破100亿元,2008年突破1000亿元,2015年达到2911.77亿元。按可比价格计算,1978—2015年宁夏地区生产总值年均增长率达到9.88%,超过全国9.66%,按年计算,1978—2015年的37年中,宁夏地区生产总值增长率超过全国水平的有21年,特别是2008年以来,宁夏地区生产总值年增长持续高于全国水平(见图10.1)。从宁夏经济总量占全国比重,1978—2015年呈现出U形曲线,1978年为0.35%,之后持续下降,到1997年为0.28%,之后随着西部大开发战略的实施,占比持续上升,到2015年达到

0.42%(见图10.2)。

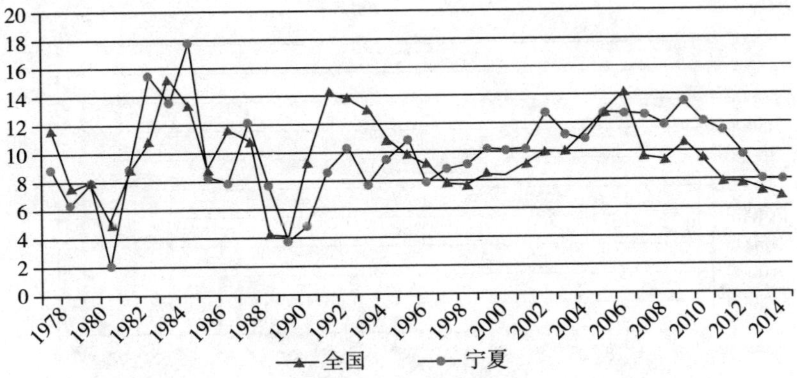

图10.1 宁夏地区生产总值的增长率与全国比较(1978—2015年)

资料来源:《宁夏统计年鉴(2016)》《新中国六十年统计资料汇编》。

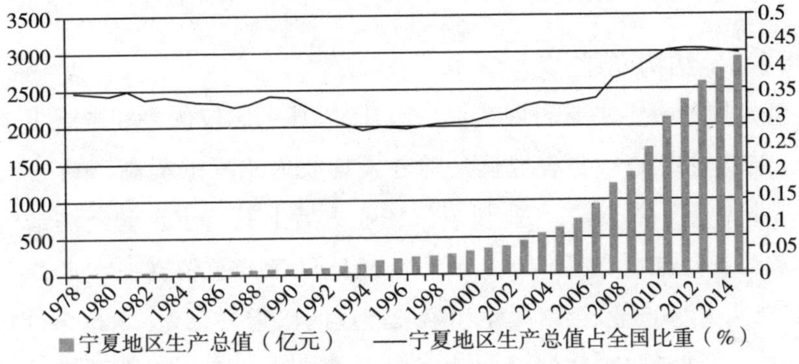

图10.2 宁夏经济在全国的地位(1978—2015年)

资料来源:《宁夏统计年鉴(2016)》《新中国六十年统计资料汇编》。

从人均地区生产总值看,1978年宁夏为370元,1988年突破1000元,2005年突破10000元,2015年达到43805元;按可比价格计算,1978—2015年宁夏人均地区生产总值年均增长率为8.01%,低于同期全国人均GDP 8.59%。从宁夏人均地区生产总值与全国人均GDP的相对值看,如图10.3所示,1978年为0.96,2015年为0.88。

2016年全区实现生产总值3150.06亿元,按可比价格计算,比上年增长8.1%。其中,第一产业增加值239.96亿元,增长4.5%;第二产业增加值1475.51亿元,增长7.8%;第三产业增加值1434.59亿元,增长9.1%。按常住人口计算,全区人均生产总值46919元,增长7.0%。

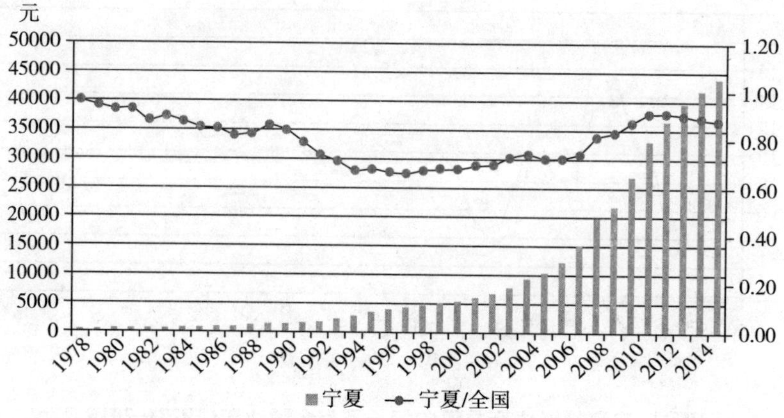

图10.3　宁夏人均地区生产总值及与全国的相对比重(1978—2015年)

资料来源:《宁夏统计年鉴(2016)》《新中国六十年统计资料汇编》。

10.2.2　结构变迁

经济发展的一个主要表现就是结构升级,基于比较优势和微观主体需求的变化,结构升级的一个表现就是随着人均收入水平的提高,第一产业(农业)的就业比重下降,第二产业和第三产业先后上升。宁夏的经济结构变迁的基本趋势亦是如此,如图10.4所示。从地区生产总值在三次产业中的比重看,1978年第一产业、第二产业和第三产业的比重关系为:23.6∶50.8∶25.6,2015年变化为8.2∶47.4∶44.4。动态地看,1978—2015年,宁夏第一产业产值占比总体上持续下降,第二产业产值占比在40%~50%波动,第三产业产值比重持续上升。

从就业结构看,1978年劳动力在第一产业、第二产业和第三产业间的分布是69.74∶18.58∶11.95,2015年为44.2∶18.2∶37.6。动态地看,第一产业就业比重下降,第二产业就业比重在20%左右波动,第三产业就业比重稳定上升。

把这两个结构结合,可以看出,第一产业产值比重下降快于其就业占比(图10.5),这是我国各地区产业结构变化共有的特征,一方面第一产业生产率提高的速度慢于非农产业;另一方面,由于统计方面的原因,许多农村劳动力实际上主要从事的非农产业工作。

结构变化的另一个重要方面就是工业化。从工业增加值占地区生产总值的比重看,1978 年为 43% ,2015 年为 33. 65% 。从动态看,1978—2015 年该比重经历了下降 - 上升 - 下降 - 上升 - 下降的变化。从人均工业增加值看,1978 年为 157 元,1995 年突破 1000 元,2010 年突破 10000 元,2015 年为 14669 元。与全国比较,2015 年全国地区生产总值中工业增加值占比为 34. 3% ,人均为 17109 元,因此宁夏的工业化水平仅从数量上看就低于全国水平,从高技术出口交货值占规模以上工业出口交货值的比重看,2014 年全国为 42. 87% ,宁夏只有 11. 19% ,因此宁夏工业化质量远低于全国水平。

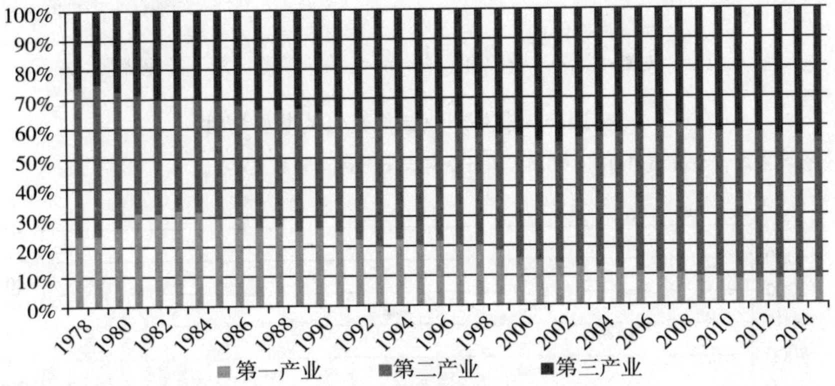

a. 地区生产总值产值结构(1978—2015 年)

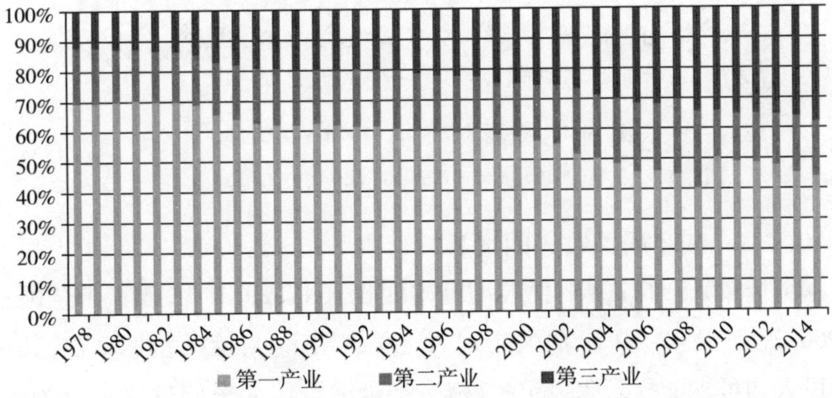

b. 劳动力就业结构(1978—2015 年)

图 10.4　宁夏产业结构的变化(1978—2015 年)

资料来源:《宁夏统计年鉴(2016)》《新中国六十年统计资料汇编》。

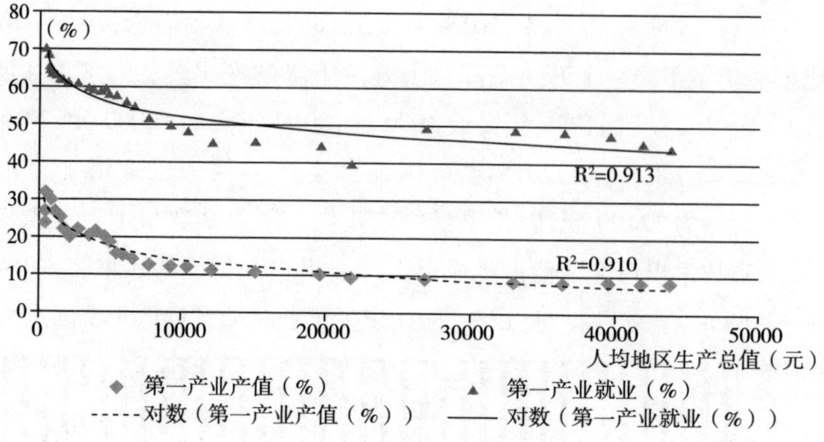

图 10.5　宁夏产业结构变化的非典型性

资料来源:《宁夏统计年鉴(2016)》《新中国六十年统计资料汇编》。

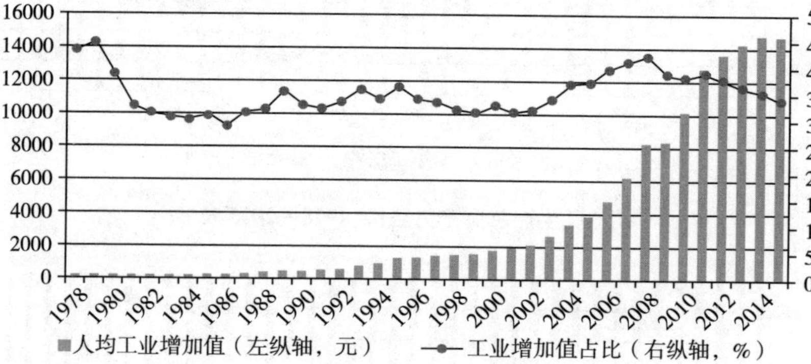

图 10.6　宁夏的工业化(1978—2015 年)

资料来源:《宁夏统计年鉴(2016)》《新中国六十年统计资料汇编》。

10.2.3　城乡居民收入的增长

据统计,2015 年宁夏居民人均可支配收入 17329.1 元,相当于全国水平(21966.2 元)的 78.89%,居大陆 31 个省(直辖市、自治区)的 22 位,其中城镇居民人均可支配收入 25186 元,相当于全国平均水平(31194.8 元)的 80.74%,居大陆第 26 位,农村居民人均可支配收入 9118.7 元,相当于全国水平(11421.7 元)79.84%。表 10.5 给出了 2013—2015 年宁夏居民人均可支配收入及与全国的比较。

表 10.5 2013—2015 年宁夏居民收入及与全国的比较

		2013	2014	2015
居民人均可支配收入	全国(元)	18310.8	20167.1	21966.2
	宁夏(元)	14565.8	15906.8	17329.1
	宁夏/全国(%)	79.55	78.87	78.89
农村居民人均可支配收入	全国(元)	26467.0	28843.9	31194.8
	宁夏(元)	21475.7	23284.6	25186.0
	宁夏/全国	81.14	80.73	80.74
农村居民人均可支配收入	全国(元)	9429.6	10488.9	11421.7
	宁夏(元)	7598.7	8410.0	9118.7
	宁夏/全国	80.58	80.18	79.84

资料来源:《中国统计年鉴(2016)》。

从 1978 年改革开放到现在,随着经济的发展,宁夏人民生活水平有了较大改善,城乡面貌发生了显著变化。1978 年宁夏城镇居民家庭人均可支配收入 346.1 元,农村居民家庭人均纯收入 115.9 元,到 2015 年分别增加到 25186 元和 9119 元。名义收入年均增长率分别为城镇 12.29%,农村 12.52%。从与全国的比较看,1978 年以来,宁夏城乡居民收入占全国的比例先经历了下降,再到 1990 年代中期之后的稳定的 80%左右(图 10.7)。城乡居民生活改善的另一个主要指标是恩格尔系数,1983 年城镇与农村分别为 54.6%和 60.6%,2015 年下降为 25.72%和 29.1%。城乡居民收入差距(用城镇居民收入/农村居民收入表示)在 1978—2015 年经历了下降－上升－下降－上升－下降的过程(图 10.8)。

10.3 经济活动的空间分布

10.3.1 经济发展的空间差异

宁夏的经济活动主要集中于银川市。从经济密度看,2015 年银川市的经济密度是全区的 3.8 倍以上,是固原市的 10 倍以上;就业密度银川市是全区的 2.37 倍,是最低的吴忠市的 3.8 倍以上;而人口密度银川市是全区的 2.42 倍,是最低的吴忠市的 3.8 倍(表 10.6)。

从占比看,2015 年银川市土地面积占比 13.37%,人口占比 32.40%,地区生产总值占比 51.30%,就业占比 31.68%。

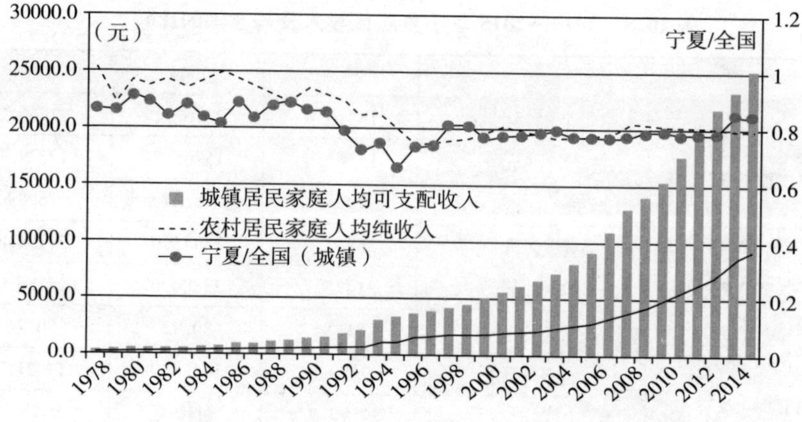

图 10.7　宁夏居民收入及与全国的比较(1978—2015 年)

资料来源:《宁夏统计年鉴(2016)》《新中国六十年统计资料汇编》。

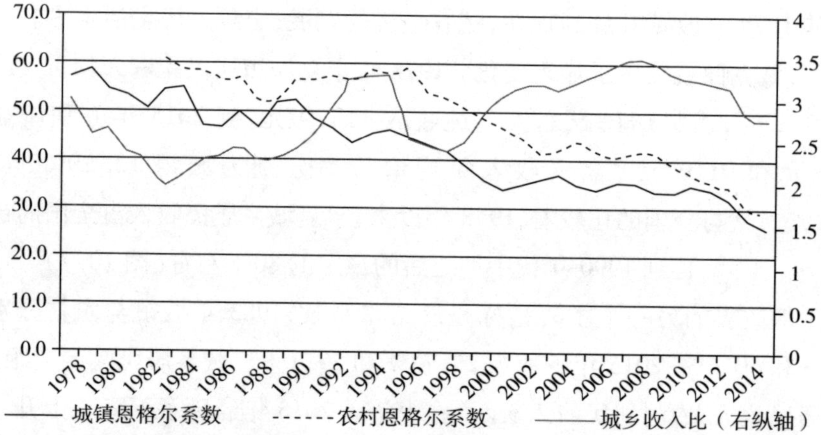

图 10.8　宁夏城乡居民恩格尔系数与城乡收入比的变化(1978—2015 年)

资料来源:《宁夏统计年鉴(2016)》《新中国六十年统计资料汇编》。

从动态角度看,银川市无疑是宁夏的核心区,地区生产总值占比一直在50%左右,且 2007 年以来宁夏经济活动向银川市集聚的趋势在加强,地市中占比最低的是固原市,大体在 7%(表 10.7)。

表 10.6　宁夏经济活动密度(2015 年)

	人口密度（人/平方千米）	人均地区生产总值(元/人)	经济密度（万元/平方千米）	劳均产出（元/人）	就业密度（人/平方千米）
全区	100.58	43805	439	80391	54.55
银川市	243.86	69594	1683	130200	129.28
石嘴山市	151.30	61845	927	137615	67.33
吴忠市	64.11	29756	189	55948	33.84
固原市	90.10	17819	162	28696	56.31
中卫市	65.43	27857	182	50806	35.75

资料来源:《宁夏统计年鉴(2016)》。

表 10.7　宁夏各地区生产总值的分布(2007—2015 年)

	2007	2008	2009	2010	2011	2012	2013	2014	2015
银川市	48.15	46.17	48.15	49.93	49.77	50.37	50.37	50.68	51.23
石嘴山市	19.13	21.24	20.24	18.81	18.56	17.94	17.44	17.05	16.55
吴忠市	15.18	15.09	14.22	13.68	13.72	13.79	13.75	14.08	13.91
固原市	7.18	6.81	6.71	6.67	6.77	6.93	7.21	7.34	7.45
中卫市	10.36	10.70	10.69	10.91	11.18	10.97	11.23	10.86	10.87

资料来源:《宁夏统计年鉴》(各年)。

从人均地区生产总值的差距看,2015 年最高的是银川市(69594 元),是最低的固原市(17819 元)的 3.9 倍以上。从动态看,如图 10.9 所示,1999 年以来宁夏空间基尼系数基本上呈现出倒 U 型,先上升,2007 年后开始下降。从县域单位看,2015 年人均地区生产总值最高的是灵武市(126730 元),最低的是红寺堡区(8069 元),前者与后者相差 15 倍以上。在全部 24 个县市区中,人均地区生产总值超过全区平均数 1.5 倍以上的有灵武市、西夏区、惠农区、石嘴山市、大武口区;在 1 ~ 1.5 倍的有银川市、兴庆区、金凤区、永宁县、平罗县、贺兰县、青铜峡市;在 1 ~ 0.5 的有盐池县、中宁县、利通区、沙坡头区、原州区;彭阳县、同心县、西吉县、泾源县、隆德县、海原县、红寺堡区等在 0.5 以下(表 10.8)。

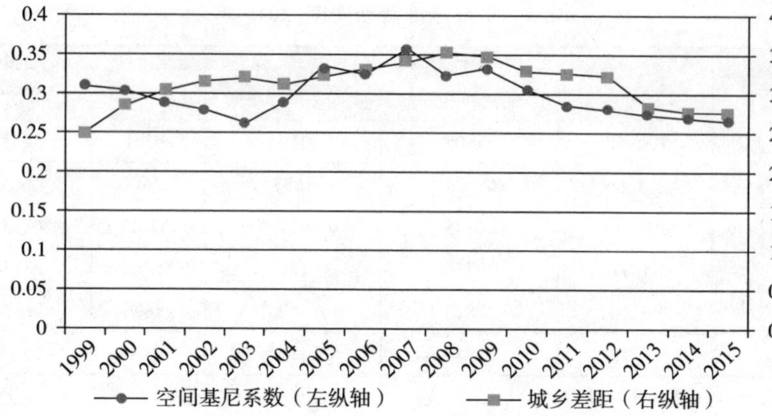

图 10.9　宁夏经济活动空间差异(1999—2015 年)

资料来源:《宁夏统计年鉴》(历年)、《中国区域经济统计年鉴》(历年)。

表 10.8　宁夏县域人均地区生产总值(2015 年)

地区	人均地区生产总值	相当于全区的倍数	地区	人均地区生产总值	相当于全区的倍数
灵武市	126730	2.89	盐池县	41725	0.95
西夏区	77801	1.78	中宁县	37355	0.85
惠农区	71832	1.64	利通区	36703	0.84
石嘴山市	68500	1.56	沙坡头区	36394	0.83
大武口区	66313	1.51	原州区	22459	0.51
银川市	64687	1.48	彭阳县	20732	0.47
兴庆区	60893	1.39	同心县	15154	0.35
金凤区	58598	1.34	西吉县	14166	0.32
永宁县	51943	1.19	泾源县	13235	0.30
平罗县	50043	1.14	隆德县	13014	0.30
贺兰县	48726	1.11	海原县	11065	0.25
青铜峡市	44640	1.02	红寺堡区	8069	0.18

资料来源:《宁夏统计年鉴(2016)》。

从城乡居民收入差距看,2015 年全区城乡居民可支配收入比为 2.76,其中银川市 2.54,石嘴山市 2.20,吴忠市 2.36,固原市 3.02,中卫市 2.70。在县域层面,如表 10.9 所示,差距最大的是泾源县(城乡收入比 3.10),最小的是平罗县(城乡收入比 1.88)。

表 10.9　宁夏县域城乡差距(2015 年)

地区	城镇居民人均可支配收入(元)	农村居民人均可支配收入(元)	城乡收入比	地区	城镇	农村	城乡收入比
泾源县	19735.4	6375	3.10	西夏区	23125.5	9334	2.48
原州区	22463.2	7296	3.08	兴庆区	30513.9	12625	2.42
金凤区	30361.3	9941	3.05	沙坡头区	22702.7	9669	2.35
海原县	19045.7	6258	3.04	永宁县	25091.4	10995	2.28
西吉县	19965.3	6857	2.91	灵武市	26255.0	11650	2.25
彭阳县	20048.5	7158	2.80	中宁县	21481.2	9580	2.24
大武口区	26767.6	9563	2.80	贺兰县	24548.1	11628	2.11
同心县	18758.0	6711	2.80	利通区	23581.9	11589	2.03
红寺堡区	17875.4	6408	2.79	青铜峡市	22003.2	11200	1.96
隆德县	18631.7	6769	2.75	惠农区	21495.0	11074	1.94
盐池县	20919.5	7674	2.73	平罗县	21216.1	11300	1.88

资料来源:《宁夏统计年鉴(2016)》。

10.3.2　城镇化

经济活动空间分布的另一个重要表现就是城镇化。2012 年宁夏全区的城镇化率突破 50%,2015 年达到 55.23%,较 2000 年的 32.54% 提高了 22.69%(图 10.10)。宁夏的城镇化在各地区间差异较大。从地级行政区看,银川市最高,达到 75.80%,最低的固原市,人口城镇化率为 32.35%。在县域单位中,最高的银川市兴庆区 91.41%,最低的海原县,只有 21.92%,两者相差 4.17 倍。

从城镇的分布看,主要分布于沿黄河地带,包括大银川都市区、石嘴山市、中卫市等沿黄河主要城市以及平罗县、中宁县等县城和若干建制镇。宁夏的5 个地级行政单位均是地级市,其中市辖区 9 个,县级市 2 个,镇 102 个。

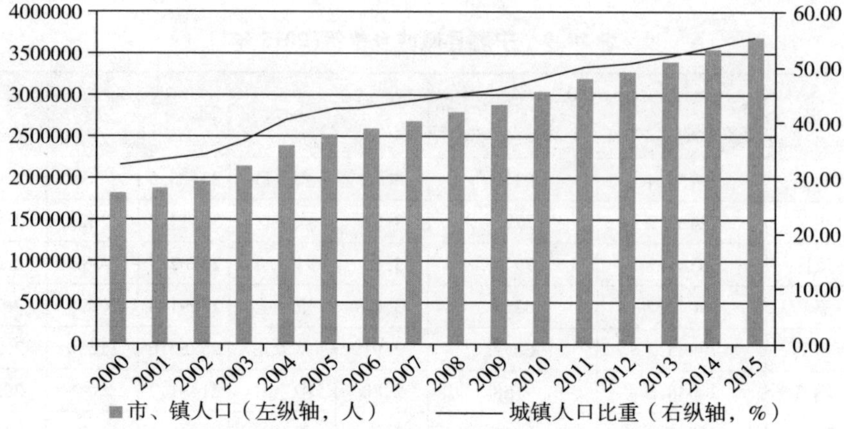

图 10.10　宁夏人口城镇化率(2000—2015 年)

资料来源:《宁夏统计年鉴(2016)》。

表 10.10　各县市人口城镇化率(%,2015 年)

地区	城镇人口比重	地区	城镇人口比重
全区	55.23	利通区	61.70
银川市	75.80	红寺堡区	29.23
银川市	90.13	盐池县	41.10
兴庆区	91.41	同心县	37.20
西夏区	90.05	青铜峡市	47.37
金凤区	87.10	**固原市**	32.35
永宁县	45.89	原州区	44.68
贺兰县	48.75	西吉县	22.37
灵武市	54.85	隆德县	28.01
石嘴山市	73.67	泾源县	27.51
石嘴山市	89.35	彭阳县	29.62
大武口区	93.02	**中卫市**	39.07
惠农区	83.80	沙坡头区	54.41
平罗县	45.83	中宁县	40.91
吴忠市	45.87	海原县	21.92

资料来源:《宁夏统计年鉴(2016)》。

10.4 空间结构优化:宁夏空间发展战略规划[①]

2015年6月宁夏回族自治区人民政府发布了《宁夏空间发展战略规划》,率先以省为单位,编制和实施空间发展战略规划,按照"把宁夏作为一个城市来经营"的路径,将全区整体规划落到了一张图上,解决了多头编制、重复编制的问题。该规划提出了宁夏发展的美丽愿景、五个城市的发展目标、三大空间发展战略、六大支撑体系和五大保障措施,着力打造开放宁夏、富裕宁夏、和谐宁夏、美丽宁夏,最终达到让发展惠及群众、让生态促进经济、让服务覆盖城乡、让参与铸造和谐的目标。

规划按照"把宁夏作为一个城市规划建设"的思路,以大银川都市区为主中心,以石嘴山、固原、中卫为副中心,构建强大的区域空间组织核心,增强辐射带动能力,提升自治区的区域功能和国际化水平。以"沿黄城镇带""清水河城镇产业带"和"太中银发展轴""银宁盐发展轴"为纽带,形成大中小城市和建制镇合理分工、功能互补、协同发展的城镇群,2020年城镇化率达63.5%,2030年达71.5%。

规划提出的战略目标是:建设丝绸之路经济带战略支点和中阿国际合作桥头堡;建设国家重要的现代能源化工基地、先进技术和产业承接转移基地;建设西部新型城镇化和生态宜居示范区。

《规划》按照"一个支点、二个基地、一个示范区"的定位目标,提出"一主三副、核心带动,两带两轴、统筹城乡,山河为脉、保护生态"的宁夏空间发展总体战略。

"一主"是指大银川都市区,由银川市、吴忠市利通区、青铜峡市、宁东能源化工基地和盐池高沙窝镇构成。

"三副"是指石嘴山、固原、中卫三个副中心城市。

"核心带动"是指通过"一主三副",增强中心城市的辐射带动能力,全面提升生产生活综合服务功能,打造宁夏对接"一带一路"、实施内陆开放、加快发展的核心地区。

---

① 自治区人民政府关于印发宁夏空间发展战略规划的通知,宁政发〔2015〕50号,http://www.gov.cn/zhengce/2016-03/23/content_5056786.htm.

通过“一主三副,核心带动”战略,构建强大的区域空间组织核心,增强服务辐射带动能力,提升宁夏的区域功能和国际化水平。

“两带”是指沿黄城市带和清水河城镇产业带。沿黄城市带由大银川都市区、石嘴山、中卫等沿黄河主要城市以及平罗、青铜峡、中宁等县城和若干建制镇构成。推进沿黄城市带产业、基础设施、生态环境和公共服务一体化,使其成为宁夏扩大经济总量,向西开放和提升国际影响力的主要载体。清水河城镇产业带依托清水河贯穿宁夏中南部地区主要城镇,涉及固原市的原州区、西吉县、彭阳县、泾源县、隆德县、海原县、同心县、中宁县、红寺堡区等主要区县和建制镇。清水河沿线是宁夏经济较为落后地区,规划建设清水河城镇产业带是加快南部地区全面建设小康社会,优化国土空间结构,为地区发展提供可持续能力的重要途径,是宁夏经济发展的新增长区域。

“两轴”是指太中银发展轴和银宁盐发展轴。太中银发展轴依托太中银铁路等主要交通轴线,提升沿线城镇功能,加快产业和人口集聚,成为联系东部地区和实施向西开放的重要轴带,成为中部地区实现城镇化和城乡统筹发展的重要载体。重点发展沿线的中宁、红寺堡、盐池等重点县城,以及大水坑、惠安堡等重点镇,完善公共设施布局,推动人口向沿线重点城镇集聚。银宁盐发展轴依托太中银铁路银川联络线,实施点状集聚的空间发展战略,点状集聚,以宁东、盐池县城和高沙窝为核心,强化宁夏东部地区的发展。

“统筹城乡”是指发挥“两带两轴”资源聚集效应,统筹宁夏川区和山区、城市和农村地区发展,做强大城市的同时,实施大县城战略,适度发展一批重点镇,有序推进新农村建设,促进城乡一体化发展,形成大中小城市和小城镇合理分工、功能互补、协同发展的城市群。

“山河为脉”是指以山、原、河、川生态资源为载体,遵循自然规律,保护自然肌理,跨越已有格局,按照“串点成线,连线成面”的路径,构筑区域、城乡一体的生态安全格局,使其成为保障和支撑发展的永久生态屏障。

“保护生态”是指根据宁夏现状条件和发展需要,划定空间管制区,按照禁止建设区、限制建设区、适宜建设区,制定空间管制规划。坚持生态立区、绿色发展,保护与发展并重,既给当代提供发展的支撑,又为未来留下发展的基础;明确城乡建设空间,保护自然保护区、风景名胜区、国家森林公园、国家地质公园、饮用水源保护区等重要生态功能区；限制开发自然保护区的实验区、两级生态走廊、蓄滞洪区、主要地震断裂带、坡度大于15度以及海拔超过2000米的山地林地、水库、省级重点公益林地等重要生态功能区；优化国土开发空间，维护国土生态安全、人居环境安全、生物多样性安全，巩固立区治本，实现宁夏的社会、经济与环境可持续发展；抓好重点流域、重点区域、重点行业、重点企业的环境污染整治与低碳减排，加快解决城乡突出的环境问题，提高区域环境质量和风险防范能力。

通过实施“山河为脉、保护生态”的生态空间策略，连通黄土高原—川滇生态屏障和北方防沙带，增强涵养水源、保持水土、防风固沙等重要生态功能，提高宁夏的生态环境承载力，构筑西部重要生态屏障，为全国的生态保护和建设做出贡献，实现美丽宁夏的奋斗目标。

11.新疆经济活动空间分布与演化分析①

高　锦　高　杉

11.1　新疆经济发展与空间分布现状

11.1.1　经济发展现状

自西部大开发战略实施以来,新疆地区经济发展迅速,经济空间格局发生了剧烈变化,但区域间发展不平衡问题和产业结构问题一直突出,北疆发展态势显著优于南疆,能源与农产品相关产业是传统支柱性产业。据国家统计局数据,2016年新疆实现地区生产总值9617.23亿元,按可比价格计算,比上年同期增长7.6%,增速高于全国0.9个百分点。全年新疆城镇居民人均地区生产总值为40427元,低于同年我国人均国内生产总值的53980元,同比增长率为5.3%,低于全国水平6.1%。

从2010年至今,新疆不断优化升级产业结构,迎来了经济快速增长的时期,2010—2012年地区GDP连续3年迈过3个千亿元关口,生产总值与非石油工业增速都得到了快速的提升;2013年生产总值增速继续提升,由上年度的全国排名十一位跃居第七位;"一带一路"提出后的2014年生产总值增速继续加快,居全国第四,非石油工业增速首次超过石油工业;2015年第三产业增加值占比首次超过第二产业,产业结构调整成效显著。同时"一带一路"相关政策的制定和落地,极大地推动了新疆的口岸发展、基础设施建设和贸易增长,成为带动区域经济发展的强大引擎,必将重塑新疆的经济空间分布。

① 基金项目:成都市科技项目(2015-RK00-00028-ZF)。作者简介:高锦(1982—　),女,山东临沭人,经济学博士,中级工程师,西南民族大学经济学院讲师。高杉(1983—　),女,四川眉山人,经济学博士,西南民族大学经济学院讲师。

11.1.2 空间分布情况

(1)人口分布

新疆人口的分布受自然地理条件制约明显,人类生产和生活活动主要散布在三大山地与两大盆地的过渡地带的冲积—洪积扇上以及河谷地区。新疆地形、气候、水文和地被条件复杂,适宜人口分布的区域与目前新疆城镇发展的格局不完全吻合。根据《新疆人口功能区划》的相关成果,新疆人居指数最高的区域是伊犁河谷、天山山脉北麓的绿洲地带和塔城盆地,以及阿勒泰地区的绿洲、吐哈盆地的绿洲和塔里木盆地边缘串珠状的绿洲区域。综合水土资源承载力、人类发展水平以及区域开发的密度,将新疆划分为人口限制区、人口疏散区、人口稳定区和人口集聚区。人口集聚区是新疆最适宜人类居住的区域,应提高其人口和经济集聚的能力。考虑提高人口集聚区城市的行政区划等级,扩大城市规模,增强人口的吸纳能力,吸纳人口疏散区需要转移的人口,不仅可以有效地解决人地矛盾,对于构建合理的城市体系也具有重大意义。人口稳定区分布较为分散,多数分布在新疆主要的绿洲区域。这些区域需要在发挥目前人口集聚能力的基础上,提升发展的潜力,尤其是在缺乏人口集聚区的区域,人口稳定区承担着人口疏散区和人口限制区的部分人口转移。从此角度来看,应在人口稳定区相对集中的区域,提高城市的人口集聚能力,提升城市行政区划等级,以促进人口的合理转移和城市综合实力的提升。①

(2)交通体系分布

新疆地处中国西北和亚欧大陆腹地,地域辽阔、人口稀疏,内外联系距离遥远且多有山脉、沙漠阻隔。交通运输作为联结区域的重要纽带,能显著缩短时空距离,从而有效支撑引领经济社会发展,在全区发展大局中具有特殊重要的地位和作用。

深居亚欧大陆腹地的新疆已成为国家向西出口的中转集散地和物流大通道。新疆已与哈萨克斯坦、吉尔吉斯斯坦、塔吉克斯坦、巴基斯坦、蒙古5个国家开展国际道路运输双边合作,开通国际道路客货运输线路107条,国

① 中国科学院新疆生态与地理研究所. 新疆人口功能区划[Z]. 2008.

际道路运输企业达80余家、车辆超过7000辆,初步建立起以乌鲁木齐为中心、以沿边地区为节点、以边境口岸为前沿、向周边国家辐射的国际道路运输网络。

截至2015年,新疆已形成了以干线铁路和高速公路为骨架,以国省干线、支线铁路为脉络,以农村公路为基础,以空港和大型陆港客运枢纽和物流园区为支点的综合运输网络格局。①

表11.1 "十二五"末新疆综合交通基础设施发展情况②

分类	指标	单位	2015年
铁路	铁路营业里程	公里	5879
	快速铁路里程	公里	836
	复线率	%	49
	电气化率	%	54
公路	公路通车里程	万公里	17.6
	高速公路通车里程	公里	4316
	普通国道二级及以上公路比重	%	50
	县城(团场)通二级及以上公路比重	%	86
	乡镇(营)通硬化路率	%	99
	建制村(连)通硬化路率	%	88
民航	民航	民航	民航

截至2014年底,全疆公路通车总里程已达17.55万公里。新疆已基本形成以乌鲁木齐为中心,以高速公路大通道为主骨架、以国省道干线为骨干,环绕两大盆地,沟通天山南北,辐射主要地州和兵团师团,东联内地、西出中亚、通达全疆的公路网,丝绸之路经济带核心区的区域性交通枢纽中心雏形已经出现。

(3)产业发展分布

新疆传统产业主要是农业和重工业,第二产业长期呈现"重工业过重、石油超重、轻工业过轻"的特点,石油工业历来在其经济结构中占比过大,曾占

① 新疆维吾尔自治区交通运输厅,交通运输部规划研究院.新疆综合交通运输"十三五"发展规划[Z].2015(6).

② 同上。

工业总量的60% ~70%,石油的兴衰极大地影响新疆的整体经济形势经济的走势。全区现有国家级、自治区级产业园区71家,已初步形成并将在未来重点打造4个产业带,即北疆北部产业带、天山北坡产业带、巴州—阿克苏产业带、南疆三地州产业带。

据图11.1可知,第一产业占比排名靠前的有塔城地区、喀什地区、和田地区和阿克苏地区,排名靠后的有克拉玛依市、乌鲁木齐市和石河子市;第二产业占比排名靠前的有克拉玛依市、巴音郭楞蒙古自治州和石河子市,这三个地区都是以资源型产业为主,排名靠后的有和田地区、博尔塔拉蒙古自治州和喀什地区;第三产业占比排名靠前的有乌鲁木齐市、克孜勒苏柯尔克孜自治州和和田地区,排名靠后的有巴音郭楞蒙古自治州、克拉玛依市和昌吉回族自治州。由此可以看出,新疆三大产业的分布区域不平衡,第一产业主要集中在具有种植业优势传统的农业大区,第二产业主要集中在交通便利、资源丰富的地区,第三产业除传统的旅游区乌鲁木齐市外,交通便利、旅游资源丰富及服务水平较高的地区及南疆地区的克孜勒苏柯尔克孜自治州和和田地区,是近年来第三产业发展迅速的地区。

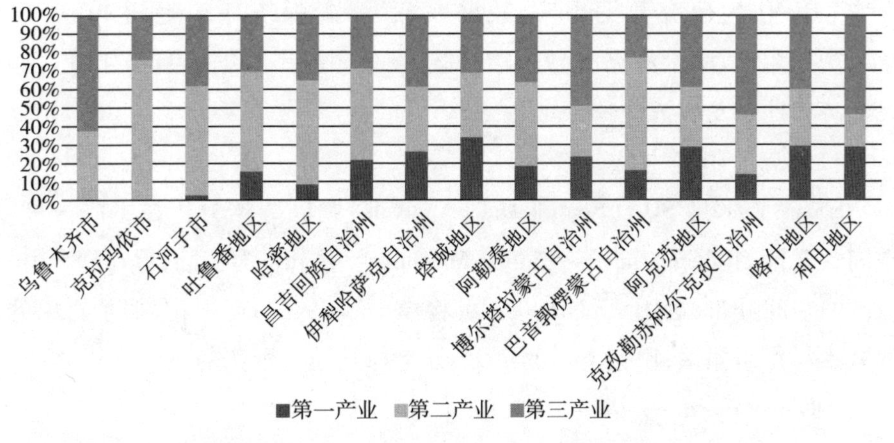

图11.1　2014年新疆各地区三产业占比分布图(%)

数据来源:2015年新疆统计年鉴。

11.2 数据来源与研究方法

11.2.1 数据来源

截至2016年,新疆全区辖4个地级市、5个地区、5个自治州(合计14个地级行政单位),13个市辖区、24个县级市、62个县、6个自治县(合计105个县级行政单位)。[①] 其中北疆(即天山以北)包括的区域有乌鲁木齐市、五家渠市、石河子市、昌吉回族自治州、阿勒泰地区、北屯市、塔城地区、克拉玛依市、博尔塔拉蒙古自治州、双河市、伊犁哈萨克自治州、可克达拉市,这一区域共包含17个市,27个县;南疆(即天山以南)涵盖的区域有巴音郭楞蒙古自治州、铁门关市、阿克苏地区、阿拉尔市、和田地区、昆玉市、克孜勒苏柯尔克孜自治州、喀什地区、图木舒克市,这一区域共有9个市,37个县;东疆地区包含吐鲁番市和哈密市,包含2个市,4个县。

王静等(2010)[②]已对2009年之前的新疆经济空间分布进行了分析,本文时间选择为2010—2015年的6个年份,2010年是全球金融危机发生后,新疆开始进行产业结构调整的年份,2013年后“丝绸之路经济带”建设在逐步推动新疆区域经济空间演化。因数据搜集以及行政单位调整,选取90个县市人均GDP作为研究数据来源,数据来源为《新疆统计年鉴》(2010—2015年),阿拉尔市、图木舒克市、五家渠市建设兵团城市数据来自当年各地的国民经济和社会发展统计公告。

11.2.2 研究方法

ESDA技术是SDA(Spatial Data Analysis)空间数据分析技术的一种,以空间关联性测度(Spatial Association Measures ,SAMS)为核心,旨在探索、描述对象的空间分布,运用ArcGIS软件可将模型结果空间可视化,揭示对象的空间联系与作用关系,识别空间的集聚、异常与其他一致性的空间模式。

(1)GlobalMoran’s I 指数

本文引入全局Moran’s I (Global Moran’s I ,GMI)指数对观测值空间模式

① 全国县级以上行政区划信息查询平台:新疆维吾尔自治区(新). 中华人民共和国民政部[引用日期2017-07-09].

② 王静,张小雷,杜宏茹. 新疆县域经济空间格局演化特征[J]. 地理科学进展, 2011, 30(4): 470-478.

的整体定量描述，用于探测整个研究区的空间关联结构模式。空间自相关（Global Moran's I）工具同时根据要素位置和要素值来度量空间自相关。在给定一组要素及相关属性的情况下，该工具评估所表达的模式是聚类模式、离散模式还是随机模式。该工具通过计算 Moran's I 指数值、z 得分和 p 值来对该指数的显著性进行评估。p 值是根据已知分布的曲线得出的面积近似值（受检验统计量限制）。

Moran's I 指数值为公式(1)：

$$I = \frac{n}{S_o} \frac{\sum_{i=1}^{n} \sum_{j=1}^{n} w_{ij} z_i z_j}{\sum_{i=1}^{n} z_i^z} \tag{1}$$

式中：x_i 为区域 i 的观测值，z_i 是要素 i 的属性与平均值（$x_i - \bar{X}$）的偏差，$W_{i,j}$ 是要素 i 和 j 之间的空间权重，空间相邻为1，不相邻为0，n 等于要素总数，S_0 是所有空间权重的聚合：

$$S_o = \sum_{i=1}^{n} \sum_{j=1}^{n} w_{i,j} \tag{2}$$

z 得分由以下形式计算：

$$z_I = \frac{I - E(I)}{\sqrt{V(I)}} \tag{3}$$

其中 $E(I)$ 为数学期望，$V(I)$ 为方差。

采用 Z 检验对 Moran's I 结果进行统计检验，在给定显著性水平下，若 Moran's I 显著为正，则表示经济发展水平较高（或较低）的区域在空间上显著集聚。反之若 Moran's I 显著为负，则表明区域与其周边地区的经济发展水平具有显著的空间差异。仅当 Moran's I 接近期望值 -1/（ n -1）时，观测值之间才相互独立，在空间上随机分布，此时满足区域经济差异度量方法所要求的独立条件。

⑵局部空间关联指数 Getis - Ord G * i

Getis - Ord G * i 用于识别不同空间位置上的高值簇与低值簇，即热点区（hot spots）、冷点区（coldspots）的空间分布。

局部空间关联指数为：

$$G = \frac{\sum_{i=1}^{n} \sum_{j=1}^{n} w_{i,j} x_i x_j}{\sum_{i=1}^{n} \sum_{j=1}^{n} x_i x_j}, \forall j \neq i \tag{4}$$

其中,X_i 和 X_j 是要素 i 和 j 的属性值,$W_{i,j}$是要素 i 和 j 之间的空间权重,空间相邻为1,不相邻为0。

$$z_G = \frac{G - E(G)}{\sqrt{V(G)}} \tag{5}$$

其中 $E(G)$为数学期望,$V(G)$为方差。如果 Z_G 为正且显著,表明位置 i 周围的值相对较高(高于均值),属高值空值集聚(热点区);反之,如果 Z_G 为负且显著,则表明位置 i 周围的值相对较低(低于均值),属低值空间集聚(冷点区)。

11.3 新疆经济空间格局时空演化分析

11.3.1 空间总体分布

本文计算新疆连续6年的县域人均GDP数据的全局莫兰指数GMI及其相关指标,如表11.2所示,从P值和Z得分来看,置信度为99%接受了零假设,即本数据是随机生成的概率只有1%。莫兰指数显示每年的数据具有空间正相关性,Z得分显示新疆县域人均GDP的数据呈现了明显的聚类特征。

表11.2 新疆县域人均GDP的Moran's I估计值(2010—2015年)

年份	2010	2011	2012	2013	2014	2015
Moran's I 指数	0.35	0.36	0.37	0.37	0.35	0.34
方差	0.0015	0.0016	0.0017	0.0017	0.0016	0.0016
Z得分	9.35	9.18	9.23	9.27	9.09	8.82
P值	0	0	0	0	0	0

从6个年份来看,据新疆城镇体系规划(2014－2030年),新疆的城镇空间结构规划如图11.2包含12个大小城镇组群:乌昌石都市圈、"克奎乌"城镇组群、伊犁河谷城镇组群、博乐—阿拉山口—精河城镇组群、塔额盆地城镇组群、阿勒泰—北屯城镇组群、库尔勒城镇组群、阿克苏—阿拉尔城镇组群、喀什—阿图什城镇组群、库车城镇组群、和田—墨玉—洛浦城镇组群、麦盖提—莎车—泽普—叶城城镇组群。城市定位为一主三副,全疆主中心是乌鲁木齐,位于乌昌石都市圈,副中心3个,为伊宁、库尔勒和喀什,分别位于伊犁河谷城镇组群、库尔勒城镇组群和喀什—阿图什城镇组群。

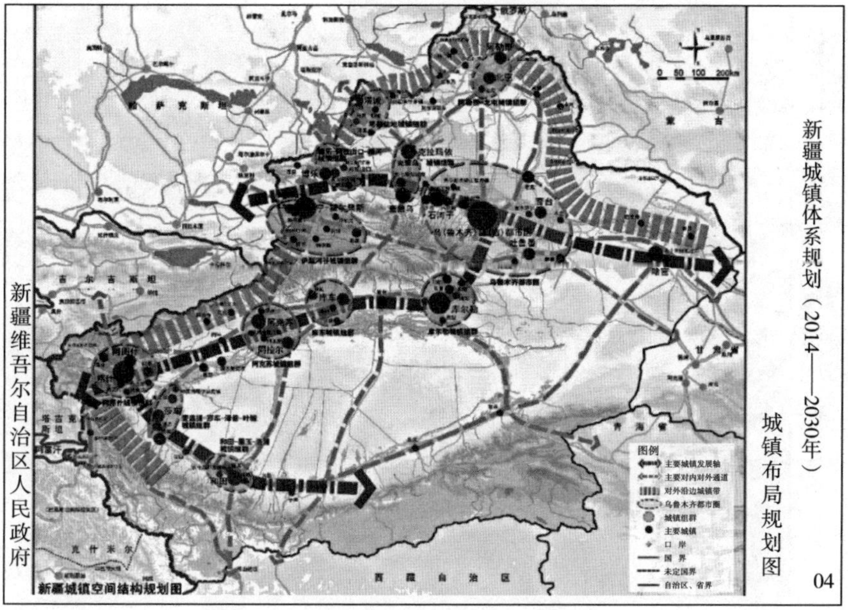

图 11.2　新疆城镇空间结构规划示意图

资料来源：新疆维吾尔自治区人民政府。

11.3.2　经济热点区域演化

从 2010 年至 2015 年的集聚图（图 11.4—图 11.9）来看，新疆县域经济分布存在两大特征：

（1）竞争力表现出很强的正向空间自相关，邻近地区的经济发展水平对本地区的经济发展具有显著影响，并且空间溢出效应还在不断加强。乌昌石都市圈、“克奎乌”城镇组群一直是热点区，这些发达地区对周边产生了较强的辐射和带动作用，图 11.3 显示，围绕乌鲁木齐的乌昌石都市圈未来仍将是全疆发展的主中心，伊犁河谷城镇组群和库尔勒城镇组群位于集中度最高的热点区边缘，未来这两个区域将围绕伊宁—霍尔果斯和库尔勒这两个副中心城市，继续支撑新疆的热点区发展。

（2）区域差异较大，冷点区发展较慢。全疆发展集中度较高的地区一直集中在东北部，即传统区域划分的北疆和东疆，而南疆地区一直发展较为滞后，区域经济竞争力相对较弱，随着时间的推移，热点区有逐渐扩散的趋势，主要是向东疆和南疆的东部扩散，南疆的西部如喀什、和田和阿克苏地区仍

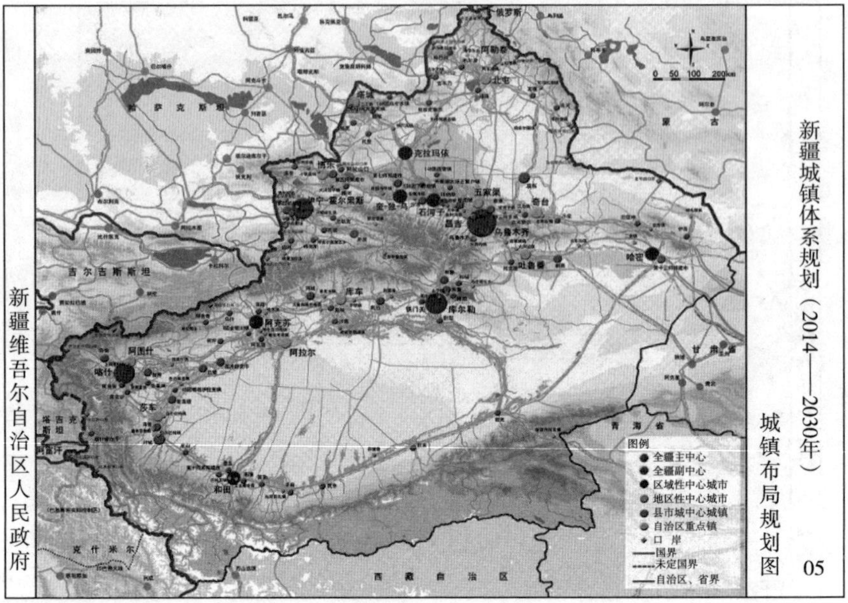

图 11.3　新疆城镇布局规划示意图

资料来源:新疆维吾尔自治区人民政府。

然发展较慢。

从图 11.2 可以看出,新疆未来的城镇发展规划将主要沿四个方向展开,乌昌石都市圈连接了三条发展轴,向东疆即哈密地区,向西往伊犁河谷城镇组群和博乐—阿拉山口—精河城镇组群发展,向南往喀什—阿图什城镇组群发展,再从喀什向和田—墨玉—洛浦城镇组群延伸。图 11.3 显示,喀什将作为三个全疆副中心之一引领南疆的发展,喀什地区以后将成为新疆发展的重点,未来喀什与和田地区的发展将成为发展的重要推手,带动周边地区共同发展,改变南疆经济集中度较差,一直处于冷点区的现状,缩小贫困县域与发达市县的经济差距。

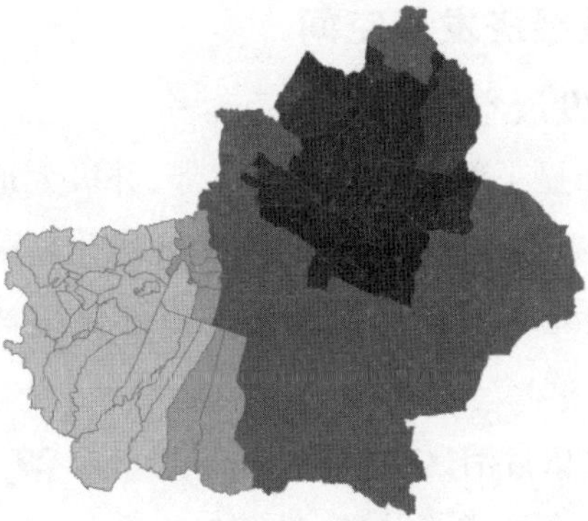

图 11.4　2010 年

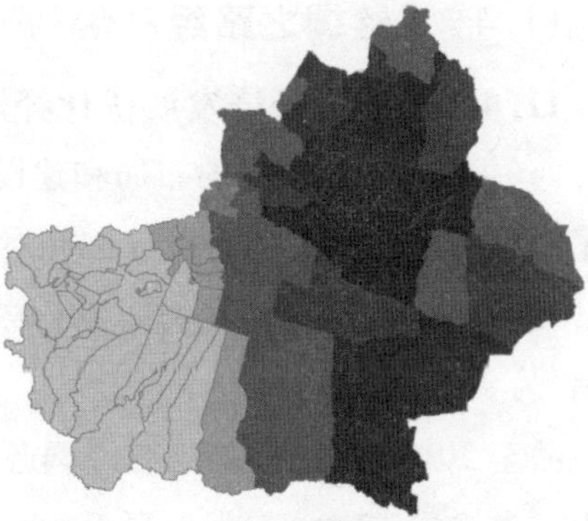

图 11.5　2011 年

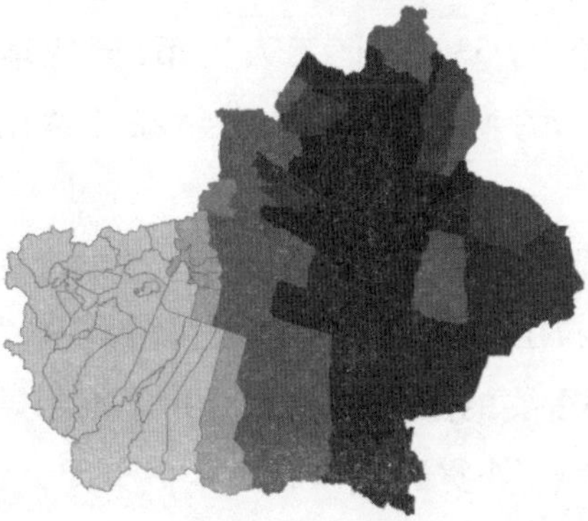

图 11.6　2012 年

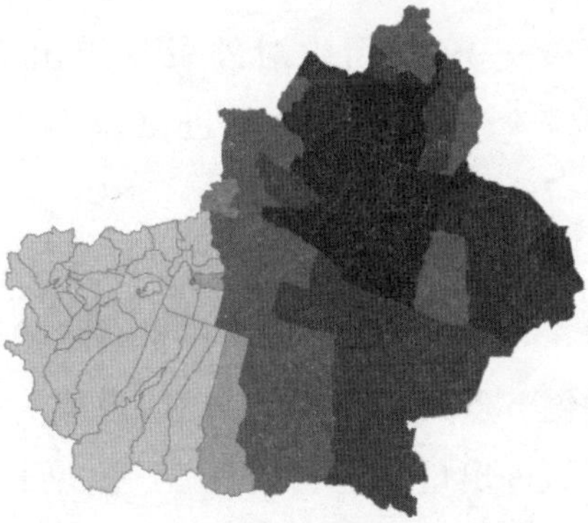

图 11.7　2013 年

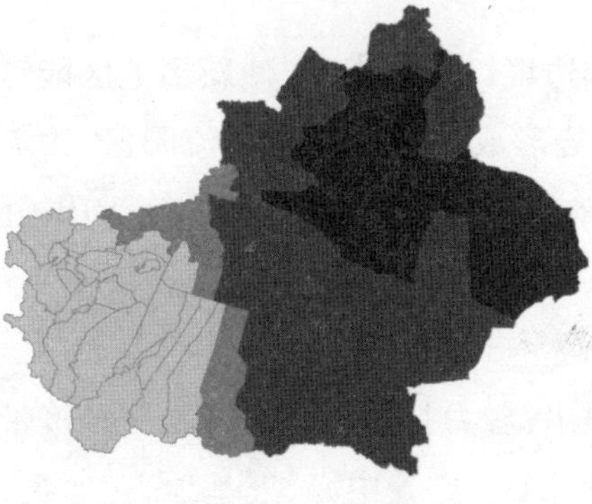

图 11.8　2014 年

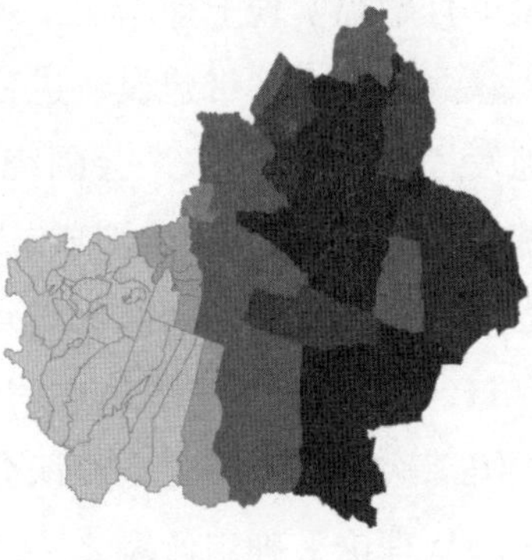

图 11.9　2015 年

11.4 “丝绸之路经济带”拓展经济发展空间

11.4.1 延边经济发展优化经济发展空间

“丝绸之路经济带”的布局和建设凸显了新疆独特地缘优势,并极大地推动了中国与沿线国家的边民互市和对外贸易,延边经济的发展将优化新疆的经济发展空间,将使新疆的热点区域从北疆中东部向新疆的南部延边地区扩散。

截至2016年底,新疆已有经国务院和自治区批准的一、二类口岸29个,其中一类口岸17个,二类口岸12个,基本形成了公路、铁路口岸交叉,沿边、腹地口岸互补,航空、陆地口岸并举的多层次、全方位的开放格局,依托亚欧大陆桥,未来新疆加快建设面向中亚、西亚的现代化口岸。据海关统计,2017年第一季度,新疆对外贸易进出口总值为333.5亿元人民币,同比增长75.7%。边境小额贸易进出口172.3亿元,增长50.3%,占新疆外贸比重51.7%。

2016年,新疆全区进出口贸易额达371.86亿美元,全区口岸进出口货运量4381.8万吨,其中霍尔果斯区域和阿拉山口口岸,是“丝绸之路经济带”的关键节点,近年来发展迅猛,已成为全国重要的陆路口岸。2016年霍尔果斯区域进出口货运量2600万吨,增长0.8%,外贸进出口总额8亿美元,增长10%。阿拉山口铁路口岸过货746.8万吨,同比增长20.6%。截至2017年7月底,阿拉山口口岸累计进出口货物1209万吨,同比增长18.8%,进出口货运量单月增幅实现七连增。

丝绸之路经济带建设将进一步推动边境口岸的发展,使新疆地区能够极大地发挥延边优势,未来会围绕这一趋势形成综合性商贸物流园区、物流枢纽基地和配送中心,逐步形成贯通亚欧的物流配送体系,真正实现运用国际、国内两个市场、两种资源,促进延边地区由通道型经济向区域型经济转变。

11.4.2 区内经济热点将持续扩散

第二次中央新疆工作座谈会明确提出:着力打造新疆丝绸之路经济带核心区。从理论上确定丝绸之路经济带核心区的“五中心、三基地、三通道、十大产业集聚区”。即:建设区域性交通枢纽中心、商贸物流中心、金融中心、文化科教中心和医疗服务中心,建成国家大型油气生产加工和储备基地、大型煤炭煤电煤化工基地、大型风电基地和国家能源资源陆上大通道，建设国家进出口产品加工十大产业集聚区。

国家层面进一步加大了对新疆交通运输力度的支持，完善综合交通体系，政策将进一步向南疆地区倾斜，并加强出疆、南北疆通道以及部分重要城际道路的建设，理顺运输衔接，提高运输体系的管理和服务效率，进一步加强国际运输发展的互联互通。在完善基础设施的基础上，加快沿线中心城市建设，积极创新区域合作模式，深入推进新疆与“丝绸之路经济带”沿线国家在能源、经贸、金融、文化、科技、生态及旅游等相关领域全方位、多层次的交流合作。

以上规划和发展将促使区内经济热点持续扩散，使得区内资源在更广阔的平台上有效配置，合理引导人口和生产力布局，发挥对新型工业化、城镇化发展的引领带动作用，为新疆经济社会发展创造更好的条件，推动新疆跨越式发展。

11.4.3 产业集聚和结构调整引领区域发展

新疆工业生产规模、实力不断增强，工业增加值从2000年的357亿元增至2014年的3179.6亿元。“十二五”期间，全区进一步优化产业结构，加大力度支持第三产业发展，2009年，新疆三次产业结构所占比重为17.8∶45.1∶37.1，2014年，这一结构比重调整为16.6∶42.4∶41。这一时期，国民经济呈现第一、二产业比重趋降、以现代服务业为引领的第三产业比重明显上升的局面。第三产业比重十几年来首次超过第二产业，对经济增长贡献率超过55%，年均增速超过第一、二产业，达到10.9%，第三产业已经成为近年来新疆经济增长的“新引擎”。

在工业领域，石油工业“一业独大”的格局得到扭转，有色、化工、电力、制造等传统强势产业出现积极变化，在化工、电力、钢铁、有色、煤炭等优势行业快速增长的拉动下，新疆非石油工业发展迅速，占比超过60%，2014年，规模以上非石油增加值1636.84亿元，比2009年增长1.3倍，年均增长17.9%，高出规模以上工业平均增速60.4个百分点。这意味着新疆经济摆脱了单一石油产业的影响，产业结构更趋健康、均衡。轻工业也得到了极大的发展，在具有传统优势的纺织业，全区已形成5大纺织产业集聚区域，纺织规模已超过1000万锭,自治区规划以纺织业发展带动百万人就业。这些都为满足内需、扩大就业、服务“三农”、增加收入、出口创汇发挥了积极的作用,为维护社会稳定打下坚实的基础。

“十二五”以来,按照自治区党委、人民政府《关于加快培育和发展战略性新兴产业的意见》的总体要求,新疆加快发展新能源、新材料、先进装备制造、生物、信息、节能环保等七大产业,竞争实力稳步提升,在国内外领先的重大创新成果不断涌现,产业规模逐步扩大,产业集聚效应初步显现,有力地促进了战略新兴产业快速成长。2011—2014年,新疆战略性新兴产业分别实现工业总产值759.43亿元、902.19亿元、1491.6亿元和1640.6亿元,4年平均增速达29%,战略性新兴产业增速明显高于同期工业增加值增速。2014年,战略性新兴产业增加值占自治区工业增加值的比重约23%,占地区生产总值的比重约8%,已初步形成具有一定规模和特色的战略性新兴产业链,并已成为新疆促进转型升级、优化产业结构、提升产业竞争能力的重要支撑。

第三产业稳步发展,服务业结构不断优化,发展质量和水平稳步提升,尤其是金融保险业、交通运输仓储业、旅游业迅速发展。

现在的新疆形成以农业为基础、工业为主导、第三产业占重要地位的初具现代工业化水平的产业结构。现代农业生产、经营、产业体系基本形成,新型工业化逐步向中高端迈进,以信息、金融、电商为代表的现代服务业快速成长,具有地方和区域特色的现代产业体系初步形成。

构建“丝绸之路经济带”将为新疆地区的经济转型升级,产业结构持续优化提供不竭动力,带来更多的契机,提供难得的机遇,随之而来的产业积聚、优化和发展将促使新疆经济空间演化和优化,使全区经济热点区持续增加,进一步推动新疆扩大开放、带动地区间联动发展,并将发展通过“丝绸之路经济带”建设延伸和辐射至延边国家,新疆必将成为我国经济转型升级新的增长极和对外开放的桥头堡和主力军。

12."一带一路"建设与民族地区经济地理重塑①

刘　彤

12.1　问题的提出

由于我国长期采取区域非均衡发展战略,以东部沿海地区为国家战略选择重点,形成了区域对外发展格局中"中心"与"外围"的二元结构,目前集聚效应占主导地位②,民族地区大多处于经济发展战略的边缘地带。西部大开发战略的实施给民族地区生产力的空间布局和经济社会发展带来了发展机遇,2013 年提出的"一带一路"对外开放大战略,更使民族地区第一次整体进入到国家的对外开放战略中,这不仅为民族地区实现经济社会跨越式发展提供了新的机遇,也为其开展对外经济合作创造了更为广阔的空间③。

"一带一路"对外开放战略完全覆盖了少数民族人口相对集中的内蒙古、宁夏、新疆、西藏、广西、贵州、云南、青海等八个民族省区,使这些民族地区逐渐由曾经的战略后方转变为内陆开放高地,经济地理出现了翻天覆地的变迁。随着"一带一路"建设的推进,民族地区在密度、距离、分割三大经济地理特征方面发生了显著变化,城市化得到较快发展,聚集效应开始增强,城市间、区域间距离不断缩短和人口大规模迁移、流动,国内分割和封闭体制逐渐打破、专业化协作继续发展实现规模经济。在主动融入和服务"一带一路"倡议中,民族地区深化与周边国家和地区合作,实现全方位对外开放,经济贸易

① 基金项目:西南民族大学应用经济学学位点建设项目(2014XWD－S0202),政治经济学学位点建设项目(2014XWD－S020101)。作者简介:刘彤,女,经济学博士,西南民族大学经济学院副教授,研究方向:发展经济学,企业经济学。

② 依据克鲁格曼提出的中心—外围模式理论,中国经济空间的中心—外围格局兼具集聚效应和扩散效应,未来扩散效应将发挥更大作用。

③ 柳建文. 机遇、挑战和对策:民族地区如何推进一带一路[J]. 贵州社会科学. 2016(10).

融入全球化进程①,为其重塑经济地理提供了难得的机遇和现实可能。

本文依据新经济地理理论、新贸易增长理论、新经济增长理论关于重塑世界经济地理的分析思路,从密度、距离和分割这三大经济地理特征出发,探讨"一带一路"倡议实施对民族地区经济活动空间分布的积极影响,"一带一路"倡议背景下民族地区经济地理重塑的制约因素,以及依托"一带一路"倡议实施重塑民族地区经济地理的有效路径。

12.2 "一带一路"建设对民族地区经济活动空间分布的积极影响

2010 年世界银行出版的《2009 年世界发展报告:重塑世界经济地理》运用最新的经济地理研究成果,总结了世界数十个国家的发展状况和经验,将密度、距离和分割视为经济地理的三个基本特征。该报告将聚集效应、迁移、专业化和贸易作为重塑世界经济地理的主要驱动力,指出城市的增长促进密度的提高;工人和企业向密集区迁移,以缩短距离;国家削减边境经济壁垒,进入世界市场,以获取规模和专业化收益,减少了分割问题。这些经济地理变迁是发展中国家和地区成功发展经济的基本条件,应当对其予以促进和鼓励。该报告指出通过适当调整并合理运用公共制度、基础设施以及干预措施等政策组合②,发展中国家可以重新塑造他们的经济地理,并实现普惠和谐性的发展。

显然,《2009 年世界发展报告:重塑世界经济地理》为我们探讨"一带一路"倡议的实施对民族地区经济地理重塑的影响提供了新的分析思路,可以从密度、距离和分割三大经济地理特征的角度,解读"一带一路"倡议推进给民族地区经济活动空间分布带来的变化。其中,密度方面的影响包括城镇化水平、城市群培育,距离方面涉及地理空间可达性和制度空间可达性,分割方面主要讨论要素流动对专业化的促进、公共政策供给的有效性加快实现了区域一体化、区域竞合关系的构建得益于民族各省区基于功能型定位的差异化

① 熊文瑶.《重塑四川经济地理》出版 参谋四川经济发展[N]. 人民网,2014-02-19.

② 其中,公共制度指有关土地、劳动力和商业的法规以及通过税收和转移支付资助的教育卫生等社会服务。基础设施指的是公路、铁路、港口、机场和通信系统。干预包括贫民窟清理计划、对企业的特殊税收优惠以及针对贫困国家的特惠市场准入。

发展战略。

"一带一路"建设对民族地区经济活动空间分布的积极影响主要体现在以下几个方面:

12.2.1 促进了空间聚集,推进了民族地区城镇化和城市群培育

我国城镇化水平在空间分布上并不平衡,民族地区尤其是西部边境地区向来人口稀少,产业薄弱,城镇化水平低。2016年,八个民族省区除内蒙古、青海、宁夏之外,城镇化率(常住人口城镇化率)均低于50%,西藏城镇化率最低,仅为29.56%,参见表12.1。

表12.1 2011—2016年民族八省区城镇化率(常住人口城镇化率,%)

	2011	2012	2013	2014	2015	2016	2016年比2015年增长(%)
内蒙古	56.60	57.70	58.70	59.50	60.30	61.20	0.90
广西	41.80	43.53	44.81	46.01	47.06	48.10	2.20
云南	36.80	39.31	40.48	41.73	43.33	45.03	1.70
贵州	34.96	36.41	37.83	40.01	42.01	44.15	2.14
青海	46.22	47.44	48.51	49.78	50.30	51.63	1.33
宁夏	49.82	50.67	52.01	53.61	55.23	56.29	1.07
新疆	43.54	43.98	44.47	46.07	47.23	48.35	1.12
西藏	22.71	22.75	23.71	25.75	27.74	29.56	6.56

资料来源:根据各省区统计年鉴及2016年国民经济和社会发展统计公报整理计算。

其中,内蒙古的城镇化率一直领先,云南、贵州、广西和西藏的城镇化率提升相对较快,青海与宁夏的城镇化率稳步提升。

显然,"一带一路"建设促进了空间聚集①,推进了民族地区的城镇化过程,也为城市群的培育发展提供了前所未有的机遇。"一带一路"倡议的实施提升了资本外部性的相对规模(市场作用的范围),改善了劳动力的可移动性和交通成本,提高了经济活动和财富在空间配置上的区域整合程度。同时,民族地区在"一带一路"倡议推进中具有语言和文化等方面的人文优势,有利

① 新经济地理学者认为,空间聚集是导致城市形成和不断扩大以及区域发展的基本因素。在收益递增规律及相应的集聚或扩散模型的影响下,"新经济地理学"将区域和城市的发展定性为"路径依赖"和"历史事件"。克鲁格曼使用历史方法,强调影响集聚的力量的持续和积累。区域的优势也被认为是由一些小的事件所导致的自身的加强。

于经济活动的空间集中和区域集聚。

随着“一带一路”建设的稳步推进,城市群已成为打破非均衡发展格局、促进区域协同发展的新载体,成为区域增长的核心支点①。国家“新型城镇化规划”也特别强调要“依托陆桥通道上的城市群和节点城市,构建丝绸之路经济带,推动形成与中亚乃至整个欧亚大陆的区域大合作”。“十三五”规划也专门提出培育中西部地区城市群,规划引导广西北部湾城市群、内蒙古呼包鄂榆城市群、云南黔中和滇中城市群、兰州—西宁城市群、宁夏沿黄城市群、新疆天山北坡城市群的发展,促进以拉萨为中心、以喀什为中心的城市圈发展,从而形成更多支撑区域发展的增长极。

12.2.2 提升了城市经济密度,有助于形成经济增长的支撑点

在推进“一带一路”建设中,根据《全国主体功能区规划》《国家新型城镇化规划(2014—2020年)》的要求,统筹空间、规模、产业三大结构,并结合长江经济带建设等战略,明确了民族地区的城市发展空间布局和功能定位,大力培育发展了一批城市群、区域性中心城市,促进了边疆中心城市、口岸城市联动发展,改善了城镇化成果②。“一带一路”倡议的深入推进,促进了民族地区的城市化和开发区建设,要素自由流动和集聚为规模经济的实现创造了条件,促进了经济密度不断提高。

本文借鉴世界银行报告的计算方法,用每平方公里的人口数测量人口密度,用每平方公里的国内生产总值和人均国内生产总值这两个指标来测量经济密度。从2011—2016年民族八省区在人口密度、城市人口密度、经济密度方面发生的变化中,可以发现“一带一路”倡议的实施推进对密度的深刻影响,参见表12.2、表12.3、表12.4。

表12.2 2011—2016年民族八省区人口密度(人/平方公里)

	2011	2012	2013	2014	2015	2016
内蒙古	21	21	21	21	21	21
广西	196	197	199	201	202	204

① 中国区域经济发展报告(2016—2017)[Z].北京:社会科学文献出版社,2017-05-22.

② 2015年12月20—21日的中央城市工作会议指出要提高城市工作全局性。

续表

	2011	2012	2013	2014	2015	2016
云南	119	119	120	121	121	122
贵州	196	198	198	199	200	202
青海	8	8	8	8	8	8
宁夏	96	97	98	100	101	102
新疆	13	13	14	14	14	14
西藏	2	3	3	3	3	3

资料来源:根据各省区统计年鉴及2016年国民经济和社会发展统计公报整理计算。

表12.3　2011—2015年民族八省区城市人口密度(人/平方公里)

	2011	2012	2013	2014	2015
内蒙古	764	1032	1059	1291	1629
广西	1569	1528	1543	1684	1823
云南	3811	4029	2415	2853	2943
贵州	3502	3324	3406	2393	2396
青海	2487	2674	2924	2604	2692
宁夏	1147	1251	1253	1295	1336
新疆	4563	4312	4361	4280	2557
西藏	515	1655	1820	1857	1750

资料来源:根据国家统计局网站国家数据中的分省年度数据整理。

表12.4　2011—2015年民族八省区经济密度(人均GDP,元/人)

	2011	2012	2013	2014	2015
内蒙古	57974	63886	67836	71046	71101
广西	25326	27952	30741	33090	35190
云南	19265	22195	25322	27264	28806
贵州	16413	19710	23151	26437	29847
青海	29522	33181	36875	39671	41252
宁夏	33043	36394	39613	41834	43805
新疆	29522	33181	36875	39671	41252
西藏	20077	22936	26326	29252	31999

资料来源:根据民族八省区2016统计年鉴,笔者计算整理。

“一带一路”倡议的实施推动了产业转移进程,突出了城市群的经济功能。民族地区新兴培育的城市群凭借承接外来产业及其带来的资本、技术、人才、信息等各种生产要素,与当地的比较优势相结合,进一步强化了经济功能,形成产业与人口协同集聚的格局,使城市群在区域经济发展中的核心地位日益凸显。①

"一带一路"倡议的实施进一步促进了边境城市、口岸城市的发展,提升了边境口岸城镇功能,有利于形成边境地区要素集聚高地,提升城市经济密度。目前我国有27座沿边县市,包括广西的凭祥、东兴、龙州;云南的河口、景洪、婉町、瑞丽;西藏的亚东;新疆的喀什、霍尔果斯、阿拉山口、阿勒泰、伊宁、阿克苏;内蒙古的二连浩特、额尔古纳、满洲里等。这些县市虽然不是各省区的主要中心城市,工业规模也不大,但具有独特的区位优势。"一带一路"倡议的推进中,加大对边境城市的财政投入,特别在基础设施建设、产业培育和生产型企业壮大方面给予了更多扶持,为这些边境重点口岸城市建立跨境经济合作区乃至自由贸易区的重要依托提供了可能。

12.2.3 改变了基础设施条件,提高了地理空间可达性

"一带一路"倡议实施中,民族地区加强了以电力为核心的能源基础设施、高铁等交通基础设施和通信基础设施这三大类基础设施建设,大大缩短了物理距离和空间距离,大幅度降低了运输成本、物流成本,直接导致区域间的经济距离大为缩短②。

"一带一路"倡议首先要解决道路互联互通问题,对交通基础设施进行的大规模投资改善了民族地区的交通运输条件,引发了区域经济发展方式和经济空间布局的转变,对民族八省区的产业布局和城镇分布、区域经济带的形成、区域之间联系的扩大、区域经济结构变迁等产生了积极影响。随着"一带一路"倡议的推进,民族地区由过去的边缘地区成为开放前沿,民族地区的一些重点城市转变为区域交通枢纽,成为南联北接、承东启西的重要通道,由区域发展的边缘变为向西、向北开放的重要前沿阵地,能够开拓"两个市场"、利

① 区域产业转移发生后,开放发达的产业转出区向封闭落后的产业承接区转出一系列制造业,这些产业进入产业承接区后,直接架起了两个区域产业联系的通道,改善了承接区的信息条件,逐步形成了一个方便流通的区域信息系统。产业转移影响区域信息条件。参见:丁鸿君,沈坤荣. 产业转移促进国土开发空间结构优化机理探析[J]. 求实,2016(12):40-50.

② 新贸易理论认为,交通成本的下降促进了专业化分工以及产业内贸易的发展。

用"两种资源",实现转型发展①。

目前,5个边疆民族省区"五纵七横"国道主干线全部建成;西藏正在加快建设"三纵两横""六个通道"的交通网络,口岸公路建设也已提上日程;云南则在规划建设4条通往周边国家的国际大通道。2016年7月20日,国家发改委发布修订的《中长期铁路网规划》,规划以进藏、出疆、沿疆、沿边少数民族地区铁路建设为重点,构建"八纵八横"高速铁路主通道,从西北、西南、东北三个方向推进面向"一带一路"国际通道建设②。

可见,高速铁路等交通基础设施的建设为民族八省区参与"一带一路"倡议进行跨境经济合作提高了地理空间可达性,重塑了民族地区的区位优势,动员了潜在发展资源,加速了信息和知识在民族地区的扩散,优化了经济发展空间格局,有助于形成新的发展模式③。

兰新高铁线路建成通车不仅在甘肃、青海、新疆3省区首次开通了高铁,也将在3省区间形成一条新的大能力快速铁路通道,将提升我国和中亚、欧洲等地的铁路运输能力④。中欧班列与海铁联运的衔接,解决了新疆与东南亚国家之间运输通道通而不畅的难题。借助中欧班列乌鲁木齐集结中心,新疆初步规划特色轻工、电子信息、再生资源利用和再制造产业的集结发展,可以预见,集结中心给新疆的更多影响是形成通道加枢纽的格局,带来产业和城市群的发展,形成西行班列的生态圈⑤。新疆铁路2017年第一季度货运发送量同比增长73.9%、增幅位居全国第一,4月以同比增幅58.2%的佳绩再居榜首,集装箱发送量同比增幅排名第一、货物运费收入同比增幅排名第

① 倪鹏飞,李冕,王雨飞.重塑中国经济地理新空间[DB/OL].光明日报,http://epaper.gmw.cn/gmrb/html/2015-06/17/nw.D110000gmrb_20150617_1-15.htm? div=-1,2015-06-17,15.

② "八纵"通道为沿海通道、京沪通道、京港(台)通道、京哈—京港澳通道、呼南通道、京昆通道、包(银)海通道、兰(西)广通道;"八横"通道为绥满通道、京兰通道、青银通道、陆桥通道、沿江通道、沪昆通道、厦渝通道、广昆通道。

③ 通过交通运输的快速化、网络化,我国可以由"以点带面""以线带面"的传统发展模式逐渐迈向"以网带面"的新型发展模式。

④ 熊丽.一场影响深刻的经济地理变局[DB/OL].经济日报,http://www.ce.cn/xwzx/gnsz/gdxw/201502/12/t20150212_4573632.shtml,2015-02-12.

⑤ 新疆铁路加快西行国际货运班列通道建设[DB/OL].中国新闻网,http://www.clic.org.cn/wltjyjyc/284059.jhtml,2017-05-23.

二[①]。高速铁路和公路路网建设对新疆旅游经济发展的促进作用也十分明显,成为其旅游业转型升级和提质增速中的关键因素[②]。

12.2.4 构建了社会文化关系密切区,降低了边境屏蔽效应

"一带一路"倡议实施中,沿边地区由对外开放的末梢变为开放的前沿,以更大程度的开放强化我国沿边地区对周边国家和地区的辐射力度,形成东西共济、海陆并举的全方位对外开放新格局[③]。我国2.2万公里陆地边界线中近1.9万公里在民族地区,138个边境县(区、市)中109个在民族地区,构成了我国西北和西南地区对外开放的门户和通道。

比如,新疆利用欧亚大陆桥的区位优势,设立了伊宁、塔城和博乐3个国家边境经济合作开发区,还与哈萨克斯坦合作设立中哈霍尔果斯国际边境合作中心。内蒙古也建立了"海拉尔—俄罗斯赤塔地区产品展销暨商贸洽谈会""中俄蒙毗邻地区矿产资源房地产开发农业合作项目对接会"以及"中俄蒙边境区域合作论坛"等。边境地区作为不同梯度之间的过渡层与联系纽带,使不同国家间经济上的互补性得以实现,这是边境地区具有的梯度延展优势。目前,中国与中亚、南亚等周边国家在能源、建筑、交通等领域的互补性合作规模日益扩大[④]。

"一带一路"倡议实施中,沿边民族地区的地缘人文因素优势日益显著,成为社会文化关系密切区,民族地区的边境屏蔽效应正在日益弱化[⑤]。我国目前有30多个跨界民族,其中8个民族建有民族国家、4个民族在邻国建有一级行政区。跨界民族语言相通、文化相近,习惯、法律、信念方面具有制度

① 新疆铁路货运发送量持续攀升[DB/OL]. 中国新闻网, http://www.clic.org.cn/wltjyjyc/284101.jhtml, 2017-05-24.

② "一带一路"沿线地区旅游专业化的全局变动表现出明显的空间关联特征,呈现出"俱乐部集聚"现象,区域旅游专业化水平之间具有显著的空间溢出效应,不同形式交通基础设施等因素对区域旅游专业化的直接影响和空间溢出效应存在空间差异。参见:白洋,艾麦提江·阿布都哈力克,邓峰. 我国"一带一路"交通基础设施对旅游专业化的空间效应[J]. 中国流通经济,2017(03):79-87.

③ 周丽."一带一路"重塑世界经济地理,中国成全球化新主角[DB/OL].中国经营网, http://www.cb.com.cn/economy/2017_0513/1183830.html,2017-05-13.

④ 柳建文.机遇、挑战和对策:民族地区如何推进一带一路[J]. 贵州社会科学,2016(10).

⑤ 自然地理的连续性往往使得跨境而居的民族在语言、文字、文化习俗上具有很大的相似性,其中有许多属同一族系,具有边界无法阻碍的血缘关系,这无疑可以大大降低双方经济合作的交易成本。参见:李铁立.次区域经济合作机制研究[J].东北亚论坛,2005(3):92-96.

空间可达性,在亲属联系和社会信任方面的区位优势有利于降低交易成本,民族地区进行跨境区域合作,开展对外经济交往相对更为容易①。民族地区参与的国际区域合作主要有内蒙古、延边朝鲜族自治州所在的图们江地区的经济合作,广西、云南、西藏所处的澜沧江—湄公河流域的经济技术合作,云南、广西所在的中越"两廊一圈"经济合作,新疆阿勒泰地区所在的环阿尔泰山经济合作以及以新亚欧大陆桥为纽带的新疆与中亚地区的经济合作等②。

比如,哈萨克斯坦是新疆最大的经贸合作伙伴,2012 年该国占新疆外贸总额的 44%。位于中越边境的凭祥—同登跨境经济合作区、中缅边境的瑞丽—木姐跨境经济合作区、中老边境的磨憨—磨丁跨境经济合作区最早缘于两国边民的互市贸易,宁夏建设阿拉伯国家产业园等穆斯林文化经济圈,西藏正以藏传佛教文化为基础构建中印文化经济圈,内蒙古则试图打造横跨蒙古、哈萨克斯坦等国的草原文化经济圈③。

12.2.5 促进了人口等要素流动,实现专业化和规模生产

新经济地理理论认为,聚集的规模效应以及生产要素与人口的自由流动,会促使经济活动趋于集中。"一带一路"倡议实施改变了要素市场分割现状,促进了资本、人口要素的流动,在西部大开发战略和产业大转移趋势的配合下,民族地区在土地、旅游等自然资源、要素成本、市场潜力等方面的优势开始凸显,有利于大开放、大招商、大发展,为经济活动的聚集、专业化生产以及规模经济的实现提供了保证。

从 2011—2016 年民族八省区人口规模的变化,可以发现"一带一路"倡议的实施为民族地区人口要素的流动和聚集提供了机会,参见表 12.5。

---

① 一般来说,语言和文化习惯相通或相近,可以减少对信息了解的障碍,加强投资者与当地各有关方面的沟通;了解当地的习惯、法律等,也有利于避免各种冲突。尤其是当投资者与投资地具有密切的个人关系如亲属关系时,这些区位更容易被投资者所选中。参见:安虎森,主编. 区域经济学通论:区域经济理论与政策[M]. 北京:经济科学出版社,2004:129.

② 柳建文. 机遇、挑战和对策:民族地区如何推进一带一路[J]. 贵州社会科学. 2016(10).

③ 乐玉成. "丝绸之路经济带"和哈萨克斯坦投资机会 [EB/OL]. http://www.cggthinktank.com/2014-06-04/100072520.html.

表 12.5　2011—2016 年民族八省区人口规模

各省区年末人口数(万人)	2011	2012	2013	2014	2015	2016
内蒙古	2482	2490	2498	2505	2511	2520
广西	4645	4682	4719	4754	4796	4838
云南	4631	4659	4687	4714	4742	4771
贵州	3469	3484	3502	3508	3530	3555
青海	568	573	578	583	588	593
宁夏	639	647	654	662	668	675
新疆	2209	2233	2264	2298	2360	2398
西藏	303	308	312	318	324	331

资料来源：根据各省区统计年鉴及2016年国民经济和社会发展统计公报整理计算。

12.2.6　加强了公共政策有效供给，推动区域一体化进程

演化经济地理学认为，经济发展不仅是路径依赖的，而且强烈地受个人/企业家决策、技术和制度创新、制度设置安排等方面的影响。有学者通过实证研究发现，我国各区域之间存在明显的边界壁垒，中西部贸易壁垒高于东部，自然壁垒不是影响边界效应的主要因素，行政人为干预才是影响我国市场一体化进程的主要因素①。

“一带一路”倡议相关规划的制定和组织实施，加大了市场一体化政策的有效供给，致力于解决“分割”问题，使专业化和规模化生产成为可能。比如，一批国家级的经济合作平台相继落户民族地区，广西的中国—东盟博览会、云南的中国—南亚博览会、新疆的中国—亚欧博览会、宁夏的中阿博览会、内蒙古的中蒙博览会等。2015 年 5 月 1 日起，海关总署在青海、济南、郑州、太原、西安、兰州、银川、西宁、乌鲁木齐、拉萨等十个城市启动了丝绸之路经济带海关区域通关一体化改革。

当然，经济的一体化也会导致某些萧条地区进一步边缘化，政府应采取财政转移支付、教育移民、生态移民、公共服务等手段加以干预，消减绝对贫困人口，实现基本公共服务均等化，解决城乡收入差距、地区发展差距等分割

① 何雄浪. 溢出效应、空间相关性与要素流动[M]. 北京：经济科学出版社，2014.

性问题、差距扩大的问题①。

12.2.7 明确了区域差异化发展定位,理顺了区域竞合关系

"一带一路"倡议实施中,民族八省区根据其主体功能区的定位②,重塑经济地理时充分考虑到资源环境承载能力、现有开发密度等特点③,因地制宜,进行差异化定位,开展错位竞争,理顺了区域竞合关系。

2014 年,中央印发《关于加强和改进新形势下民族工作的意见》,提出扶持民族地区"一带一路"互联互通建设要建立差别化支持政策。表 12.6 为 2015 年民族八省区的 GDP、人口密度和经济密度,可以看到不同省区的经济地理条件的差异,认识到在"一带一路"倡议实施中构建区域竞合关系的必要性和可能性。其中,广西的人口密度与经济密度均为民族八省区的第一,但城市人口密度相对较低,因为广西的城市数量最多,城区面积最大,培育城市群相对更易于实现。而西藏的人口密度、经济密度都非常低,与其他省区的数据相差太大,需要在发展战略定位方面考虑具体区情。

表 12.6 2015 年民族八省区的 GDP、人口密度和经济密度

省区	GDP(亿元)	年末常住人口(万人)	城区面积(平方公里)	土地面积(万平方公里)	人均 GDP(元)	城市人口密度(人/平方公里)	人口密度(人/平方公里)	经济密度(万元 GDP/平方公里)
内蒙古	17831.51	2511	5373	118.3	71101	1629	21	150.73
广西	16803.12	4796	5728	23.67	35190	1823	202	709.89
云南	13619.17	4742	3029	39.00	28806	2943	121	349.21
贵州	10502.56	3530	2680	17.62	29847	2396	200	596.06
青海	2417.05	588	688	72.10	41252	2692	8	33.52
宁夏	2911.77	668	2119	6.64	43805	1336	101	438.52

① 胡鞍钢."一带一路"——一场经济地理革命[EB/OL].观察者网,http://www.guancha.cn/HuAnGang/2015_06_03_321899.shtml ,2015-06-03.

② 《国家国民经济和社会发展"十一五"规划纲要》首次提出四大主体功能区的空间开发布局的战略设想。即根据资源环境承载能力、现有开发密度和发展潜力,统筹考虑未来我国人口分布、经济布局、国土利用和城镇化格局,将国土空间划分为优化开发、重点开发、限制开发和禁止开发四类主体功能区。

③ 胡鞍钢.序:如何重塑中国经济地理[R]//世界银行 2009 年世界发展报告:中文版.北京:清华大学出版社,2009.

续表

省区	GDP（亿元）	年末常住人口（万人）	城区面积（平方公里）	土地面积（万平方公里）	人均 GDP（元）	城市人口密度(人/平方公里)	人口密度（人/平方公里）	经济密度（万元 GDP/平方公里）
新疆	9324.80	2360	2835	166.00	40036	2557	14	56.17
西藏	1026.39	324	433	122.84	31999	1750	3	8.36

资料来源：根据民族八省区2016统计年鉴、国家统计局网站国家数据中的分省年度数据、2016年国民经济和社会发展统计公报整理计算。

根据《推动共建丝绸之路经济带和21世纪海上丝绸之路的愿景与行动》，民族八省区都各有优势和特色资源，在区域发展战略定位都有所侧重，可以进行错位竞争。

新疆打造丝绸之路经济带核心区。新疆处在“一带一路”建设的中心地位，丝绸之路被视为世界上最长也是最具发展潜力的经济大走廊，新疆是核心区之一。中巴经济走廊交通基础设施的建设，大大改变了新疆的经济地理，使其直接通向印度洋。在“一带一路”建设中，新疆可以进一步增强经济密度，克服经济总量小的弱项。

内蒙古是向北开放新引擎，在中蒙俄经济走廊中的地位不可替代。广西是“一带一路”有机衔接的重要门户，海陆兼备，是打造西南、中南开放发展的战略支点。贵州是“一带一路”的交通枢纽。云南是面向南亚、东南亚的辐射中心。西藏建设南亚大通道，具有更为突出的新的地理区位优势。青海和宁夏则可构建向西开放战略新格局。

12.3 “一带一路”倡议背景下民族地区经济地理重塑的制约因素

“一带一路”倡议是重塑经济地理格局的国家区域发展战略，有利于解决民族地区经济发展中的动力不足问题，实现产业空间均衡布局和区域经济协调发展①。然而，在“一带一路”倡议实施中，仍然存在一些制约因素：

其一，城市发育明显不足，民族地区的城市群均不达标，难以形成“一带

① 吴福象. 重塑经济地理格局的国家区域发展新战略[EB/OL]. 光明日报，http://epaper.gmw.cn/gmrb/html/2016-03/24/nw.D110000gmrb_20160324_1-16.htm，2016-03-24，16.

一路"建设的战略支撑区①。在少数民族聚居区存在着成片的城镇分布空白区,其整个城市体系的发展表现出数量少、规模小、密度低、发展不平衡的基本态势。在民族地区城镇化水平提高的趋势下,不同人口规模城市的数量分布现状也表明民族地区城市发育不足,不利于促进人口聚集与空间聚集的相互作用,无法形成"一带一路"建设的重要支撑点,参见表12.7。

表12.7 2015年民族八省区不同人口规模城市的数量分布

省区	全部地级及以上城市数(个)	城市市辖区年末总人口不同规模的地级及以上城市数(个)					
		400万人以上	200万~400万人	100万~200万人	50万~100万人	20万~50万人	20万人以下
内蒙古	9	—	—	3	2	4	—
广西	14	—	1	7	3	3	—
云南	8	—	1	—	3	3	1
贵州	6	—	1	2	1	2	—
青海	2	—	—	—	1	1	—
宁夏	5	—	—	1	—	4	—
新疆	3	—	1	—	—	2	—
西藏	4	—	—	—	—	1	3
小计(个)	51	—	4	13	10	20	4
占比(%)	100	0	7.84	25.49	19.61	39.22	7.84

资料来源:根据民族八省区2016年统计年鉴整理计算。

此外,丝绸之路作为典型的通道经济带,沿线的新疆、青海、西藏等面积较大的民族省份城镇数量严重不足,各级城镇间形成了巨大断层,难以形成支持丝绸之路经济带发展的城市群。

其二,城市经济密度有待进一步提升,重点城市尚未充分发挥聚集效应。目前民族八省区的重点发展城市,多为辖区内的省会等行政中心城市,大多

① 城市群是城市化发展到成熟阶段的空间组织形式。当一个城市密集地区扩展到大城市数量超过3个、人口总规模超过2000万人、人均GDP超过1万美元、城镇化水平大于50%、非农产业比率大于70%、核心城市GDP中心度大于45%、经济外向度大于30%、经济密度大于500万元/平方公里、能形成半小时、1小时和2小时经济圈时,可认为这一城市密集地区达到了城市群发育的基本标准。参见:方创琳.科学选择与分级培育适应新常态发展的中国城市群[J].中国科学院院刊,2015(2):5-14.

处于弗里德曼的区域空间结构演变理论中的第二阶段,仅仅形成了一些区域中心城市,其显著特点是城市首位度偏高①。比如,新疆乌鲁木齐市人口规模(262.9万)与排名第二的伊宁市人口规模(53.6万)相差4.9倍之多,青海西宁市现有城市人口120.47万人,排名第二的格尔木市仅有17.93万人,相差6.7倍②。

其三,沿边城市发展与其定位不匹配。目前我国45个边境地州市盟中,城镇居民可支配收入均在全国平均水平之下(仅有包头市和阿里地区除外)。边境县市行政级别偏低,缺乏地级以上城市,经济规模普遍偏小。边境县市的社会经济聚集和辐射功能很弱,难以适应一带一路对外开放、互联互通的要求③。

其四,城镇人口流失严重。根据"六普"人口统计数据,乌兰察布、呼伦贝尔、巴彦淖尔、个旧、崇左等13个民族地区边境地州市人口规模都有不同程度下降。

其五,民族各省区之间缺乏合作与协调。"一带一路"倡议是典型的投资导向型战略,地方政府为抢夺中央政府的政策、资金和资源,存在无序投资、重复建设以及恶性竞争现象。比如,丝绸之路沿线的青海、宁夏、云南、广西纷纷争夺丝绸之路经济带的起点、节点区域和桥头堡。各地争相开通"渝新欧""蓉欧""汉新欧""郑新欧""营满欧"等欧货运班列,总数已达十余条,货源争夺日趋激烈,多数线路均处于全线亏损的窘境④。

可见,我国各行政区过分注重地方行政主体利益的现象相当严重,导致各区域资源难以优化配置⑤。民族地区在推进"一带一路"中面临着国内政府间关系的整合难题,在开展境外经济活动的时候还面临国际性的社会政治风险。

---

① 弗里德曼的区域空间结构演变理论认为:经济发展的第一阶段只存在一些鼓励的区域性中心;第二阶段以中心点为基础形成一些区域中心城市。参见:陈栋生. 区域经济学[M]. 郑州:河南人民出版社,1993:21.

② 柳建文. 机遇、挑战和对策:民族地区如何推进一带一路[J]. 贵州社会科学,2016(10).

③ 徐旭忠,等. 各地争当向西开放核心:缺乏协调或致恶性竞争[J]. 瞭望新闻周刊,2015-03-30.

④ 柳姗姗. 各路中欧班列靠政府补贴艰难维生,几乎全线亏损[N]. 工人日报,2015-09-23.

⑤ 黄志钢. 构建"经济带":区域经济协调发展的新格局[J]. 江西社会科学,2016(04):37-42.

12.4 依托"一带一路"倡议实施重塑民族地区经济地理的有效路径

经济地理重塑主要包括经济要素空间层面优化再配置、通过提升特定地区的经济集中度和人口密度实现规模经济、通过基础设施建设改善距离差距、通过制度建设降低分割实现基本公共服务的均等化。依托"一带一路"倡议实施,重塑民族地区经济地理的有效路径包括以下几个方面:

12.4.1 科学规划区域总体发展战略,进行经济地理重塑设计

因地制宜,科学制定适合不同民族地区区情的区域总体发展战略,优化产业结构,构建自身发展能力和内部动力源,以保证发展的可持续性。

一是通过制度建设、体制创新提高经济活动的密度,发挥聚集效应。要进一步消除城市(镇)化障碍,鼓励人口迁移和流动,引导心理预期,降低空间成本①。大力培育城市群,引导产业要素合理集聚,支持边境地区城市发展。要进一步建立经济集聚优势,做大做强特色产业。

二是加大公共服务资源投入,促进劳动、资本等生产要素的流动。加强扶贫、健康、疾病防治、环境保护等公共服务领域的合作,构建区域社会资本。要加强重大基础设施建设,全面改善区域发展条件。构建以交通、水利、能源、通信为重点,适度超前、功能完善的基础设施体系。积极推进跨区域交通运输联合方案制定,逐步实现区域内交通一体化的建立。比如,发展高铁应从中心城市点、"经济走廊"以及区位战略选择的角度出发,根据不同区域经济发展阶段对应的交通运输供给的需求水平,建设高效完善的铁路网,建设大能力通道,完善区际干线网②。

三是加强生态建设和环境保护,重视区域环境承载力和经济容量的匹配。根据区域资源环境承载能力和发展水平,发挥比较优势,推进主体功能布局,促进人口和生产要素跨区域流动和优化配置,形成各具特色的经济区域③。

---

① 殷广卫. 新经济地理学视角下的产业集聚机制研究[D]. 南开大学,2009.

② 王凤学. 中国高速铁路对区域经济发展影响研究[D]. 吉林大学,2012.

③ 倪鹏飞,李冕,王雨飞. 重塑中国经济地理新空间[EB/OL]. 光明日报, http://epaper.gmw.cn/gmrb/html/2015-06/17/nw.D110000gmrb_20150617_1-15.htm? div=-1 ,2015-06-17,15.

12.4.2 立足于城市发展定位,重塑民族地区空间结构和经济地理

在尊重顺应城市空间演化规律和发展趋势的前提下,明确民族地区重点城市(如民族八省区的省会城市、中心城市)的功能定位,优化和拓展城市空间格局,科学“留白”未来发展空间,增强城市的承载力和宜居性,促进空间结构与人口规模、城市规模、产业发展和生态容量相适应。

要制定基于城市群的差异化区域发展战略。民族地区中心城市和城市群作为“一带一路”的关键性节点,在重塑和优化我国经济地理格局方面扮演重要角色①,可以根据国务院《关于调整城市规模划分标准的通知》精神,对照城市规模划分标准制定相应的户籍管理和产业发展配套政策;围绕产业价值链、创新价值链、人才价值链、就业价值链的匹配与互动,实现各民族省区的错位竞争。

要促进区域性城市的一体化和网络化发展。要强化省会城市群和中心城市辐射能力,谋求各具特色的城市群协同创新发展道路。大力支持边境县市的发展,实现大中小城市合理布局和协同发展,还应正视公共政策的全域效应和局域效应②。

12.4.3 加强区域合作,建立民族地区经济共享发展模式

民族地区需要进一步加强区域合作,推动区际贸易、深化区际分工、加强区际交流,促进区域经济协调发展。一方面,通过建立区域合作组织加强国内地方政府之间的合作,防止恶性竞争和损害国家利益的情况发生。民族地区可以倡导成立以“一带一路”冠名的区域协作组织,比如“一带一路”地方政府合作联谊会、“一带一路”沿线区域经济共同体促进会等。另一方面,民族地区还需要与“一带一路”沿线国家积极开展公共服务领域内的合作,以防范社会政治风险。

---

① 王东宾. 发展中西部城市群,重塑我国经济地理格局,中西部中心城市将成为“一带一路”的关键性节点[EB/OL]. 21 世纪经济报道, http://epaper.21jingji.com/html/2016 - 01/07/content_28849.htm ,2016 - 01 - 07.

② 沈体雁,张晓欢,赵作权. 中国经济地理或走向新“弓箭图”[J]. 支点,2013(1).

13. 新经济地理视域下边疆地区发展差距的形成机制及政策启示[①]

潘久艳

13.1 问题的提出

中国边疆面积广阔,自然资源丰富,民族结构复杂,战略地位十分险要。据统计,按省级行政区计算,仅陆地 9 个边疆省(区)(包括辽宁、吉林、黑龙江、内蒙古、甘肃、新疆、西藏、云南和广西)就有 590 万平方公里,占全国陆地总面积的 61%;其中仅少数民族省区就包括民族八省区(内蒙古自治区、宁夏回族自治区、新疆维吾尔自治区、西藏自治区、广西壮族自治区、贵州、云南和青海)的 5 个(内蒙古、新疆、西藏、云南、广西),面积 469.81 平方公里,占全国陆地总面积约 50%,跟越南、缅甸、老挝、蒙古国、俄罗斯、印度、不丹、尼泊尔等 20 多个国家和地区接壤,边境线长达 2.2 万公里。2015 年总人口 30127 万人,占全国总人口的 21.3%。从县域看,136 个陆地边境县中民族自治地方县有 107 个,边境地区人口约 2300 万,其中近一半是少数民族人口,有 30 多个民族跨境而居。

"治国先治边",边疆是我国社会稳定、民族团结和国家安全的前沿阵地。长期以来,国家对边疆实行特殊政策,以期通过发达地区带动边疆发展,最终实现全面小康和共同富裕的社会主义目标。然而这种良好愿望至今并未完全实现,尽管改革开放和民族政策使得各省区经济社会取得了不同程度的发展,但地区间差距在不断扩大也是不争的事实。尤其是边疆民族聚集区域,

---

① 作者简介:潘久艳,女,四川夹江人,西南民族大学副教授,博士,研究方向:区域经济、民族经济。

区域经济差异又与民族分布密切相关[1],这使得地区差距的危害超越经济层面而成为事关民族团结与边疆稳定的重大政治问题。

围绕边疆地区特别是民族地区发展差距问题,学者们或集中于边疆民族地区发展差距的测度及原因分析[2],或聚焦于教育、转移支付、公共支出、产业经济等具体因素对区域经济差异的影响,并在此基础上提出相应的政策建议[3]。这些成果取得了很多具有重要启示意义的研究结论,但还存在不足:一是现有研究大多偏好于自然条件、历史原因、政策环境、产业结构等宏观因素,研究方法也以规范性描述和定性分析为主,缺乏对边疆地区差距形成的微观机制分析,难以挖掘出边疆地区发展差距产生的真正根源;其二,对空间因素重视不够,如在对民族地区差距进行分析时多数采用人均 GDP、人均收入等空间特征不明显的指标作为研究对象,难以全面刻画民族地区差距的空间特征。鉴于上述问题,本文在新经济地理学框架下,试图通过对经济活动空间聚集的比较静态分析,探寻边疆地区发展差距形成的微观机制,在此基础上结合实际,提出边疆地区发展政策调整的基本思路。

13.2 新经济地理学经济活动空间集聚的来源

随着新经济地理学(the new economic geography)的发展,区域经济及城市系统等领域的研究越来越关注经济集聚(economic agglomeration)的原因和影响[4]。新经济地理学从规模收益递增和不完全竞争的假设出发,认为外部规模经济和运输成本的相互作用是解释区域产业集聚和区域"中心—边缘"形成的关键。其强调,包括运费在内的贸易费用与规模经济所带来的利益这

① 张锦宗,等. 新疆民族人口与区域经济分异研究[J]. 经济地理,2012(8).

② 熊坤新. 差距与协调:现代化进程中东西部民族地区的经济发展与共同繁荣[J]. 中央民族大学学报,1996(2);阿迪力. 买买提. 从发展差距角度看民族地区建设小康社会的艰巨性——以新疆为例[J]. 生态经济,2011(1);任维德. 当代中国社会发展中中西部民族地区与东部地区发展差距探因及其对策[J]. 内蒙古社会科学,1998(6);高永久. 略论地区发展关系与民族关系[J]. 青海民族大学学报,2014(4);谢朝阳. 民族自治区 6 民族地区发展差距问题及对策研究[J]. 前言,1999(2).

③ 田钊平. 基于教育低均衡发展视角对民族地区缩小经济发展差距的思考[J]. 民族教育研究,2010(4);毛捷,汪德华,白重恩. 民族地区转移支付、公共支出差异与经济发展差距[J]. 2011(2);高新才,腾堂伟. 西北民族地区经济发展差距及其产业经济分析[J]. 民族研究,2006(1).

④ M Fujita , P Krugman. The new economic geography: Past, present and the future[J]. Papers in Regional Science, 2004(83).

两者的关系是决定企业集聚和分散的主要机制。Krugman 基于规模经济和运输成本的模型分析认为,由于运输成本总是要保持在一定水平,生产和需求的循环将使那些起始条件较差的地区的工业被吸收到起始条件较好的地区来,即“企业区位总是选择市场潜力大的地方,而市场潜力大的地方正是企业集中的地方”①,形成“本地市场效应”。而企业集聚不仅减少从外地输入的产品数量,使消费者在购买产品时仅负担较少的运输成本,而且企业集聚将使本地市场竞争渐趋激烈,通过“价格指数效应”使本地市场消费者能以低于外地市场的价格购买更加多样化的产品,进而吸引其他地区人口向本地集聚。这将促进产业和人口在空间上的集聚,通过前向关联和后向关联产生循环累积因果效应,形成区域专业化格局,即“路径依赖”②。然而上述集聚过程也存在分散力量——“市场拥挤效应”,当运费和其他贸易费用超过生产集中所带来的收益递增时,那么集中的趋势将会减弱,可能会出现分散布局的趋势。产业集聚还是分散取决于这两种作用力的大小,如果集聚力大于分散力将会导致产业集聚,反之亦然。我们用贸易成本的高低来衡量这两种作用力的大小,高的贸易成本意味着贸易自由化的程度较低,反之,则意味着贸易自由化程度较高。我们借鉴战斧图解,通过引入贸易贸易自由化来衡量集聚力和分散力的大小,分析贸易自由度与经济地理格局的关系(图 13.1)。

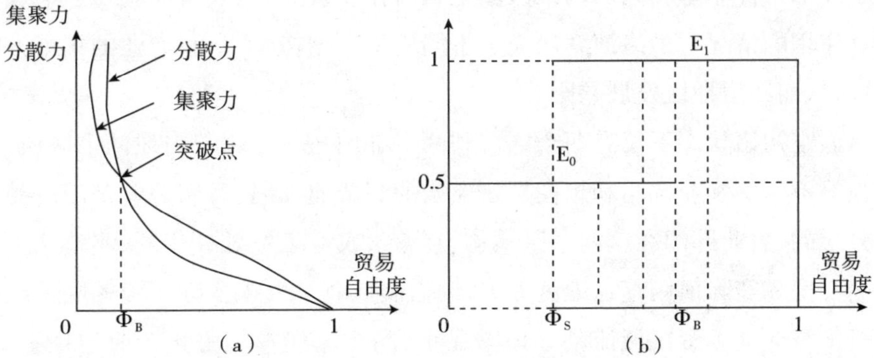

图 13.1　经济活动空间集聚均衡解的演变

① Krugman P. The Economic Geography of Production, Trade and Development [M]. Tubingen, Mohr Siebeck ,1997.

② Krugman P. First Nature, Second Nature and Metropolitan Location[J]. Journal of Region Science, 1993(2).

图13.1中,横轴表示贸易自由度,代表贸易成本,取值范围为0~1,纵轴表示集聚力和分散力。图13.1(a)表明贸易自由度与经济活动的集聚力和分散力之间呈负向变化关系,但在贸易自由度达到Φ_B(突破点)以前,分散力的下降要快于集聚力;当贸易自由度达到Φ_B以后,集聚力超过分散力,但随着贸易自由度的进一步提高,这两种力量之间的差距将逐渐缩小。图13.1(b)横轴表示贸易自由度,纵轴表示某一地区产业份额,假定只存在边疆与内地[①]两个区域:当贸易自由度较低时($\Phi < \Phi_S$),则边疆与内地两地平分产业份额,都为0.5,E_0为均衡点;当贸易自由度较高时($\Phi > \Phi_B$),均匀分布的格局将被打破,此时所有产业集聚于边疆或者内地是唯一的均衡解;这时进一步提升贸易自由度只能导致惯常效应,无法扭转空间经济集聚的趋势;当贸易自由度为中等大小时($\Phi_B > \Phi > \Phi_S$),集聚和分散都是可能的。藤田等人(Fujita et al,1999)把Φ_S称为"支撑点"(sustain point),把Φ_B称为"突破点"(break point),其含义是当$\Phi > \Phi_S$时,产业和人口在一个地区集聚是可支撑的;当$\Phi > \Phi_B$时,原有的产业和人口在两个地区的对称分布将被打破。

13.3 边疆地区差距形成机制的比较静态分析

根据Krugman新经济地理研究最有代表性的"中心—边缘"模型,该模式展示外部条件原本相同的两个区域是如何在收益递增、人口流动与运输成本交互作用的情况下最终演变出完全不同的生产结构,人口和产业的集聚方式不同,从而产生地区发展差距。

假定初始状态下仅有两个区域和两个部门——边疆与内地两个区域,规模报酬不变的农业部门和规模报酬递增的制造业部门,且制造业部门产品为差异化的,农业部门在这两个区域均匀分布,农业工资处处相同;制造业工资的名义值和实际值则存在地区差异,因而制造业工人视实际工资的高低从低工资区域向高工资区域流动。模型显示:高运输成本将阻止产业地理集聚,在中等水平的运输成本下前向与后向联系的效应最强;一个区域的制造业份

① 此处的内地与边疆对应,包括除陆地边疆外的沿海地区及其他地区,主要根据是国务院公报《西藏的民族区域自治》中的表述,中国历代中央政府根据当时的交通通信条件和西藏等边疆少数民族地区的实际情况,对这些地区采取了与内地有所不同的管理方式。

额越大,价格指数越低,厂商能够支付的工资越高,越能吸引更多的制造业工人。如果运输成本继续下降,则企业不必接近市场布局,且产业会出现分散①。我们可以用该模型来分析边疆与内地发展差距的形成机制。

改革开放前,由于交通闭塞导致运输成本高昂,要素在区际流动较少,产业与人口在边疆与内地的空间分布比较均匀,两地发展差距较小。改革开放后,沿海及内地成为开放的前沿阵地,初始均衡状态受到扰动,由于制造业有更多的就业机会和更高的工资水平,劳动力由边疆迁移至内地,导致内地制造品市场需求增加和市场规模扩大,而边疆地区的市场规模变小。根据本地市场效应,企业选址时更偏好于市场规模较大的内地使内地制造业企业数量不断增加,形成产业集聚。这使内地产业配套更完善,企业在中间品上投入的运输费用下降,盈利能力和空间提升,又吸引更多企业进入内地,从而使运输成本进一步降低,形成具有正向循环因果累积效应的后向关联。根据价格指数效应,在地区名义收入水平相同的情况下,内地消费者能以较低的价格选择企业集聚带来的多样化商品,从而使内地消费者的效用水平明显高于边疆地区。这种收入效用水平的差异将激励边疆劳动力向内地聚集,形成所谓的前向关联。而劳动力的迁移则强化了前后关联效应,使得制造业的集聚自我强化的机制维持下去,必然使内地制造业占全国的份额不断提升。由于制造业部门生产效率高于农业部门,这就意味着内地的产出增速快于人口增速(如图 13.2 所示)。图 13.2 上半部分反映了内地人口和产业份额随经济发展水平的变动而变化的趋势,图 13.2 下半部分反映了人口和产业份额的偏离程度随经济发展水平的变动而变化的趋势,并间接反映了地区经济差距随经济发展的变动态势。其中,S_Y和 S_P分别代表沿海及内地产业和人口占全国的份额,$S_{Y-}S_P$表示人口份额偏离产业份额的水平,该水平值越大,表明地区差距越大。

随着经济的发展,第三产业逐渐发展壮大,追求效用最大化的理性消费者将更大的份额用于服务消费,服务业开始影响经济地理格局。由于服务业

① P. Krugman. Increasing Returns and Economic Geography [J]. Journal of Political Economy, 1991 (99).

具有报酬递减性质[①],导致服务业部门产出的增加低于要素投入的增长,同时也部分抵消了制造业的报酬递增,于是,内地总产出的增长逐渐与人口的增速持平,该过程表现为曲线 S_Y 斜率的减小和曲线 S_P 斜率的增大(阶段Ⅰ),在某个时点,比如 B 点,曲线 S_Y 和 S_P 曲线的斜率相等。阶段Ⅰ的变化映射到图 13.2 下半部分即反映了地区差距形成的初始阶段,即人口与产业偏离的份额不断上升,地区差距不断扩大直至达到顶点。第Ⅱ阶段,人口集聚的速度开始超过产业集聚的速度,这意味着 A 地区开始出现市场拥挤效应,部分企业为了节约成本开始迁移至边疆,地区差距逐渐缩小。当曲线经过 F 点时,人口与产业集聚的速度将大致持平,地区差距将稳定在 C 点的较低水平。但地区差距不会完全消失(阶段Ⅲ所示),这是因为,内地在资源禀赋、资源配置和人力资本等方面仍优于边疆,内地产业向边疆的扩散并不是完全的,人口和产业流动壁垒会抑制扩散力量的发挥。随着边疆产业扩散的速度超过集聚的速度,其产业份额将会达到顶峰,而后开始下降,人口迁移的方向也会随着地区收入的趋同和产业扩散的引导而逆转,于是内地逐步发展起来,产业开始向边疆地区集聚,并重复上述过程[②]。

前面的分析假设是在区域均质化的理想世界,在现实世界里区域非均质化的情况下,边疆与内地的差异对两地差距的影响将更显著:一是地区间的技术进步等外部差异会使制造业产业的报酬递增倾向更强,在图 13.2 中表现为内地产业份额曲线的位置较同质空间下的位置更高,这意味着有更多资本流入内地,使产业集聚速度加快,这使任何阶段边疆与内地的差距都要显著高于同质空间状态;二是在产业集聚水平不变的情况下,现实中存在某些阻碍劳动力流动的障碍,会使内地人口集聚程度在每一个阶段都低于同质空间水平,导致人口与产业偏离的份额更大,同时也意味着边疆与内地的差距肯定高于同质空间水平;三是地区间的外部差异同时对产业和人口的聚集施加影响,不仅引发产业向内地集聚,还限制了内地人口的集聚,使得内地产业

---

① Baumol W J. Macroeconomics of Unbalanced Growth: the Anatomy of Urban Crisis[J]. The American Economic Review, 1967(3).

② 付金存,等.新经济地理理论视域下地区差距的形成机制及政策启示[J].经济体制改革,2014(5).

和人口聚集的平均高度均偏离同质空间，推动边疆与内地差距处于更高水平。①

可见，地区差距的形成取决于市场主体水平及行为产生的效应：从企业角度看，本地市场效应通过运输成本的节约吸引着企业在规模较大的市场附近聚集，形成产业在地理空间内的聚集；从消费者行为看，价格指数效应会使理性的消费者由生活成本较高的地区向成本较低的地区迁移，形成人口聚集。人口与产业集聚的偏离即形成了地区差距，这就揭示出地区差距形成的微观机制。

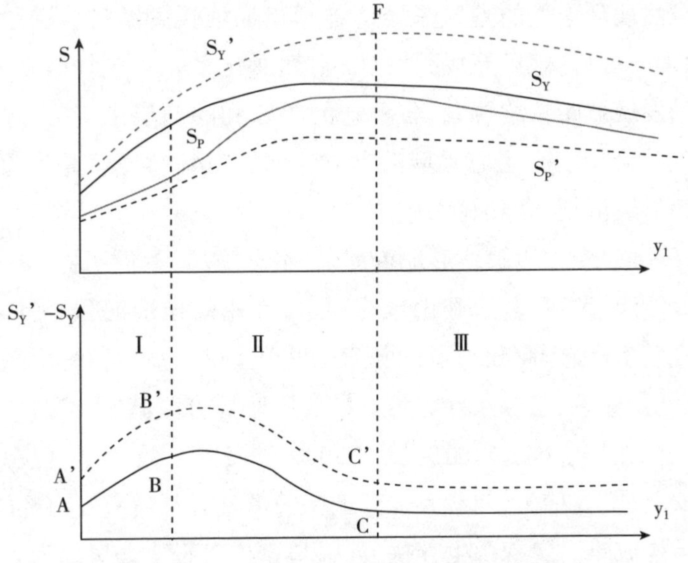

图 13.2　人口与产业集聚非协同演进的一般过程

13.4　新经济地理视域下边疆地区发展差距的成因

新古典经济学认为，一个国家（地区）的最优产业和技术结构是由这个国家的要素禀赋结构内生决定的，所以产业选择应该基于当地的要素禀赋结构，违背基于要素禀赋结构形成比较优势的地区，其 GDP 增长将受到负面影响，要素基本结构状况对区域差距的产生和区域协调发展的政策选择都有重

① 付金存，等. 新经济地理理论视域下地区差距的形成机制及政策启示［J］. 经济体制改革，2014（5）.

要的影响。而作为新经济地理学内容,20 世纪 90 年代初,为了解释城市的空间发育,Krugman 认为有两种力量决定空间城市的发育,分别为"第一自然"和"第二自然"。"第一自然"是先天的自然禀赋,"第二自然"是后天经过人类构造的有形的交通和无形的区位①。尽管新经济地理理论在同质空间条件下探讨经济活动空间集聚的内在机制,但它并不否认外在差异的存在,实际上外部差异将使经济活动空间集聚和地区差距更为明显。边疆地区差距的形成亦是"第一自然"和"第二自然"共同作用的结果②。

13.4.1 "第一自然"差异是边疆地区发展差距形成的根本原因

先天自然地理条件的差异是经济地理格局演化的基础。受边疆地缘政治复杂、地理环境特殊、民族成分特殊、宗教文化多元等多种因素的影响,边疆与内地的发展差距持续拉大,各种新的矛盾和问题层出不穷,并已扩展到政治、经济、社会、文化、生态领域的方方面面。"第一自然"是边疆与内地地区发展差距形成的根本原因。

从地理环境来看,边疆地形地貌复杂,生态脆弱,条件恶劣。广大边疆地区的地貌以沙漠、戈壁、盆地和山地为主,可利用的土地面积小且地块分散,对农业的规模生产、产业和人口的集聚有先天的制约。同时,边疆大多地处高原地区,气候极端,生存条件恶劣。如西藏地处青藏高原,85.1% 的区域海拔在 4000 公尺以上,94.1% 的区域在 3000 公尺以上③,由于海拔高,自然气候表现为缺氧、空气稀薄,西藏大部分地区的大气含氧量只及内地的 60%,它不仅对人类构成难以忽视的生存挑战(人口密度每平方公里仅为 6 人),对农牧业生产的制约同样是不争的事实,高寒缺氧导致的温度低、热量资源不足成为农牧业生产的主要制约因素,而且高海拔缺氧状态使西藏的发展环境差于内地,汽车的耗油量增高 30% 以上,仅此能源成本就远高于内地;而贵州地处云贵高原,喀斯特地貌广布,地表崎岖不平,地壳运动活跃,山地与高原占总面积的 94%,仅 6% 的土地为大小不一的坝子,空间上较为分散;甘肃和内

---

① Krugman P. First Nature, Second Nature and Metropolitan Location[J]. Journal of Region Science, 1993(2).

② Ellison G, Glaeser E L. Geographic Concentration in US Manufacturing Industries: A Dartboard Approach[R]. National Bureau of Economic Research, 1994.

③ 数据根据西藏统计年鉴(2014)相关资料整理而得。

蒙古位于黄土高原,是世界上水土流失最严重和生态环境最脆弱的地区之一。可见,边疆恶劣的自然地理条件无形中提高了其大规模国土资源开发和基础设施建设的成本。而内地地貌以平原、盆地为主,地势平坦,在国土资源开发、基础设施建设、城市建设发展、企业选址等诸多方面无疑具有先天的开发优势,平坦的地势也降低了铁路、公路、通信等市政基础设施成本。因此,在经济自由度日益提高的背景下,内地自然就成为吸引各种经济资源和要素集聚的前沿阵地,提升了资源配置和使用的效率,而边疆则在空间经济集聚机制的作用下成为要素的输出地区。

从地缘政治来看,边疆复杂多端。边疆与中亚、南亚等多国接壤,这些国家不仅经济发展较为落后,而且受国际地缘政治环境变化、世界民族主义思潮泛滥、"中国威胁论"泛化等因素影响,逐渐成为世界上恐怖主义势力和种毒贩毒的主要集中区域之一①。在新疆,少数"东突"分子受国际极端宗教势力的鼓噪,勾结国际恐怖主义组织,多次制造流血冲突事端,图谋新疆独立,成立所谓"东突厥斯坦共和国";在西藏,少数不法人员与达赖集团中的分裂主义分子遥相呼应,叫嚣西藏是中国强占的领土,妄图成立所谓"西藏独立国";在云南,仍然存在大量的走私问题、贩毒问题、艾滋病问题、宗教渗透问题、跨国民族问题等。这使得边疆地区发展面临巨大的维稳压力,迫使大量的人力、物力、财力等资源用于维稳,客观上也阻碍了边境贸易的开展及经济水平的提升。而内地特别是东部发达地区与日本、韩国等政局稳定、经济发达、需求旺盛的国家和地区隔海相望,有利于凭借着自身的区位优势同上述国家开展多边贸易。因此在国际视野下,内地的地理政治区位也优于边疆地区,这就进一步推动着经济活动向内地集聚。

13.4.2 "第二自然"强化了边疆地区发展差距扩大的趋势

边疆与内地在区位条件与基础设施等方面的"第二自然"差异显著,而这又强烈影响着政府、企业、居民等微观主体的决策行为。

从前面分析的"第一自然"看,边疆自然资源丰富,自然资源总丰度及人均优势度都较高,但资源组合状况较差,经济自我开发难度较大,很难单独利

① 唐立久,崔保新.掀起你的盖头来:发现新疆[M].乌鲁木齐:新疆人民出版社,2009.

用区内丰富的资源禀赋形成有序的产业发展;而且边疆基础设施“瓶颈”制约仍然严重,由于地域辽阔,公路、铁路、机场的密度远低于内地,对资源开发难以形成有力支撑,如西藏、青海、云南、广西等边疆民族省区区内运输方式主要以公路为主,公路运距长、等级低、路况差、断头路多、病害严重、养护费用和建设成本高;此外,边疆特别是民族省区的教育、科技落后,所需建设人才严重匮乏,人口整体素质偏低,这在很大程度上影响了边疆丰富资源的开发、经济发展的速度和质量。

总之,边疆经济社会发育程度整体较低,没有形成蛛网式的经济联系网络。一方面,区内市场狭窄,经济社会发育程度低。如西藏80%以上的人口为农牧民,广大农牧区仍然处于一种半自给状态,区内市场狭小,缺乏产业成长的必要空间。另一方面,边疆远离经济中心,不可能成为蛛网式的经济联系网络,能流、物流、信息流严重受阻,这就决定了边疆与内地的经济联系必然是单向的输入关系。在区域内部,地广人稀,居住分散,经济密度和城镇密度低,决定了区内之间的经济关联度也低,经济联系通道不畅。边疆特殊的自然地理因素、经济因素对边疆资源开发、经济发展的影响集中体现在区域发展成本高于内地任何地区,投资因为高成本导致的比较劣势或为避免商业风险而远离这一地区就成为一种必然的选择。①

从政府决策看,循序渐进、梯度发展的中国改革开放政策,即从经济特区——沿海港口城市——沿海经济开放区——沿江开放港口城市——延边开放城镇——内地省会开放城市的开放体系,其政策设计的初衷就是优先发展自然条件和区位优势最佳的东部地区,然后再次第发展其他地区,试图通过东部地区的率先发展带动中西部地区乃至边疆地区的协同发展,进而缩小地区发展差距,实现共同富裕。然而这些政策的实施实际上却强化了中国区域间的外部差距,进一步引导资本、技术等生产要素先是向自然条件和区位

① 有关学者从宏观角度对西藏区域发展成本进行了核算,得出以下基本结论:从总体上看,西藏经济发展成本一直高于全国平均水平和其他经济区域的平均水平,约为全国平均水平的150% ~170%;从空间上看,西藏经济发展的成本也高于东部、中部和西部地区;从产业结构上看,西藏各产业的发展成本与全国平均水平和各经济带的差异(2000年),第一产业大致在130% ~140%,第二产业在130% ~160%,第三产业在210% ~230%。参见:郭凤芝. 区域成本差异对西藏经济发展的影响——一个宏观的研究视角[J]. 中国藏学,2004(3).

条件最佳的东部地区集聚,后又向其他地区集聚。而自然条件和区位条件处于劣势的边疆地区和民族地区,由于人口和资源的输出,不但很难形成产业和人口的大量集聚,反而形成"资源诅咒"的发展怪圈①。

从企业决策看,在利益最大化的原则下,企业出于成本最小化和收益最大化的综合权衡,会将其生产、加工和销售网络集中在自然条件和区位条件更好的内地。在本地市场效应作用下,区位优势意味着商品、服务、劳动力、资本、信息和观念等穿越空间的距离缩小,从而节约运输成本。

从消费者决策看,为了追求自身消费效用的最大化,劳动力和人口也将聚集于商品种类繁多、商品价格较低的沿海及内地地区,但由于户籍制度的存在及劳动者素质的约束,人口和劳动力的流动并不是充分的。

总之,在"第一自然"与"第二自然"存在巨大差异和微观主体决策的合力下,边疆与内地的差距并未如预期出现明显缩小(表13.1),反而进一步拉大,甚至呈现出"一个中国,四个世界"的地区差异格局②。如此巨大的地区差距不仅严重影响到整个国家经济的长期增长,而且在一些敏感区域,如少数民族聚集地区,甚至危及民族团结、边疆稳定与国家安全③。

表13.1　中国边疆省区的发展概况

省区	人口密度(人/平方公里)	人均地区生产总值(元)	产业结构(%)			
			第一产业	第二产业	工业	第三产业
辽宁	296.62	65201	8.0	50.2	46.7	41.8
吉林	145.51	50162	11.0	52.8	47.0	36.2
黑龙江	84.74	39226	17.7	37.2	31.5	45.1
内蒙古	21.03	71044	9.1	51.9	44.5	39.0
甘肃	56.88	26427	13.2	42.8	37.3	44.0
新疆	13.83	40607	15.4	46.8	34.3	37.8
西藏	2.60	29252	9.9	36.6	7.2	53.5

① 赵曦,等."资源诅咒"与中国西部民族地区资源开发机制设计[J].西南民族大学学报:人文社科版,2014(12).

② 杨永恒,等.中国人类发展的地区差距和不协调[J].经济学:季刊,2006(2).

③ 付金存,李豫新.极化理论视角下民族地区经济不均衡及其分解研究——以新疆为例[J].中央民族大学学报:哲学社会科学版,2013(3).

续表

省区	人口密度（人/平方公里）	人均地区生产总值(元)	产业结构(%)			
			第一产业	第二产业	工业	第三产业
云南	118.95	27264	15.5	41.2	30.4	43.3
广西	198.61	33090	15.4	46.8	38.7	37.8
全国	143	46629	9.2	42.7	35.9	48.1

资料来源:根据中华人民共和国国家统计局,编.中国统计年鉴(2015)[M].北京:中国统计出版社,2015.

13.5 新经济地理学对边疆地区发展的政策启示

新经济地理学认为,一个地区经济活动(制造业/非农产业)在空间上的分布取决于集聚力与分散力的相互作用,如果集聚力大于分散力,经济活动呈现出核心—边缘结构,如果分散力大于集聚力,经济活动则呈现出均匀的分布。边疆与内地以自然资源禀赋为基础的“第一自然”与人类构造的区位条件和基础设施的“第二自然”存在巨大差异,强烈影响着微观主体决策,造成沿海发达及其他内地地区对产业和人口有极强的集聚力,使边疆与内地地区发展差距扩大。根据上述分析,可按以下思路对边疆地区发展政策进行适度调整:

第一,立足于增强边疆竞争力,转变传统的协调发展观。边疆与内地“第一自然”和“第二自然”存在较大的先天差异,基于生产者和消费者最优化行为所形成的经济系统内在的循环累积因果机制必然导致区域经济的空间集聚和地区差距的出现。区域发展政策应构筑有利于区域经济集聚于边疆地区的微观基础与宏观环境,加快边疆地区的发展①。因此,区域发展政策设计的目的不是要消除地区差距,而是在尊重经济规律的前提下,实现区域间错落有致、公平有效的竞争式发展。

第二,着力于拓展发展新空间,完善基础设施,提升区位优势。2014 年中央民族工作会议暨国务院第六次全国民族团结进步表彰大会明确指出,“加强边疆建设,重点抓好基础设施和对外开放”。2015 年《中共中央关于制定国民经济和社会发展的“十三五”规划建议》系统地阐述了用发展新空间培育新动力的必要性,其中值得重视的有两条,一条是“拓展区域发展空间”,另

① 徐阳,等.一体化交通运输体系与区域经济发展的关系[J].理论与改革,2013(2).

一条则是“拓展基础设施空间”,这对边疆地区具有极其重要的指导作用。而且在国家《关于构建开放型经济新体制的若干意见》中,要求以“一带一路”倡议为依托,推动东西双向开放,促进基础设施互联互通,扩大沿边开发开放,形成全方位开放格局;同时,在《推动共建丝绸之路经济带和21世纪海上丝绸之路的愿景与行动》中也重点提到了“设施联通”的必要性①。

因此,大力推进边疆基础设施建设,应抓住交通基础设施的关键通道、关键点和重点,配套完善道路安全防护设施和交通管理设施,提高道路通达水平。推进建立统一的全程运输协调机制,实现国际运输便利化。以推手的形式通过实施重大工程设施和基础设施工程提供边疆发展的动力机制,基础设施的改善一方面扩大了发达地区对边疆的辐射范围,缩短了与周边国家的时间和空间距离,提高了规模经济,创造了市场容量,并推进了地区间的一体化程度;另一方面,为边疆创造了经济机会,可以更加有效地发挥本地区的要素优势。总之,尽管空间上的地理距离是相对固定的,但是基础设施的改善可以有效降低地理距离导致的不同类型地区间的交易成本,促进边疆区位优势的提升,提高局部地区的经济一体化程度,有利于缩小与发达地区差距。

第三,给予边疆更多具有针对性的优惠发展政策,完善对口帮扶机制。依据前面分析,当贸易自由度小于Φ_S(支撑点)时,空间格局呈均匀分布。当贸易自由度大于Φ_B(突破点)时,均衡将被打破,边疆和内地都可能位于集聚中心。因此,区域发展政策的调整一方面应通过一定的倾向性来改变地区间外在条件的对比,尤其是在产业政策、人才引进政策等方面适当向边疆地区倾斜;另一方面应积极推进市场化建设,推进要素市场的形成,消除地区间资本、劳动力等生产要素跨区流动的壁垒,提高区际和国际贸易自由化程度,通过经济系统内在机制作用实现经济地理格局的多重均衡。同时,完善推动边疆发展的政策支撑体系,应借鉴对口援疆、对口援藏的有益经验,在边疆和沿海及其他内地省区建立发达地区和欠发达地区间的对口帮扶机制,形成中央政策和地方政策协同推进的帮扶网络,实现项目到位、资金到位、政策到位,大力发展对外边境贸易、旅游、国际物流和现代加工业。

---

① 王麒麟.“一带一路”背景下边疆基础设施的增长效应估计——以东北地区为例[J].《数量经济技术经济研究》,2016(2).

14. 民族地区城镇化与增长极的形成①

伍　艳　谢园园

14.1　问题的提出

世界经济社会发展历程表明,工业化和城镇化是推动一个国家或地区增长极的双核动力引擎。自1978年实施改革开放以来,中国经济依靠工业化主导推动实现了30多年的高速增长,形成一批区域增长极。近年来,工业化的发展面临较大压力,城镇化成为新时期推动中国区域增长极形成以及经济保持较快发展的最大潜力和动力所在。城镇化发展的集约化功能可以产生巨大的社会经济效益,城镇化的发展带来人口集约、劳动集约、产业集约、土地集约、资金集约与技术集约,会产生巨大的经济效益,城镇基础设施可以产生工业生产上的规模效应。同时城镇化能够扩大需求规模,提升需求层次,创造新的需求,以及提供较大的投资空间,从而为增长极的形成创造条件。

根据区域经济发展的不同阶段,区域开发与发展会逐步呈现出“增长极开发—点轴开发—网络开发”三个不同发展阶段。一般认为,增长极开发模式适用于经济比较落后或经济稀疏地区,点轴开发模式适用于发展中地区或经济较密集区,而经济发达地区更适合网络开发模式。民族地区属于经济落后地区,适合选择增长极开发模式带动区域发展。但是,民族地区城镇规模较小,100万以上的城市数只有16个,通过发展城市群推动增长极的形成的可行性较低。因此,在城镇化推动增长极形成的过程中,民族地区是否可以依托独特的自然基础条件,发展产业增长极?通过产业集群的建立,产生扩

①　作者简介:伍艳,女,四川南充人,西南民族大学经济学院教授,研究方向:区域金融与民族经济;谢园园,女,西南民族大学2016级金融学硕士研究生,研究方向:区域金融。

散效应,带动区域增长极的形成,成为亟待解决的问题。

14.2　城镇化推动增长极形成的理论框架

14.2.1　城镇化促进产业增长极的形成

1955 年法国经济学家佩鲁提出,区域和工业发展的基本情况是经济增长首先出现在一些点或极核上,而不是各区域同时增长。一个增长极是一个与周围环境结合的增长诱导单位,在这个紧密相连、充满活力的环境中,新企业的建立而产生广泛的各种集聚和互补效应。根据佩鲁的分析,一个地区增长极的形成,首先依赖该地区产业发展,特别是推进型产业发展以及相关产业的空间聚集,通过产业发展产生集聚效应,从而形成新的增长极。

城镇化所具有的集中和集聚功能对产业发展产生促进作用,美国城市理论家刘易斯·芒福德等曾用"磁场效应"理论来解释城市的集聚功能,城市巨大的磁力吸引着人、财、物和厂商聚集于此。从传导机制看,城镇化能够为现代工业和服务业发展带来资本积累(Ranis&Fei,1961)。伴随着农村人口向城镇的转移,通过就业能够提高居民的收入水平和消费能力(Todaro,1969),同时还能为城市经济发展提供劳动力,进行着人力资本的积累(Lucas Jr,2004)。

国内学者桂恒恒、朱冠雷(2007)认为城镇化是产业集群的推进器。李小东(2007)通过研究认为,产业集群是城镇化进程中要素的空间集聚,劳动力的转移和人口的集聚的载体,通过产业集群的成长和发展,为城镇化水平的提高提供了产业支撑。梅福林提出城镇化发展重点是推行产业化,推进城镇工业和第三产业发展,推进农业产业化的发展等。周冰(2011)认为,城镇化的实质在于产业的选择与产业聚集。郭彩霞(2009)对我国城镇化与第三产业发展因果关系进行了计量经济分析,认为随着经济水平的提高,一国城镇化进程与其服务业的发展水平呈现出高度的正相关性。曹宗平(2009)分析指出,城镇化为第三产业的发展寻找到了一个最佳的空间依托,城镇所具备的聚集功能、辐射功能、带动作用等均为第三产业所共享。

作用机制:以集聚为特征的城镇化→提供相对密集的人口、相对集中的企业群→推动第二产业和第三产业发展→产生产业聚集效应→推动区域增长极形成。

14.2.2 城镇化推动以中心城市辐射周边地区增长极的形成

布代维尔将增长极的概念赋予地理性,认为"经济空间是经济变量在地理空间之中或之上的运用",并将其与城市等级相联系;他认为增长极是位于城市中心并通过扩散效应带动周围腹地增长的相关产业的空间聚集。赫尔曼、缪尔达尔等经济学家进一步将城市作为区域的增长极,认为增长极是一个带动周围区域经济增长的城市中心,中心城市等地理单元在区域发展中具有积极作用和影响。地区城镇化有利于城市群建设,城市群建设有利于生产要素在更大空间优化配置,使产业链延伸更趋合理、基础设施获得规模效应,从而带动区域内大中小城市分工协作、竞争共长、功能互补、可持续发展。

在增长极支配的整个城市体系层次中,增长极的经济主要由资本密集型的制造业、金融服务业、出口贸易、商品批发、邮政通讯等产业活动组成,其与其他大中城市之间的商品、资金、信息等等的交流构成高层次循环;而在广大的周边地区,其经济循环则由非资本密集型制造业、零售水平上提供服务的非现代服务业、非现代化的小规模贸易活动组成,形成较低层次循环。

作用机制:以产业发展为特征的城镇化→吸引人口和生产要素进一步向城市集中→通过扩散效应辐射周边地区→区域增长极形成。

14.3 民族地区增长极形成的条件

14.3.1 增长极形成的区位条件

增长极的区位选择主要有两方面:一是交通便利,基础设施较完备,工农业生产有较好的基础;二是在目前和未来的发展上适应周围地区的需求,并将对区域经济发展影响较大。独特的区位,既为接受辐射增强经济实力提供了便利,也为产生扩散带动周边地区发展创造了条件。

民族八省区中有7省区(贵州除外)位于丝绸之路经济带上,根据"一带一路"发展倡议,沿线城市通过铁路、公路辐射,建立交通枢纽中心。例如,兰新高铁这条全长1776公里的钢铁巨龙,横贯新疆、青海、甘肃3省区,是世界上一次性建设里程最长的高速铁路,为丝绸之路构筑起一条钢铁高速通道。新疆已累计开通国际道路运输线路107条,线路数量、里程均居全国第一位。与周边国家开通国际客运线路53条、货运线路54条,国际道路运输企业由最初的3家发展到82家,国际道路运输车辆由200余辆发展到7329辆。一个以乌鲁木齐为中心，以沿边地区为节点，以边境口岸为前沿，向周边国家辐射的多层次、全方位的国际道路运输网络已现雏形。

广西形成以南宁为中心的“12310”高铁经济圈，即1小时通达南宁周边城市，2小时通达广西境内其他设区市，3小时通达周边省会城市，10小时左右通达国内主要中心城市。云南对昆明进行科学定位——构建西南地区国际陆路交通枢纽中心、全国重要的国际航空集散中心、面向东南亚南亚的国际物流中心三个中心；形成连接“一带一路”和长江经济带的重要交通支点，我国沿边内陆一体开放的战略交通支点两大支点；打造成为滇中城市经济圈交通中枢。

表14.1　2016年民族地区中心城市的区位优势

	人口数（万人）	辐射区域	交通枢纽
乌鲁木齐	355	天山北坡经济带城市、昌吉州、石河子市、吐鲁番市	兰新高铁，国际客运线路53条，货运线路54条
兰州	370.55	白银、平凉	兰新高铁、国际陆港
西宁	233.3	西宁—大通沿北川河等区域	兰新高铁、西成铁路、青藏铁路
呼和浩特	286.6	包头、鄂尔多斯	呼市—银川、呼市—太原、呼市—南宁高铁
银川	222.30	榆林、“呼—包—银—兰—青经济带”的中心地段	银西高铁、民航线路全国联通、宝兰、宝中、太中银铁路
南宁	666.6	北海、桂林	12310高铁经济圈
昆明	667.7	玉溪	国际航空集散中心、国际物流集散中心
贵阳	462.3	遵义、安顺	贵阳至省域的“2小时交通圈”，与周边省会城市的“3小时交通圈
拉萨	83.6	日喀则、山南、林芝	青藏铁路、拉林铁路、中尼国际道路

资料来源：根据民族八省区政府网站整理得到。

14.3.2　增长极形成的产业条件

增长极是相互关联产业的空间聚集，其中，推进型产业具有规模大、创新能力强、增长速度快、发展潜力大、前后关联性大等特点。产业增长极具有不断进行技术创新的能力，既能从其他产业吸引最新技术，又能将自己的新技术扩散出去;产业增长极一般拥有大量资本和生产能力,可以从其他产业吸引、集中大量资本,同时也可以向其他产业输送大量资本。

表14.2显示,2006—2016年,民族地区第一产业占GDP的比重逐年下降,第三产业增加值占GDP的比重逐年上升。2006年,民族地区第一产业增加值占GDP的比重为17.28%,2016年下降到12.17%,10年下降了5.11个百分点;与此同时,第三产业增加值占GDP的比重由2006年的38.29%上升到2016年的45.63%,10年上升了7.34个百分点。第三产业增加值的上升,表明民族地区进行产业结构调整,通过第三产业的发展,吸纳就业人数,增强城市发展潜力。特别是西藏的第三产业较为发达,第三产业增加值占GDP的比重为53.5%,高于全国水平(全国为51.6%)。

2006—2016年,民族地区的第二产业占GDP的比重在45%水平波动,较为稳定,原因在于:民族地区拥有丰富的自然资源,采矿业和绿色食品加工业发展势头很好,其增加值在第二产业中的占比较高。民族地区可以依托自然基础,将第二产业和第三产业中的旅游业作为产业集群,形成产业增长极,发挥聚集效应。

表14.2 民族地区三大产业增加值占地区GDP的比重(2006—2016年,亿元,%)

	第一产业		第二产业		第三产业	
	增加值	占GDP比重	增加值	占GDP比重	增加值	占GDP比重
2006	3550.76	17.28	9100.18	44.29	7867.4	38.29
2007	4240.22	17.10	11162.3	45.01	9394.69	37.89
2008	4960.97	16.20	14481.71	47.29	11237.56	36.69
2009	5063.96	14.58	15878.38	45.71	13676.3	39.37
2010	5950.1	14.15	20231.4	48.10	15876.3	37.75
2011	7043.4	13.63	25155.2	48.69	19467.0	37.68
2012	7944.1	13.57	28129.8	48.07	22452.1	38.36
2013	8660.7	13.27	30332.2	46.49	26254.5	40.24
2014	9374.9	13.24	31338.5	44.28	30064.6	42.48
2015	9125.8	12.26	32409.4	43.54	32900.7	44.20
2016	10691.8	12.17	33587.2	42.20	35312.6	45.63

资料来源:根据《中国统计年鉴》各年数据整理。

14.3.3 增长极形成的自然基础条件

民族地区矿产资源丰富、特色农产品较多。2016 年,新疆石油、天然沥青、钠硝石、芒硝、蛭石、页岩等 8 种矿产资源的探明储量居全国首位,新增煤炭资源储量 4566 亿吨,升至全国第二位;新增铅锌资源储量 2867.43 万吨,升至全国第三位。内蒙古稀土资源得天独厚,世界第一,具有占领世界市场的潜力,内蒙古已查明白云鄂博稀土矿田和“801”稀土稀有矿床两处,预测资源总量亿吨以上。广西保有资源储量居全国第一位的有锰、锑;居第二位的有锡、离子型稀土、水泥用灰岩。西藏的藏东玉龙大型班岩铜矿储量高达 600 多万吨,世界罕见;非金属矿石膏居中国第二位。

从我国矿产资源的分布看,矿产资源富集区主要集中在产业相对不发达、资源环境承载力较低的民族地区,为了避免陷入“矿产资源开发—生态环境脆弱和恶化—经济发展水平低—生活贫困—矿产资源开发加快—生态环境更加恶化”的恶性循环。民族地区在产业结构选择上,应转变传统的经济发展模式,以资源环境承载力确定产业布局,充分发挥资源优势,积极发展绿色产业,通过绿色产业带动区域增长极的形成。

表 14.3 民族地区自然资源分布表

	矿产资源	特色农产品
新疆	石油、煤矿、天然沥青	棉花、亚麻、红枣、乳制品
内蒙古	煤炭、铜矿、铅矿、稀土	乳制品、白小麦、葵花籽、羊
青海	锌矿、金矿、天然气、盐	黑枸杞、富硒大蒜、三文鱼、牦牛肉
宁夏	煤矿、非金属矿产	枸杞、长枣、葡萄
贵州	磷矿、锰矿、铝土矿	辣椒、药材、山野菜、芸豆
云南	铜矿、铅矿、锌矿、磷矿	普洱茶、黑山羊、紫米
广西	锌矿、锰矿、锑矿、锡矿	沙田柚、荔枝、桂圆、香蕉
西藏	铜矿、铁矿、石膏	牦牛肉、青稞、藏药

资料来源:根据民族八省区政府网站整理得到。

14.4 民族地区城镇化与增长极形成的动态关系

14.4.1 民族地区城镇化的表现

城镇化的内涵分为三个层次:一是乡村向城镇聚集,城镇人口增加;二是城镇规模扩大,聚集效应和辐射功能不断增强,城镇人口的基本公共服务水平不断提高;三是第二、三产业向城镇聚集并日趋发达,人均 GDP 不断上升。近 10 年来,民族地区城镇化得到了一定的发展,人口城镇化水平不断提高,人均 GDP 增幅较大,城镇基本公共服务水平提高,城镇化质量得以改善。

(1)**人口城镇化水平不断上升**。城市地理学家诺瑟姆(Ray. M. Northam, 1975)根据人口比重将城镇化划分为三个阶段:城镇人口比重在 10% ~30% 时,城镇化处于起步阶段,水平较低;30% ~70% 为城镇化的加速发展阶段;超过 70% 后城镇化进入相对稳定的成熟期。2006—2016 年,民族地区的城镇化水平处于加速发展阶段,城镇化率从 35.45% 上升到 2016 年的 47.98%,特别是内蒙古的城镇化水平较高,在 60% 以上。但是,其他 7 省区城镇化水平明显滞后于全国平均水平(2016 年,全国城镇化率为 57.35%),特别是西藏的城镇化率低于全国平均水平 27.7 个百分点。

表 14.4　民族地区人口城镇化率(2006—2016 年,%)

	2006	2007	2008	2009	2010	2011	2012	2013	2014	2015	2016
新疆	37.95	39.14	39.65	39.83	43.02	43.54	43.97	44.47	46.07	47.25	48.35
宁夏	44.09	43.52	44.98	46.08	47.86	49.92	50.69	51.98	53.55	55.23	56.29
青海	39.23	40.03	40.79	42.01	44.76	46.30	47.46	48.44	49.78	50.34	51.63
贵州	27.46	28.24	38.16	29.89	33.80	34.97	36.42	37.84	40.02	42.01	44.45
内蒙古	48.65	50.14	51.71	53.41	55.51	56.60	57.61	58.68	59.52	60.29	61.19
广西	34.64	36.24	38.16	39.20	40.01	41.80	43.52	44.81	46.01	47.06	48.07
云南	30.49	31.59	32.99	33.98	34.70	36.79	39.30	40.47	41.89	43.34	44.32
西藏	21.13	19.9	22.6	23.8	22.67	22.77	22.73	23.72	25.79	27.78	29.56
民族地区平均	35.45	36.10	38.63	38.52	40.29	41.58	42.71	43.82	45.32	46.65	47.98

资料来源:根据《中国统计年鉴》各年数据整理。

(2)**经济城镇化水平有所提高**。新型城镇化不仅包括人口城镇化,还包括经济城镇化。经济城镇化是在利润最大化动机下众多企业、行业向城市集聚,其经济活动具有一种空间集中的向心力,能够使企业和行业获得集聚经济。经济城镇化是城镇化的核心之一,表现为地区人均 GDP 的不断提升、产业结构不断升级的过程。经济城镇化与人口城镇化相互作用,是人口城镇化的动力与支撑。衡量经济城镇化的指标主要有两个:一是人均 GDP;二是第三产业增加值占地区 GDP 的比重。由于第三产业增加值的变化反映了地区产业增长极的形成,因此,本文中的经济城镇化主要用人均 GDP 衡量。

从民族地区人均 GDP 看,2006—2016 年,民族八省区人均 GDP 逐年上升,由 2006 年的 11325 元/人,上升到 2016 年的 42806 元/人,平均每年上升 2861.9 元,年均增速为 7.18%;但与全国平均人均 GDP 相比,仍然存在差距,2016 年,全国人均 GDP 为 53980 元;除内蒙古外,其他 7 省区的人均 GDP 低于全国平均水平,特别是云南和贵州的人均 GDP 与全国平均水平差距较大。2016 年,贵州的人均 GDP 比全国低 20853 元/人,云南的人均 GDP 比全国低 22622 元/人。

表 14.5　民族地区人均 GDP(2006—2016 年,元)

	2006	2007	2008	2009	2010	2011	2012	2013	2014	2015	2016
新疆	15000	16999	19797	19942	25034	30087	33796	37181	40607	40036	40427
宁夏	12099	15142	19609	21777	26860	33043	36394	39420	41835	43805	46919
青海	11889	14507	18421	19454	24115	29522	33181	36510	39633	41252	43531
贵州	5750	6835	8824	10971	13119	16413	19710	23151	26437	29847	33127
内蒙古	16385	20523	26521	34869	39735	57974	63886	67498	71044	71101	74069
广西	10121	12277	14652	16045	20219	25326	27952	30588	33090	35190	37876
云南	8929	10609	12570	13539	15752	19265	22195	25028	27264	28806	31358
西藏	10430	12109	13861	15292	17027	20077	22936	26326	29252	31999	35143
民族地区平均	11325	13625	16782	18986	22732	28963	32506	35712	38645	40254	42806

资料来源:根据《中国统计年鉴》各年数据整理。

(3)**人口城镇化质量改善**。新型城镇化强调"人的城镇化",这不仅要求加大农业人口转移为非农业人口,并向城市集中,城市在空间数量上增多、规模扩大;同时,也要求地方政府为迁入城镇的居民提供较好的公共服务,提高居民生活质量以及医疗服务水平,即经济关系和生活方式以及功能和设施逐步完善。因此,一个地区人口城镇化质量主要通过"城乡居民收入比、城镇居民基本养老保险覆盖率、城镇居民基本医疗保险覆盖率"等指标来衡量。

城乡居民收入比是反映人口城镇化质量的一个负向指标,即城乡居民收入差距越大,城乡协调程度和城镇化质量越低。近 10 年来,民族八省区的城乡居民收入差距逐年缩小。2006 年,民族地区城乡居民收入比为 3.61:1,2016 年,民族地区城乡收入比为 2.97:1。但是云南、贵州等省区的城乡收入差距较为明显,2016 年,云南的城乡收入比为 3.17:1,贵州的城乡收入比为 3.31:1,表明云南和贵州的人口城镇化质量还有待改善。

2006 年以来,民族地区的基本公共服务水平逐渐提高。城镇职工基本养老保险覆盖率由 2006 年的 24.9% 上升到 2016 年的 37.2%,年均上升 1.16 个百分点;城镇职工基本医疗保险覆盖率由 2006 年的 27.2% 上升到 2016 年的 33.7%,年均上升 0.59 个百分点。

表 14.6　民族地区人口城镇化质量情况表(2006—2016 年,%)

	2006	2007	2008	2009	2010	2011	2012	2013	2014	2015	2016
城乡居民收入比	3.61:1	3.65:1	3.63:1	3.64:1	3.48:1	3.37:1	3.32:1	3.23:1	3.04:1	3.02:1	2.97:1
基本养老覆盖率	24.7	25.0	25.7	26.5	27.4	28.8	30.0	30.7	30.9	31.2	37.2
基本医疗覆盖率	27.2	28.8	29.4	30.8	30.8	31.4	32.0	32.2	31.8	32.1	33.7

注:基本养老保险覆盖率 = 城镇职工参保人数/城镇人口;基本医疗保险覆盖率 = 城镇职工参保人数/城镇人口。

资料来源:根据《中国统计年鉴》《中国劳动统计年鉴》各年数据整理。

14.4.2　民族地区城镇化与增长极形成的关系

2015 年,民族八省区 100 万以上人口的城市仅 16 个,而全国是 147 个,占全国的比重为 10.88%;表明民族八省区城市规模相对较小,聚集效应不明显。佩鲁(1955)认为,一个地区增长极的形成,必须依赖推进型产业的发展。因此,民族地区增长极的形成,主要依托产业集群的发展,特别是自然基础条件丰富的绿色食品服务业和旅游业的发展,将绿色食品销售和旅游业作为推进型产业,以第三产业增加值占 GDP 的比重反映民族地区增长极发展状态。

图 14.1 显示,2006—2016 年,民族地区城镇化水平不断提高,人口城镇化率由 2006 年的 35.4% 上升到 2016 年的 47.98%,城镇职工基本养老覆盖率和基本医疗覆盖率分别由 2006 年的 24.9% 和 27.2% 上升到 2016 年的 37.2% 和 33.7%。在民族地区城镇化加速发展的推动下,民族地区产业增长较快,第三产业增加值规模不断壮大,第三产业增加值占 GDP 的比重逐年上升,由 2006 年的 38.29% 上升到 2016 年的 45.63%,虽然上升速度相对缓慢,但民族地区第三产业的发展,对地区 GDP 的推动作用较大,依托产业增长,通过基础设施的完善,加快增长极的形成。

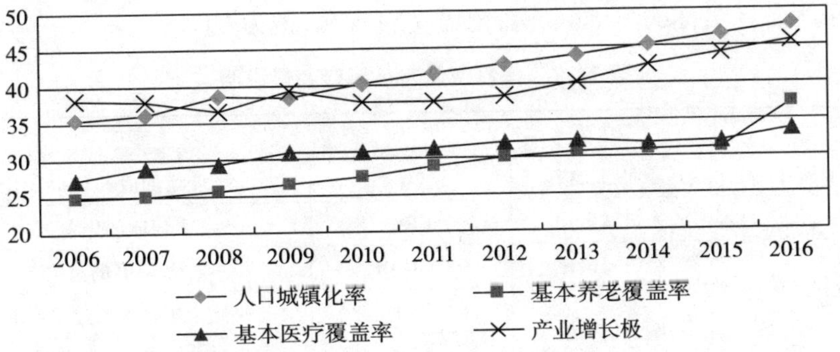

图 14.1　民族地区城镇化水平与增长极指标变动趋势图(2006—2016 年,%)

资料来源:根据《中国统计年鉴》各年数据整理。

14.5　实证分析

14.5.1　模型构建

本文采用面板模型的一般形式,将民族地区增长极作为被解释变量,民族地区城镇化水平作为解释变量,检验其对增长极形成的影响。实证模型如下:

$$CY_{it} = \alpha + \beta_1 RKC_{it} + \beta_2 LNRGDP_{it} + \beta_3 YLI_{it} + \beta_4 YLA_{it} + \varepsilon_{it}$$

公式中的 CY_{it}为第 i 地区在 t 年的增长极指标;RKC_{it}为第 i 地区在 t 年的人口城镇化水平;$RGDP_{it}$为第 i 地区在 t 年的人均 GDP,反映民族地区经济城镇化水平;YLI_{it}和 YLA_{it}为第 i 地区在 t 年的基本医疗覆盖率和基本养老覆盖率,反映民族地区城镇化质量;ε_{it}为随机误差项,服从期望值为 0,方差不随时间和地区变化的常数。

14.5.2　变量选取与统计描述

本文研究的是民族地区城镇化对增长极形成的影响,根据民族地区增长极形成的条件以及特殊性,被解释变量选取产业增长极指标,记为 CY,以第三产业增加值占 GDP 的比重表示。

解释变量分别选取人口城镇化、经济城镇化和城镇化质量作为衡量民族地区城镇化水平指标。为检验各地区城镇化对增长极形成的贡献,以人口城镇化率作为人口城镇化水平的衡量指标,记为 RKC;以人均 GDP 的对数作为经济城镇化水平的衡量指标,记为 LNRGDP;以城镇职工基本医疗覆盖率和基本养老覆盖率作为城镇化质量的衡量指标,分别记为 YLI 和 YLA;民族八省区采用各区名称缩写,如云南,记为 YN;青海,记为 QH。

表 14.7 解释变量与被解释变量说明

指标			说明
被解释变量	产业增长极	CY	第三产业增加值占 GDP 的比重
解释变量	人口城镇化	RKC	人口城镇化率
	经济城镇化	LNRGDP	人均 GDP 的对数
	城镇化质量	YLI	城镇职工基本医疗覆盖率
		YLA	城镇职工基本养老覆盖率

资料来源:作者整理得到。

表 14.8 显示,民族八省区的产业增长极最大值为 55.6,最小值为 32.34,标准差为 6.3,说明民族八省区产业增长极形成的基础条件不一致。民族地区城镇化率的最大值为 60.3,最小值为 21.13,标准差为 9.94;基本医疗覆盖率和养老覆盖率的标准差分别为 7.52 和 9.17,表明民族地区各省区城镇化水平存在较大差异。从表 14.8 看,民族八省区只有人均 GDP 的差异较小,最大值为 11.17,最小值为 8.65。

表 14.8 变量的统计描述

	均值	标准差	最小值	最大值
产业增长极 CY	40.99	6.30	32.34	55.6
人口城镇化 RKC	40.77	9.94	21.13	60.3
经济城镇化 LNRGDP	10.02	0.53	8.65	11.17
医疗覆盖率 YLI	30.56	7.52	18.47	48.46
养老覆盖率 YLA	28.07	9.17	12.61	47.29

资料来源:作者计算得到。

14.5.3 实证分析及结果解释

由于样本个数小于时间个数,所以本组数据为长面板数据,回归之前需要对本组面板数据进行组间异方差、组内自相关及组间同期相关的检验,并根据检验结果选择采用"OLS + 面板校正标准误差",仅解决组内自相关的 FGLS 或者全面的 FGLS 估计进行回归。

单位根检验。在进行面板数据估计前,为避免出现虚假回归,需要先对面板数据序列进行单位根检验,以检验变量的平稳性。由于这是一个平衡的面板数据，通过用LLC检验方法来对各变量进行单位根检验，下表展示了面板序列的单位根检验结果。由于民族八省区的经济发展水平相近且联系密切，因此每个省的扰动项可能存在截面相关。因此在实际操作中采用选择项"demean"来缓解这种截面相关。表中结果表明：全部都通过单位根检验，即所有面板数据序列都通过平稳性检验，不存在单位根，在进行面板数据回归的时候，可以使用原序列数据进行回归分析。

表14.9 原始数据序列单位根检验结果

检验方法	LLC检验		检验结构
指标	t_δ^* 统计值	P值	
CY	-2.7122	0.0033	平稳
RKC	-2.1688	0.0150	平稳
LNRGDP	-4.5807	0.0000	平稳
YLI	-5.3702	0.0000	平稳
YLA	-3.0656	0.0011	平稳

资料来源：作者计算得到。

组间异方差检验。用沃尔德检验对组间异方差进行检验，以检验是否存在组间异方差。检验结果表明：强烈拒绝同方差的原假设，认为存在组间异方差。

组内自相关检验。用沃尔德检验对组内自相关进行检验，以检验是否存在组内自相关。检验结果表明：在0.01的显著性水平上接受"不存在一阶组内自相关"的原假设，认为不存在组内自相关。

组间同期相关检验。用Breusch - Pagan LM检验对组间同期相关进行检验，以检验是否存在组间同期相关。检验结果表明：拒绝"无同期相关"的原假设，认为存在组间同期相关。

表14.10 组间与组内检验

	组间异方差检验结果	
检验方法	chi2(10)	Prob > chi2
沃尔德检验	675.02	0.0000
检验方法	F(1,9)	Prob > F
10.027	0.0158	10.027

资料来源：作者计算得到。

表 14.11 组间同期相关检验结果

检验方法	chi2(28)	Prob > chi2
Breusch - Pagan LM 检验	60.377	0.0004

资料来源:作者计算得到。

回归结果解释。根据以上的检验结果,存在组间异方差和组间同期相关,不存在组内自相关,决定使用最有效率的全面 FGLS 估计对本组面板数据进行回归。回归结果如表 14.12 所示。从回归结果看,解释变量对被解释变量的影响在总体上是显著的,所有的解释变量包括常数项都在 1% 的水平上显著。

回归结果表明,民族地区人均 GDP、人口城镇化率和城镇基本养老覆盖率与产业增长极的形成为正相关关系。民族地区人均 GDP 每增长 1%,推动产业增长极提高 0.5%;城镇化率每提高 1%,推动增长极增加 0.19%;从表 14.12 看,城镇基本医疗覆盖率与增长极的形成为负相关,弹性系数为 -0.17,其原因在于,民族地区医疗服务水平较低,参与基本医疗保险的职工人数少,可能阻碍增长极的形成。

表 14.12 FGLS 估计结果

	指标	FGLS 回归系数	标准差	P 值
解释变量	RKC	0.1934088	0.064388	0.003
	LNRGDP	0.506903	0.7562768	0.000
	YLI	-0.1740549	0.0451292	0.000
	YLA	0.1884783	0.0308063	0.000
时间效应	t	1.03368	0.0957736	0.000
常数项	_cons	87.57797	6.626793	0.000
样本量	80			
Wald 检验的 p 值	0.0000			

资料来源:作者计算得到。

14.6 主要结论与政策建议

14.6.1 主要结论

结论 1:近 10 年来,民族地区城镇化水平不断提高,人口城镇化率由 2006 年的 35.4% 上升到 2016 年的 47.98%,城镇职工基本养老覆盖率和基本医疗覆盖率分别由2006年的24.9%和27.2%上升到2016年的37.2%和33.7%。在民族地区城镇化加速发展的推动下,民族地区产业增长较快,第三产业增加值规模不断壮大,第三产业增加值占GDP的比重逐年上升,由2006年的38.29%上升到2016年的45.63%。

结论2:实证结果表明,人均GDP、人口城镇化率和基本养老保险覆盖率对产业增长极的影响为正,即城镇人口每增加1%,产业增长极增加约0.193%;基本养老保险覆盖率每提高1%,产业增长极增加约0.18%。人口向城镇集聚,带来了更多的劳动力资源,也从各方面促进了第三产业的发展,推动增长极的形成。中国已经步入老龄社会初期,人口老龄化速度也非常快,基本养老保险率的提高,使得老年人的生活有足够的保障,一方面不会出现老年人口往农村回流的现象,另一方面基本生活满足之后促进了其他服务的消费,推动第三产业增长极的形成。

结论3:基本医疗覆盖率对产业增长极的影响为负,基本医疗覆盖率每提高1%,产业增长极约降低0.174%,表明民族地区基本医疗服务水平还有待提高,

14.6.2 政策建议

(1)以特色产业支撑增长极建设。民族地区特色资源丰富,产业结构较为合理。为进一步增强区域增长极的集聚与辐射功能,应从现有资源优势、区位特点和产业基础出发,立足于经济发展的新需要,以资源节约和环境保护为前提,强调绿色发展理念,以增强自主创新能力和培育壮大战略性新兴产业为重点,合理进行产业布局,着力培育绿色食品加工业、文化旅游产业、民族特色工艺产业、矿产精深加工业等新型优势产业基地。加快特色产业发展,形成布局优化、结构合理、互利互赢的产业发展机制。

(2)以基础设施保障增长极建设。以资源开发为主旨,以中心城市为枢纽,以跨域连接为取向,加快公路、铁路、航空、城市交通等大空间、多层次的综合交通网络建设,不断改善乡、村出入通行条件,扩大交通覆盖范围,提高交通设施水平,全面实现区域交通骨架内的干线互通,构建畅达省会城市、区域中心城市的大通道。

(3)坚持错位发展,打造特色产业集群。在过去的经济发展中,民族地区

同质化现象较为严重,导致了许多低水平重复建设,资源未得到有效的市场化配置。同时,也导致产品前景良好的企业无法做强做大,不能成长为具有区域乃至全国影响力的大型企业。为此,要坚持错位发展,处理好产业发展中的协调问题。一是产品具有上下游关系的行业相互合作,建立供求关系,加强城市群内产业聚集;二是行业方向相同产业可以合作研发,共同扩大市场,增强集聚效应。

15. 开放带动:“一带一路”建设与西部地区的经济发展[①]

郑长德

15.1 问题的提出

开始于20世纪末的西部大开发战略,带来了西部地区经济的快速成长,人民生活水平迅速提高,现在西部地区已经成为中国经济增长的重要引擎。据统计,2000年西部地区地区生产总值占全国的17.04%,到2015年提高到21.16%(图15.1)。“十二五”时期各年,西部各地区地区生产总值年增长率均超过全国平均水平,而且位居前列(表15.1),如2015年西藏、重庆、贵州的地区生产总值增长率位居前三位。

但也应看到,西部地区和全国一样,经济发展也面临严重的环境约束和技术约束,经济增长的可持续性、平衡性和包容性有待提高。从发展动力看,政府直接与间接投资为主,市场投资弱;来自中央政府和区外地方政府的外部投资驱动为主,国外直接投资驱动作用小;要素投入驱动为主,全要素生产率低,创新驱动不足;自我发展能力弱,区外投资驱动为主。从产业结构看,资源型产业比重高,加工制造业比重低;高技术产业比重低;低端服务业为主,中高端服务业比重低;而且一些地区存在产业结构的逆向调整。从发展的包容性看,西部地区贫困人口多,集中连片特困地区面积大,城乡间、行业间、区域间不平等程度较大,资源利用效率低,发展的共享性和可持续性有待提高。

① 基金项目:本文得到文化名家暨“四个一批”人才计划自主选题资助。

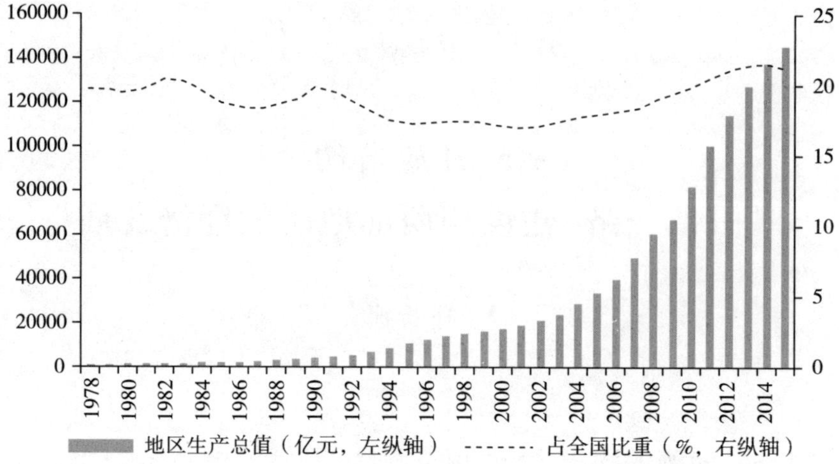

图 15.1　改革开放以来西部地区的地区生产总值与占全国比重的变化

资料来源：作者根据《新中国六十年统计资料汇编》和《中国统计年鉴》数据计算。

表 15.1　“十三五”期间西部地区各省市区地区生产总值增长率在全国的排序(降序)

	2011	2012	2013	2014	2015
内蒙古	5	14	21	22	24
广　西	18	16	12	17	15
重　庆	2	3	3	1	2
四　川	4	7	16	18	21
贵　州	3	2	2	2	3
云　南	9	4	4	20	10
西　藏	14	12	5	3	1
陕　西	6	5	6	7	22
甘　肃	15	6	9	13	16
青　海	10	8	10	12	14
宁　夏	21	13	18	21	17
新　疆	22	11	7	5	8

资料来源：作者根据《中国统计年鉴(2016)》计算。

“十三五”时期，是全国也是西部地区全面建成小康社会的关键时期。区域发展总体战略，特别是“一带一路”的建设，给西部地区带来前所未见的历史机遇。本文认为，以“一带一路”建设为契机，以西部地区的全方位开放为着力点，拓展区域发展新空间，实现西部发展动力转换、结构的转型升级和共享发展。文章首先从贸易流(对外贸易)、资金流(利用外资)和人员流(国际旅游)分析了西部地区对外开放的发展,然后给出了开放与区域发展的框架,第四节实证分析了对外开放对西部地区经济发展的贡献,最后提出西部地区全方位开放的政策建议。

15.2 西部地区对外开放的发展

我国对外开放的格局采取分步骤有层次、逐步推进的战略格局。经历了一个不断扩大和深化发展的过程。到目前为止,我国已形成了全方位、多层次、宽领域的对外开放格局。从国民经济整体角度看,西部地区的对外开放不仅是构成我国多层次开放格局的重要环节,而且是我国区域经济协调发展的必要条件。随着国际政治经济环境的变化,西部地区的对外开放逐渐呈现出以进出口贸易为主,利用外资技术引进,劳务输出等多种形式全面发展的新格局。

15.2.1 西部地区对外贸易的发展

随着经济全球化和区域化的不断深入,世界各国和地区间的经济联系日益加强,西部地区通过对外贸易越来越广泛地被纳入国际经济发展的轨道。图 15.2 显示的是西部地区对外贸易的发展状况。可以看出,西部大开发战略实施以来,西部地区对外贸易的发展迅速。到 2015 年西部地区进出口总额达到 2900 多亿美元,而 2000 年不到 170 亿美元,2000—2015 年西部地区进出口总额年均增长率达到 21.04%,其中出口年均增长 21.83%,进口年均增长 19.72%;同期全国进出口年均增长率为 13.00%,其中出口 13.68%,进口 12.17%,西部地区的增长率远高于全国水平,因此,西部地区对外贸易在全国的地位有了较大提升,如图 15.3 所示,进出口总额占全国的比重,2000 年不到 3.5%,2015 年达到 7.38%;其中出口占比从 2000 年的 3.98% 提高到 2015 年的 8.46%,同期进口占比由 2.96% 提高到 5.92%。

从外贸依存度看,如图 15.4 所示,西部大开发以来,西部地区贸易开放度在波动中上升,2015 年西部地区贸易依存度为 12.49%,其中出口依存度 8.23%,进口依存度 4.26%。2000 年分别为 8.03%、4.80% 和 3.23%。与全国比较,目前西部地区对外贸易的依存度依然较低,不仅低于全国水平,更低于东部地区(表 15.2)。2015 年全国的贸易依存度为 35.81%,其中出口依存度 20.59%,进口依存度 15.22%。

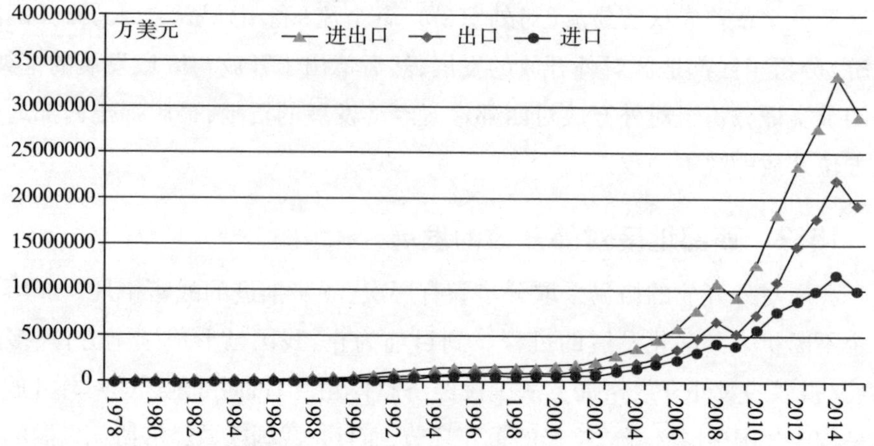

图 15.2 西部地区对外贸易的发展(1978—2014 年,万美元)

资料来源:《新中国六十年年统计资料汇编》和《中国统计年鉴》。

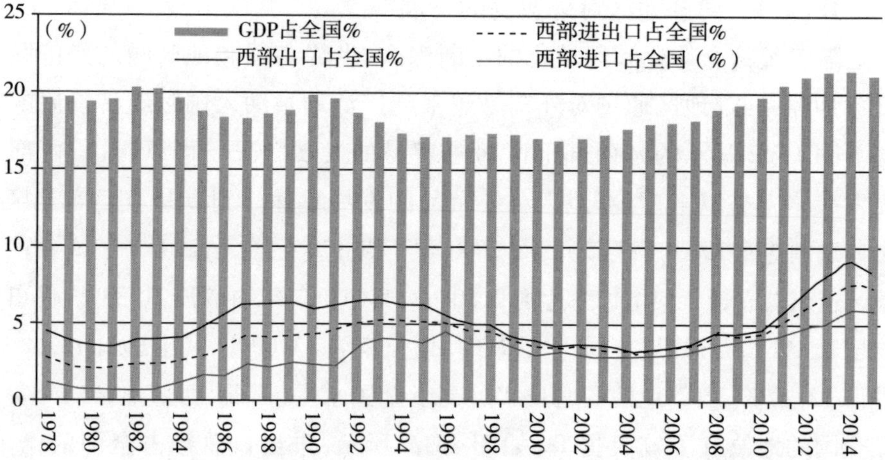

图 15.3 西部地区地区生产总值、进出口贸易和出口占全国百分比(1978—2014 年)

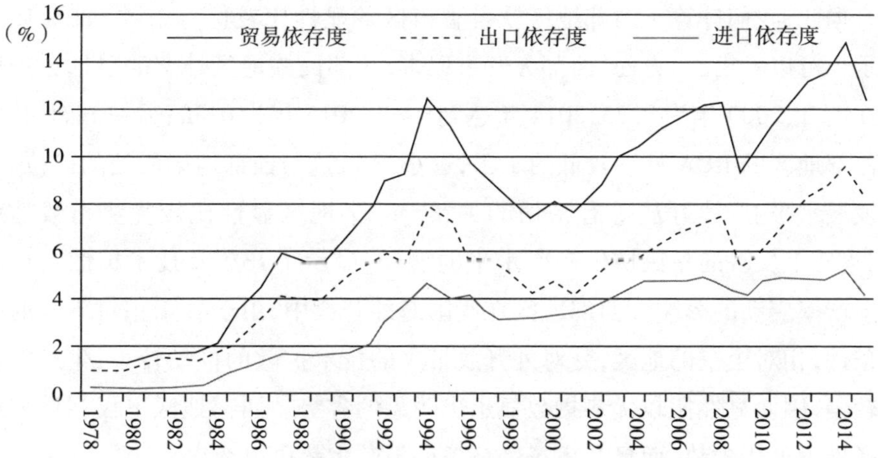

图 15.4　西部地区的贸易依存度(1978—2014 年)

资料来源:《新中国六十年年统计资料汇编》和《中国统计年鉴》。

表 15.2　中国各区域贸易依存度(2015 年, %)

	按经营单位所在地分			按境内目的地和货源地分		
	进出口/GDP	出口/GDP	进口/GDP	进出口/GDP	出口/GDP	进口/GDP
全国	35.92	20.66	15.26	35.92	20.66	15.26
东部	54.65	30.95	23.71	55.10	31.93	23.17
中部	10.75	7.00	3.74	10.66	6.83	3.82
西部	12.49	8.23	4.26	11.10	5.89	5.21
东北	14.63	6.83	7.81	15.45	6.76	8.68

资料来源:根据《中国统计年鉴(2016)》相关数据计算得到。

为了考察西部地区产品出口绩效显示的比较优势状况,沿着 Balassa (1965)的思路,构造了区域显性比较优势指数(revealed comparative advantage Index,RCA),以分析一国内部各地区对外贸易的优势和竞争力:

$$RCA_i = \frac{X_{it}/GRP_{it}}{X_t/GDP_t}$$

式中, RCA_i 为 i 地区显性比较优势指数; X_{it} 为 t 时期 i 地区的出口值; GRP_{it} 为 t 时期 i 地区的地区生产总值; X_t 为 t 时期全国出口值; GDP_t 为 t 时期全国国内生产总值(GDP)。该指标若大于 1,出口贸易具有比较优势,若该指标小于 1,表示贸易发展水平较低。

据此,我们计算了西部地区及各省市区的显性比较优势指数,如图 15.5 所示。可以看出,一方面,西部大开发以来,西部民族地区外贸的显性比较优势在上升,2000 年为 0.23,2014 年达到 0.43,2015 年为 0.40;另一方面,总体上西部地区的 RCA 处于较低的水平,远小于 1,这与西部地区所处的区位、经济发展水平、后续开放等有密切的关系。一个地区显性比较优势指数的变化,本质上反映的是区域生产率水平的变动,显示了开放及技术扩散对地区间生产率变动的影响。西部地区在我国对外开放中,由于处于相对不利的区位条件,相对于东部地区,受对外开放带来的技术扩散的推动较小,生产率增长较慢,因而显性比较优势指数显示出明显的劣势。西部地区不仅在计划经济条件下处于劣势,而且在市场经济条件下其劣势更显突出。

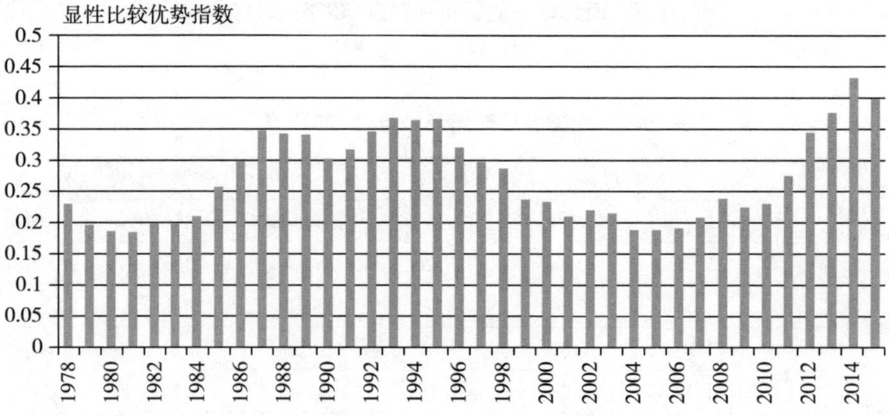

图 15.5　西部地区显性比较优势的变化(1978—2014 年,%)

资料来源:作者计算。

15.2.2　西部地区利用外资的发展

对外资的利用在一定程度上反映了一个地区的资本开放程度。西部地区由于地理区位的因素,长期处于全国利用外资的末端。2000 年西部地区实际利用外资 322280 万元,只占全国的 5.43%,最近 10 多年来,西部地区利用外资快速增长,到 2014 年实际利用外资达到 365 多亿美元,占全国的比重达到 30.52%(图 15.6)。从实际利用外资占地区生产总值的比重看,2014 年全国为 1.14%,西部地区为 1.63%。

在固定资产投资的构成中,2015 年西部地区全社会固定资产投资中,港

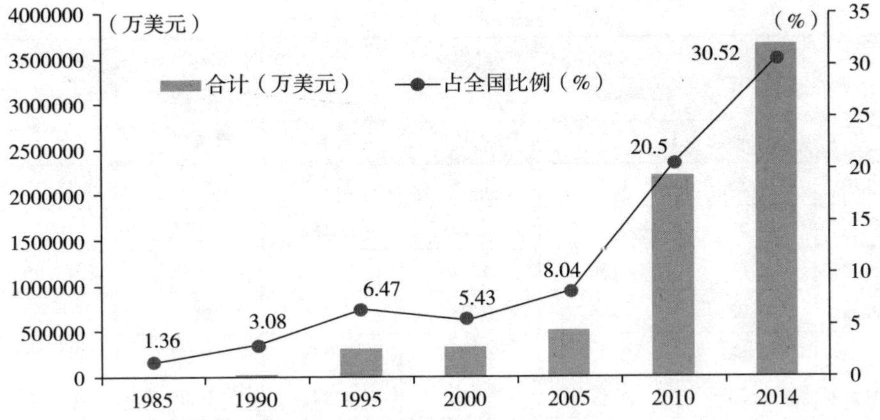

图 15.6　西部地区实际利用外资的增长(1985—2014 年)

资料来源:根据《新中国六十年统计资料汇编》、《中国统计年鉴》和各省市区统计年鉴相关数据计算绘制。

澳台商投资占 1.09%,外商投资占 1.08%;占地区生产总值的比重分别为港澳台投资 1.06%,外商投资 1.05%。外商投资企业投资总额占固定资产投资总额的 0.17%,占地区生产总值的 16.40%(表 15.3)。可以看出,在实际利用外资规模扩大的同时,外资已成为驱动西部地区经济发展的重要力量,不过与全国水平比较,西部地区利用外资还有差距,与东部地区比较,差距更大,而且西部地区利用外资的省际差异显著。

表 15.3　中国各区域及西部各省市区利用外资情况(2015 年)

地区	全社会固定资产投资				外商投资企业投资总额	
	占全社会固定资产投资(%)		占地区生产总值(%)		占固定资产投资(%)	占地区生产总值(%)
	港澳台商投资	外商投资	港澳台商投资	外商投资		
全国	2.12	1.91	1.74	1.57	0.50	41.24
东部	3.48	3.15	2.17	1.96	0.93	57.82
中部	1.06	0.91	1.03	0.88	0.19	18.24
西部	1.09	1.08	1.06	1.05	0.17	16.40
东北	1.96	1.52	1.38	1.07	0.40	28.46
内蒙古	0.32	0.22	0.24	0.17	0.16	12.27
广西	1.39	1.39	1.34	1.34	0.16	15.76
重庆	4.31	2.26	3.93	2.07	0.34	31.24

续表

地区	全社会固定资产投资				外商投资企业投资总额	
	占全社会固定资产投资(%)		占地区生产总值(%)		占固定资产投资(%)	占地区生产总值(%)
	港澳台商投资	外商投资	港澳台商投资	外商投资		
四川	1.23	1.31	1.05	1.11	0.22	18.32
贵州	0.59	0.15	0.62	0.15	0.10	10.76
云南	0.57	0.30	0.57	0.30	0.15	14.96
西藏	0.02	2.86	0.03	3.61	0.10	12.12
陕西	0.58	2.32	0.60	2.40	0.17	17.82
甘肃	0.23	0.19	0.30	0.24	0.05	7.02
青海	0.58	0.01	0.77	0.01	0.14	19.06
宁夏	0.34	0.25	0.41	0.30	0.16	19.19
新疆	0.29	0.48	0.34	0.56	0.05	5.69

资料来源:《中国统计年鉴(2016)》。

15.2.3 西部地区国际旅游的发展

国际旅游既涉及跨境的人员流动,也涉及跨境的资金流动。西部地区具有国际影响的旅游资源数量多,内在价值高,具有发展国际旅游的良好资源条件。西部大开发以来,西部地区国际旅游有所发展,但波动较大(图15.7)。到2015年西部地区国际旅游外汇收入达到11442百万美元,是2000年的7.2倍,占全国的比重达到10.07%,国际旅游外汇收入占地区生产总值的比重2015年为0.49%,同年全国为1.03%。从每万人口接待入境过夜游客看,2015年西部地区为555人次/万人,次于东部地区,但区域内部发展差距显著(图15.8)。综合国际旅游收入和接待入境过夜游客看,虽然近年来西部地区国际旅游得到较快发展,但相较于旅游资源禀赋和发达地区的实践,其进一步发展的空间还很大。

15.2.4 西部地区对外开放的总体评价

为了对一个地区对外开放进行综合评估,借助于类似科布-道格拉斯的函数形式,构造对外开放指数,它由三部分组成:贸易、投资和国际旅游。指数的定义为①:

① 郑长德.中国少数民族地区包容性绿色发展研究[M].北京:中国经济出版社,2016:145.

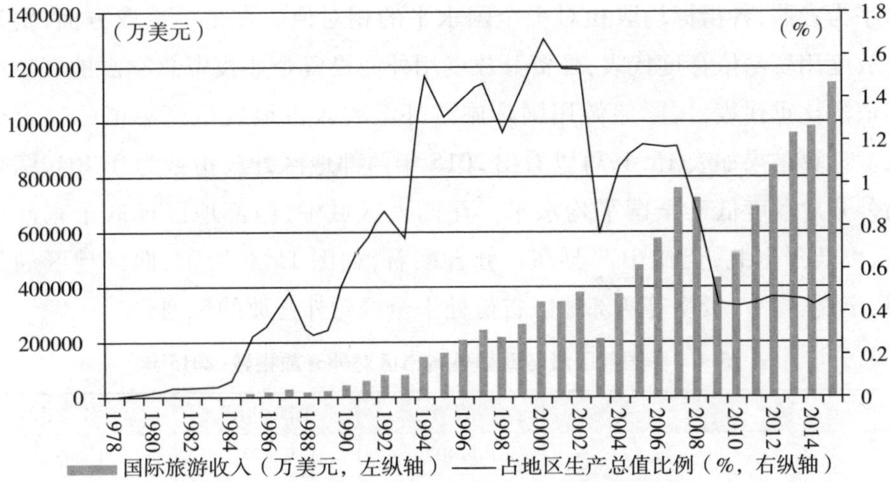

图 15.7 西部地区国际旅游收入的变化(1978—2014 年)

资料来源:作者据《新中国六十年统计资料汇编》、《中国统计年鉴》及相关省市区统计年鉴数据计算绘制。

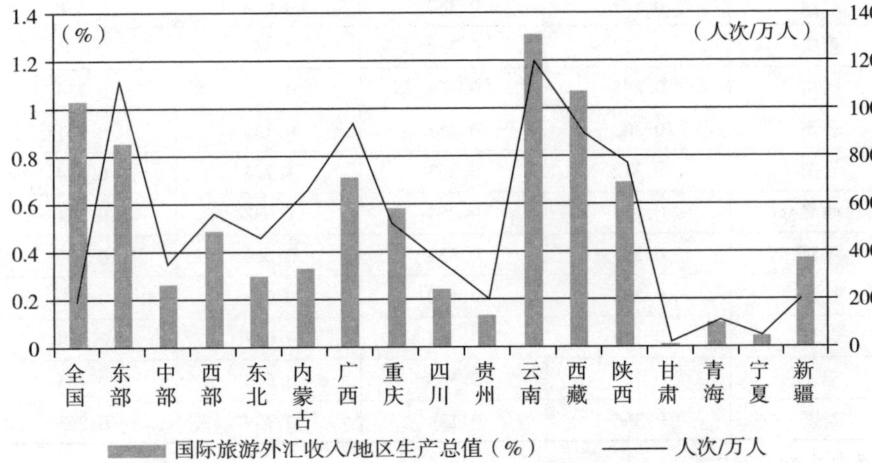

图 15.8 中国各区域与西部各省市区国际旅游情况(2015 年)

资料来源:《中国统计年鉴》(2016)数据计算。

$$OI = (FT)^{\alpha} \cdot (II)^{\beta} \cdot (IT)^{\gamma}, 0 < \alpha < 1, 0 < \beta < 1, 0 < \gamma < 1$$

式中,OI 是对外开放指数,FT 代表贸易,II 代表利用外资,IT 代表国际旅游。α、β 和 γ 是参数,$\alpha + \beta + \gamma = 1$。我们认为贸易流、资金流和人员流同等重要,因此取等权重,即 $\alpha = \beta = \gamma = 1/3$。从比较的角度出发,这里以全国水平为参照,各指标均取相对于全国水平的相对值。在指标选取方面,贸易开放度用贸易依存度代表,外资开放度用外商投资企业投资总额占地区生产总值的比重代表,国际旅游用国际旅游外汇收入占地区生产总值的比重代表。计算结果如表15.4,可以看出2015年西部地区开放指数为0.404,综合对外开放程度低于全国平均水平。在四大区域中,西部地区远低于东部地区,也低于东北,但比中部要高。分省区看,如图15.9所示,西部地区的甘肃、宁夏、青海、贵州等西部地区省份处于全国对外开放的后列。

表15.4 中国各区域与西部各省市区对外开放指数(2015年)

地区	贸易	投资	国际旅游	开放指数
东部	1.522	1.402	0.827	1.208
中部	0.299	0.442	0.258	0.324
西部	0.348	0.398	0.476	0.404
东北	0.407	0.690	0.287	0.432
内蒙古	0.124	0.298	0.325	0.229
广西	0.527	0.382	0.688	0.518
重庆	0.822	0.758	0.563	0.705
四川	0.295	0.444	0.237	0.314
贵州	0.202	0.261	0.133	0.191
云南	0.312	0.363	1.273	0.524
西藏	0.154	0.294	1.038	0.361
陕西	0.293	0.432	0.669	0.439
甘肃	0.203	0.170	0.013	0.077
青海	0.139	0.462	0.097	0.184
宁夏	0.223	0.465	0.043	0.165
新疆	0.366	0.138	0.359	0.263

资料来源:作者计算。

15.3 开放与发展:分析框架

对外开放是区域经济发展的重要引擎。对外开放带来的不仅是商品流、资金流、人员流,更带来技术流、信息流、智力流和思想流①,通过这些物质形

① Fernando Alvarez, Francisco J. Buera, and Robert E. Lucas, Jr. Idea Flows, Economic Growth, and Trade[R]. 2012.

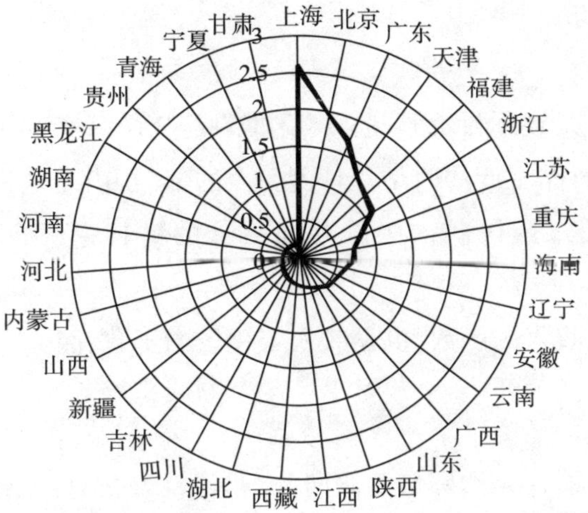

图 15.9　中国各地区对外开放指数(2015 年)

资料来源:作者计算绘制。

式和非物质形式的跨国流动,能够扩大一个国家和地区的市场范围、技术选择范围和创新的动力,从而促进经济增长。在这个过程中,如果减少或者消除开放中的设租和寻租,降低开放的门槛,扩大边缘地区和农村及社会底层获得开放红利的可得性(如边缘地区和乡村基础设施建设等),对外开放不仅能促进经济增长,而且会促进经济增长的益贫性(Pro - poor)和包容性,从而带来贫困减缓和不平等缩小。

关于开放与经济增长有许多文献,这里着重考察贸易出口与经济增长的关系。一个国家或地区的出口的增加可以促进经济增长,因为出口的增加对投资和生产率具有正面作用。把贸易和经济增长联系起来的具有开创意义的模型是拉姆法鲁西(Lamfalussy,1963)模型和贝克曼(Beckman,1962)模型。这里的分析主要以拉姆法鲁西模型为基础①。

拉姆法鲁西模型假设投资在收入中的比率取决于出口在收入的比率,设 I 代表投资,y 代表收入(或产出),x 代表出口,因此有:

$$\frac{I}{y} = h' \frac{x}{y} + h$$

① [意]贾恩卡洛·甘道尔夫.国际金融与开放经济的宏观经济学[M].上海:上海财经大学出版社,2006:251 - 252.

或者:

$$I = h'x + hy$$

所以参数 h 是边际投资倾向, h' 反映的是这样一个假定,即由于直接面对国际竞争,出口品生产部门是最具创新力的部门,由于这样的原因,可以假定出口增长率超过国民收入中的其他成分的增长率,因此目标投资率会上升。

储蓄不仅是收入的函数,也是收入变化量的函数,因此有:

$$\frac{S}{y} = s'\frac{\Delta y}{y} + s$$

其中 S 为储蓄, s 是边际储蓄倾向, s' 是经济增长对储蓄的影响。考虑经济增长对进口的边际影响,进口方程为:

$$\frac{m}{y} = \mu'\frac{\Delta y}{y} + \mu$$

μ是边际进口倾向, μ' 是收入增长的边际进口效应。

在开放经济下,收入的决定方程式是:

$$S + m = I + x$$

或者:

$$\frac{S}{y} + \frac{m}{y} = \frac{I}{y} + \frac{x}{y}$$

把前面的行为方程代入整理得:

$$\frac{\Delta y}{y} = \frac{h - s - \mu}{s' + \mu'} + \frac{1 + h'}{s' + \mu'}\frac{x}{y}$$

于是,经济增长率 $\frac{\Delta y}{y}$ 由出口占收入的比率 $\frac{x}{y}$ 决定,出口的增加能够提高收入的增长率。

15.4 西部地区出口与经济增长:实证分析

基于上面的分析框架,这里利用西部地区的出口与经济增长的数据,实证分析出口对西部地区经济增长的影响。实证分析的模型是:

$$g_{it} = \alpha_i + \beta_i\left(\frac{x}{y}\right)_{it} + \varepsilon_{it}$$

回归分析结果列于表 15.5 中。可以看出,各地区回归方程的系数项不显著,拟合优度很小,说明出口对经济增长的推动作用甚微,外向经济的发展很有限。结合上面对各地区显性比较优势指数的计算和分析,西部地区对外贸易的发展虽取得了一定的进展,但经济基本上属于内向型经济,外向型经济不发达,外贸对经济的带动作用很小。

表 15.5 西部地区的出口与经济增长

地区	时期	常数项	系数	R^2	F-统计
内蒙古	1978—2015	11.762* (1.614)	0.079 (0.371)	0.001	0.045
广西	1978—2015	12.291* (1.250)	-0.644 (0.351)	0.085	3.359
重庆	1987—2015	10.785* (0.966)	0.099 (0.094)	0.040	1.127
四川	1979-2015	10.201* (0.997)	0.277 (0.622)	0.005	0.198
贵州	1978—2015	11.588* (1.343)	-0.345 (0.378)	0.23	0.829
云南	1978—2015	10.266* (1.4707)	0.26 (0.272)	0.00	0.009
西藏	1978-2015	9.827* (1.523)	0.139 (0.177)	0.017	0.614
陕西	1978—2015	10.700* (1.216)	0.055 (0.213)	0.002	0.067
甘肃	1978—2015	8.589* (1.466)	0.382 (0.392)	0.026	0.945
青海	1978—2015	7.241* (1.392)	1.492 (0.806)	0.087	3.427
宁夏	1978—2015	10.158* (1.371)	-0.037 (0.186)	0.001	0.040
新疆	1978—2015	10.022* (0.625)	0.040 (0.055)	0.014	0.520

()为标准差,*显著水平1%。

资料来源:作者计算。

15.5 深度融入"一带一路"建设,整体构建新的对外开放格局

前面的分析表明,改革开放以来,特别是西部大开发以来,西部地区对外开放取得了显著进展,但与全国和东部发达地区相比,西部地区开放程度还

有限,开放对经济发展的作用甚微,必须进一步加强西部地区的对外开放。"一带一路"建设为西部地区的全方位对外开放,提升对外开放水平,深度融入世界经济体系提供了史所未见的历史机遇。

西部地区是建设丝绸之路经济带和21世纪海上丝绸之路的核心地区和重要依托。内蒙古联通俄蒙,是建设中蒙俄经济走廊的核心区域;广西与东盟国家有陆海相邻的独特优势,是西南、中南地区开放发展新的战略支点,21世纪海上丝绸之路与丝绸之路经济带有机衔接的重要门户;贵州处于西南南下出海大通道的交通枢纽位置;地处古代南方丝绸之路要道的云南,拥有面向"三亚"(东南亚、南亚、西亚)和肩挑"两洋"(太平洋、印度洋)的独特区位优势,是"一带一路"建设中的重要省份;西藏位于祖国的西南部,是面向南亚开放的大通道,对接"一带一路"和孟中印缅经济走廊,推动环喜马拉雅经济合作带建设;青海是贯穿南北丝绸之路的桥梁和纽带,是中国联通南亚国家的重要走廊和通道;宁夏建设内陆开放型经济试验区;新疆是丝绸之路经济带核心区①。

基于上面的认识,"十三五"及其以后一段时期,西部地区坚持开放引领发展的原则,以推进"一带一路"建设为统领,实施更加积极主动的开放战略,整体提高开放的总体水平,构建陆海内外联动、东西南北四向开放的全方位开放新格局,把西部地区建设成为我国向西、向北、向南开放的重要基地和充满活力的沿边开发开放经济带。

15.5.1 深度融入"一带一路"建设战略

首先要推进基础设施互联互通。优先推进一批连接中国与中亚、东南亚、蒙古国和俄罗斯等国的重点矿区、产业园区、主要城市和毗邻城市的重大铁路、公路和机场项建设。推动邻边的西部地区的部分机场升级为国际机场,加快建设邻边西部地区国际航空港物流园区,构建联通内外、安全通畅的国际大通道。积极推进邻边西部地区部分铁路枢纽建设,建设中欧班列编组枢纽和物流集散转运中心,支持"苏满欧""郑连欧""蓉连欧""中俄"等国际货运班列常态化运行,推动开通从西部地区主要城市经重点口岸到欧洲的国

① 郑长德,主编. 中国少数民族地区经济发展报告(2015)[M]. 北京:中国经济出版社,2015.

际货运班列。加强口岸基础设施建设,优化口岸布局,实施口岸升级改造工程,完善贸易通道和人员交往通关能力,促进口岸提质增效。

其次,深化与沿线国家经贸合作。积极实施“走出去”战略,按照企业主导、政府推动、公平交易、互利共赢、统筹规划、稳步推进的原则,深化对外贸易,适应国际需求结构的新变化和国内经济发展的新要求,优化贸易方式,扩大优势产品出口,提高出口产品的科技含量和附加值,推进对外贸易向优质优价、优进优出转变。加大对“走出去”企业的扶持力度,支持有条件的企业在境外建立资源利用、加工制造、商贸物流、农业产业、科技研发基地和园区,积极对接沿线国家工业园区,不断深化扩大经贸合作。支持企业扩大先进技术设备进口,鼓励建设进口商品城、进口商品直销中心。

第三,加强人文交流。深化与沿线国家和地区在教育、文化、科技、医药卫生、环保等领域的合作。充分发挥青年在对外人文交流中的作用。鼓励高等院校与沿线国家扩大合作。着力创作生产具有民族特色和地区特点的对外文化精品,培育一批核心竞争力强的外向型文化企业,利用重大外事活动和展会平台,开展系列交流活动。

第四,完善对外开放区域布局。充分发挥西部地区区位、资源和产业基础以及政策等优势,深化与港澳地区合作,扩大同沿线国家及大洋洲和北美洲发达国家的合作交流,不断开创互利共赢的开放合作新格局。

15.5.2 全面提升内陆开放水平

充分发挥西部地区各省市区的国际比较优势,大力发展内陆开放型经济,扩大西部内陆地区特色优势产业的对外开放,营造优良的营商环境,扩大利用外资规模;充分发挥西部地区具有国际声誉的旅游资源优势,大力发展国际旅游业;借鉴上海等自由贸易试验区改革试点经验,加快西部自由贸易区建设,使其具有示范引领作用。

15.5.3 支持沿边重点地区开发开放

重点开发开放试验区、沿边国家级口岸、边境城市、边境经济合作区和跨境经济合作区等沿边重点地区是我国深化与周边国家和地区合作的重要平台,是沿边地区经济社会发展的重要支撑,是确保边境和国土安全的重要屏障,正在成为实施“一带一路”倡议的先手棋和排头兵,在全国改革发展大局中具有十分重要的地位。国务院关于支持沿边重点地区开发开放若干政策措施的意见(国发〔2015〕72 号)提出来八个方面共三十一条意见,八个方面包括:深入推进兴边富民行动,实现稳边安边兴边;改革体制机制,促进要素流动便利化;调整贸易结构,大力推进贸易方式转变;实施差异化扶持政策,促进特色优势产业发展;提升旅游开放水平,促进边境旅游繁荣发展;加强基础设施建设,提高支撑保障水平;加大财税等支持力度,促进经济社会跨越式发展;鼓励金融创新与开放,提升金融服务水平。相信这些措施的落实和实施,必将大幅度推动边疆西部地区的发展和对外开放水平①。

15.5.4 构建包容性绿色开放模式,确保开放利益的共享和普惠

开放并不必然带来收入差距缩小和贫困减缓及环境改善。开放的包容性和绿色性取决于开放的模式与方式。开放的包容性要求促进共享发展,即确保开放红利被各族人民特别是低收入阶层和贫困人口共享,在开放与增长方面,实现开放促增长而非贫困化的增长;在开放与减贫方面,要实现开放的益贫性;在开放与不平等方面,要通过开放实现各民族福利水平基本同步增长,进而缩小收入差距。

绿色开放要求开放要有利于促进生态文明建设。特别是西部地区生态脆弱,大部地区是全国的生态屏障和关键地区所在,因此在开放中,要开展绿色贸易;产业转移中确保环境质量的稳定和提升;在外资利用方面,确保绿色导向。

① 国务院关于支持沿边重点地区开发开放若干政策措施的意见(国发〔2015〕72 号),中华人民共和国中央人民政府网:www.gov.cn.